郭沫若研究

2017 年第 1 辑
总第 13 辑

赵笑洁　蔡　震◎主编
李　斌◎副主编

社会科学文献出版社
SOCIAL SCIENCES ACADEMIC PRESS (CHINA)

复刊词

中国郭沫若研究会在成立之初，即创办了学术专刊《郭沫若研究》。《郭沫若研究》作为研究会的会刊，迄今已逾三十年了。不定期出版的《郭沫若研究》总计编辑出版了12辑及一本《专辑》，另有若干种学术会议专辑。就数量而言，虽不是很多，但《郭沫若研究》的编刊原则是展现郭沫若研究最新的学术水平，站在这一研究领域的学术前沿。在当时，这是做到了的，所以得到郭沫若研究界专家、学者的认可和好评。遗憾的是，后来因各种原因，郭沫若研究在学术领域一度遭到冷遇，《郭沫若研究》亦停刊了很长一段时间。

郭沫若是20世纪中国的一位文化巨人。对于他的研究早在20世纪20年代就已经开始了，但是成为一个学术研究的专门领域，是在20世纪70年代后期到80年代。《郭沫若研究》可以说是伴随着这一学术领域的形成而生的，同时也为推进郭沫若研究的发展贡献了一分力量。

郭沫若作为一个学术研究的对象，具有丰富的历史文化内涵。对于他的研究，可以拓展到文学史、史学史、学术史乃至近现代史研究的许多方面。尽管经历了一些曲折、沉浮，郭沫若研究仍在不断深入发展。当前的郭沫若研究也处在一个应有的学术常态之中。所以几经提起的复刊《郭沫若研究》之议，终于付诸实行了。由中国社会科学院郭沫若纪念馆申请立项，《郭沫若研究》将以学术集刊的形式复刊，并由社会科学文献出版社出版。

人生谓三十而立，作为一个学术刊物的《郭沫若研究》，虽然停刊多年，应该也可以三十而立——重新长身而立。郭沫若研究这一学术领域的发展，需要一个学术园地，需要一个学术交流的平台。复刊的《郭沫若研究》将努力打造这样一个平台，耕耘这样一片园地。

郭沫若曾为他的古文字研究著作的出版写过一首诗，诗中云："没道名山事，劳君副墨传。"复刊后的《郭沫若研究》将会让优秀的郭沫若研究的学术成果得以很好的传承。

目　录

生平思想

创造社研究

海外研究

史料辨证

文献辑佚

历史记忆

文学研究

重识《女神》

魏　建[*]

摘　要：近百年，对《女神》的认识和研究有很多误读，既有被遮蔽的无知，也有被扭曲的过度阐释。本文对《女神》的时代精神、"小我"与"大我"、在中国诗歌史上的贡献等问题做出了新的梳理和新的解答。

关键词：郭沫若　《女神》　新梳理　新解读

2016 年是《女神》创作肇始（不是出版）100 周年。[①] 许多学者意识到，这部诗集的文学史价值大于它本身的文学价值，只是这种价值我们至今还认识不足。它究竟是新诗发展史上的一座里程碑，还是整个中国诗歌发展史上的一个重要标志，抑或是其价值不限于文学呢？

一　被遮蔽和被扭曲的《女神》

100 年前中华大地上掀起的新文化/文学运动，被后人简称为"五四新文化运动"或"五四文学革命"。运动的领导人被称为"五四先驱"或"五四新文化先驱"，一般是指陈独秀、胡适、李大钊、周作人、钱玄同、刘半农等人。事实上，这一运动真正的"先驱"有两类：一类是思想的先驱；另一类是创作的先驱。前者是在思想上批判旧的意识形态，倡导新的意识形态，后者是在创作上批判旧的意识形态，实践新的意识形态。前者的代表是陈独秀和后来的胡适，后者的代表是鲁迅和郭沫若。可惜，有关的研究成果和文学史叙述只把前者当成先驱，后者被视为响应前者的主

---

[*]　魏建，山东师范大学文学院教授，博士生导师。

[①]　《女神》中最早的作品源于郭沫若与佐藤富子（即郭安娜）的恋爱，而这段爱情发生在 1916 年。本文后面将有专门的解说。

将。这是不符合历史事实的。

出现这样的认知误差的原因是鲁迅最早的新文学作品《狂人日记》发表于 1918 年，郭沫若的《女神》出版于 1921 年，而陈独秀等思想先驱的行动早在 1915 年就开始了。鲁迅投入新文化运动与其他思想先驱相比，的确有一个时间上的滞后期，而且他自己也说过"听先驱者的将令"之类的话。但郭沫若可不是这样，早在 1916 年，当时留学日本的郭沫若就开始了实践新意识形态的白话新诗创作。这些新诗后来大都被收入《女神》，只是当时没有发表而已。需要说明的是，郭沫若的这些创作与国内的新文化运动几乎没有什么关系。郭沫若正式发表白话新诗是在 1919 年，到了这时，郭沫若也并不清楚国内的新文化倡导者在做些什么，即使到了他的白话新诗创作进入爆发期的时候，他也与国内的思想先驱处于几乎完全隔膜的状态。当时的郭沫若基本上是"一个人在战斗"，几乎是独立地用《女神》的创作参与了这场伟大的历史变革。

对于《女神》与新文化运动的关系，学术界存在两种偏向：一是被遮蔽的无知；二是被扭曲的过度阐释。

对于郭沫若和《女神》对当时文坛的影响，大多数后来的学人都不知情。某些学人不知内情也就罢了，却貌似"知人论世"地把郭沫若这时期的创作与国内的新文化运动联系起来，生造出了新文化运动对郭沫若的感召力，也夸大了《女神》或其中的诗篇在当时文坛的影响力。如在十几年前出版的一部号称"用 21 世纪的观点重新图释和发现中国文学的魅力"的插图升级版中国现当代文学教科书中说："随着《地球，我的母亲》、《匪徒颂》、《凤凰涅槃》等诗篇的相继问世，郭沫若这位新诗的巨人已是名满文坛，蜚声华夏了。"[①] 历史的事实却是，在这些诗作发表的 1919 年和 1920 年，五四思想先驱和一般读者并没有怎么关注郭沫若，即使到了 1921 年 8 月《女神》出版以后，连出版《女神》的上海泰东图书局都没有认识到《女神》和郭沫若的价值。从 1921 年初到 1924 年初，郭沫若一直为泰东图书局编书、编刊。泰东图书局并没有特别看好郭沫若。直到 1924 年初，泰东图书局还没有为郭沫若下聘书、定薪水。后来郭沫若等人要与泰东图书局分手了，泰东老板才不得不为他们明确工资标准。[②] 郭沫

---

① 龚宏、王桂荣主编《文学大教室·中国·现当代卷》，南方出版社，2002，第 43 页。
② 《郭沫若全集·文学编》（第 12 卷），人民文学出版社，1992，第 185 页。

若在其自传中说："泰东老板对于我们采取的便是'一碗饭，五羊皮'的主义，他知道我们都穷，自然有一碗饭给我们吃，时而也把零用钱给我们用，这些饭和这些钱是主人的恩惠，我们受着他的买活，便不能不尽我们奴隶的劳力。"① 为什么泰东老板如此待他？无非是因为当时的郭沫若还算不上"名人"，尽管此时《女神》已经出版两年多了，最能代表《女神》艺术水准的"第二辑"中的所有诗篇也已发表三年以上了。连对市场最敏感的出版商都如此轻视郭沫若，可见，至少到1924年初这部诗集和作者还远没有"名满文坛，蜚声华夏了"。

关键人物是那些新文化运动的思想先驱，如胡适、鲁迅和周作人等人起初也并没有看重郭沫若及《女神》。据郭沫若在《创造十年》中回忆，《女神》出版不久，郭沫若与胡适在上海的一个宴会上第一次见面。② 席间，胡适问郭沫若："你近来有什么新作没有呢？"郭沫若正要问胡适是否看过自己的某篇作品，胡适"插断了我说：'你在做旧东西，我是不好怎样批评的。'"③ 两人会面后，胡适在日记中记下了对郭沫若新诗的印象："他的新诗颇有才气，但思想不大清楚，工力也不好。"④ 1921年8月29日，鲁迅在给周作人的信中说，听说"郭沫若在上海编《创造》（？）。我近来大看不起沫若田汉之流。又云东京留学生中，亦有喝加菲而自称颓废派者，可笑也"。⑤ 从中我们能够看出，当时的文坛尚未认可郭沫若，《女神》在当时也并没有取得后人所想象的热捧。

当时为《女神》叫好的只限于郭沫若的几个"铁哥们"。《女神》出版以前，最懂郭沫若及其新诗的应是宗白华。他以过人的美学才识和对诗歌的敏锐感受力，在致郭沫若的书信中预言郭沫若是"一个东方未来的诗人"，说"你有 lyrical 的天才"，"你的诗意诗境偏于雄放真率方面，宜于做雄浑的大诗"。⑥ 可惜似这般精彩的评论只是在朋友之间以书信的形式交流，当时并没有公开发表。最早就《女神》发表正式评论文章的是创造社

① 《郭沫若全集·文学编》（第12卷），人民文学出版社，1992，第151页。
② 《郭沫若全集·文学编》（第12卷），人民文学出版社，1992，第130页。郭沫若回忆这次见面是在1921年9月初，胡适日记所记录的两人会面时间是1921年8月9日。无论两人谁的记忆有误，但有一点是共同的：此时《女神》已经出版了。
③ 《郭沫若全集·文学编》（第12卷），人民文学出版社，1992，第133页。
④ 《胡适的日记》（1921年8月9日），中华书局，1985。
⑤ 《鲁迅全集》（第11卷），人民文学出版社，1981，第395页。
⑥ 《郭沫若全集·文学编》（第15卷），人民文学出版社，1990，第10~15页。

发起人之一的郑伯奇。文章写于《女神》出版的第二天①，名为《批评郭沫若的处女诗集女神》，在《时事新报》副刊《学灯》上连载了三天。②这篇文章分别从郭沫若的个性、《女神》的诗歌形式、郭沫若的泛神论思想等方面全面肯定了《女神》。这篇文章最大的优点是贴近《女神》，贴近郭沫若。郑伯奇在文中说："作者的自我，完全是情感统一的，作者是一个 Passional，我希望读者须用 Passion 去读才可以。要是求知识的根据，理性（狭小的）的满足，读这书的只有堕于不可解之渊而大叫失望罢了。"③这是当年一篇难得的导读文章，但并没有引起当时读者和日后研究者的关注。

第一个对《女神》做出高价值定位的人是闻一多。《女神》出版不久，闻一多在给朋友的信中说"生平服膺《女神》几于五体投地"。1923 年，闻一多接连发表了两篇长文评论《女神》，一篇是《〈女神〉之时代精神》，另一篇名为《〈女神〉之地方色彩》。《〈女神〉之时代精神》开头的第一句话就成为后人不断引用的经典表述："若讲新诗，郭沫若君底诗才配称新呢，不独艺术上他的作品与旧诗词相去最远，最要紧的是他的精神完全是时代的精神——二十世纪底时代底精神。有人讲文艺作品是时代底产儿。女神真不愧为时代底一个肖子。"④后人在引用这段话时都把《女神》与时代精神联系起来了，但后来的引用者大都曲解了闻一多所说的"时代精神"的含义。闻一多在这篇文章中所说的"时代精神"分明是以下含义：一是动的精神（相对于"结庐在人境，而无车马喧"的"静"的精神）；二是反抗的精神；三是科学的精神；四是开放的精神；五是青春的精神。这一切就是闻一多发掘出来的《女神》中的 20 世纪的、近代⑤文明造就的"时代精神"。从此，"时代精神"成了后人研究《女神》的最重要的阐释框架，只是运用这一框架所阐释出的"时代精神"越来越显得阐释过度，与《女神》的精神内涵越发偏离了。

说到偏离，必然提到的一篇文章就是周扬的《郭沫若和他的〈女

---

① 该文第一句是："郭沫若君的处女诗集《女神》已于昨天出版了。"
② 此文分别载于 1921 年 8 月 21 日、22 日、23 日《时事新报·学灯》。
③ 郑伯奇：《批评郭沫若君的处女诗集〈女神〉》，《时事新报·学灯》1921 年 8 月 21 日。
④ 闻一多：《〈女神〉之时代精神》，《创造周报》1923 年 6 月第 4 号。
⑤ 闻一多在这里使用的"近代"如同我们现在所说的"现代"。

神〉》。从对《女神》的肯定来说，这篇文章的评价应是最高的。文章第一段浓缩了全文的主旨："郭沫若在中国新文学史上是第一个可以称得起伟大的诗人。他是伟大的'五四'启蒙时代的诗歌方面的代表者，新中国的预言诗人。他的《女神》称得起第一部伟大新诗集。它是号角，是战鼓，它警醒我们，给我们勇气，引导我们去斗争。"①"时代精神"在闻一多那里主要是 20 世纪的、近代文明造就的先锋的精神，到了周扬这里替换为五四启蒙运动的时代精神。然后周扬谈了三个问题。一是《女神》对自我的歌颂。连泛神论也被解读成"自我表现主义的极致，个性主义之诗的夸张"。二是《女神》对民族的歌颂。说郭沫若"个人反抗在他是与民族反抗分不开的，他是一个真正的爱国诗人"。三是《女神》对大众的歌颂。说他"正可以称为中国无产阶级的最初的歌手"。②周扬的这篇文章用"自我的歌颂，民族的歌颂，大众的歌颂，这三者的融合"重新建构了《女神》的内容和价值。一部充满激情的个人化的诗集被糅进了太多的理性内涵和政治内涵。更加不可思议的是，周扬的解读明明偏离了《女神》，后来的研究者却都热衷于这种"跑偏了"的研究路径，好像这样有政治的"高度"的研究才显得他们更有水平似的，于是这种研究模式很快发展成为一种思维定式。

改革开放以后的《女神》研究，"周扬模式"并没有终结，区别只在于后来者诠释《女神》政治"高度"的少了，诠释其思想"深度"的多了，在"跑偏了"的研究路径上继续进行过度阐释，依然没有能够"在心理上重新体验作品作者的心境与精神状态"③，因而与历史事实有较大的出入。施莱尔马赫认为："我们必须想到，被写的东西常常是在不同于解释者生活时期和时代的另一时期和时代里被写的；解释的首要任务不是要按照现代思想去理解古代文本，而是要重新认识作者和他的听众之间的原始关系。"④从以上材料可以看出，郭沫若与《女神》读者之间的原始关系，需要重新评说。

---

① 周扬：《郭沫若和他的〈女神〉》，《解放日报》1941 年 11 月 16 日。
② 周扬：《郭沫若和他的〈女神〉》，《解放日报》1941 年 11 月 16 日。
③ 殷鼎：《理解的命运》，生活·读书·新知三联书店，1988，第 228 页。
④ 转引自洪汉鼎主编《理解与解释——诠释学经典文选》，东方出版社，2001，第 55~56 页。

二　"小我"与"大我"之辩

如前所说，鲁迅和郭沫若是新文化运动在文学创作方面的先驱。他们作为先驱者的意义绝不只是"听将令"，而是各自有对中国新文化建设的原创性贡献。再细分，鲁迅与郭沫若也不相同。鲁迅侧重对旧文化的表现和批判；郭沫若侧重对新意识形态的倡导和实践，这种新的倡导和实践主要体现在《女神》中。

《女神》空前地彰显"小我"及其能量。

在以往的研究成果和文学史著作中，《女神》中的"我"大都被解读成"大我"。文学史著作中至今流行的观点是"创造了一个体现五四时代精神的现代'自我'形象"①，更离谱的说法是"这'自我'是'五四'时代人民革命理想的化身，是时代英雄的群体"。② 然而，《女神》中最初的诗篇纯粹是郭沫若私人化的情诗写作，所以诗中的"我"只能是"小我"。对此，郭沫若多次提到，如他在《我的作诗的经过》中说：

> 因为在民国五年的夏秋之交有和她③的恋爱发生，我的作诗的欲望才认真地发生了出来。《女神》中所收的《新月与白云》、《死的诱惑》、《别离》、《维奴司》，都是先先后后为她而作的。《辛夷集》的序也是民五的圣诞节我用英文写来献给她的一篇散文诗，后来把它改成了那样的序的形式。④

在《五十年简谱》"民五年（一九一六年）"下，郭沫若是这样说的：

> 暑假中在东京与安那相识，发生恋爱。作长期之日文通信并开始写新诗。（《残月黄金梳》及《死的诱惑》等为此时之作。）读歌德之

---

① 朱栋霖、朱晓进、吴义勤主编《中国现代文学史（1917～2013）》（第 3 版），高等教育出版社，2014，第 78 页。

② 党秀臣主编《中国现当代文学》，高等教育出版社，1994，第 70 页。

③ 此处她指郭安那。——作者注

④ 郭沫若：《我的作诗的经过》，《郭沫若全集·文学编》（第 16 卷），人民文学出版社，1989，第 213 页。

作品。十二月迎安那至冈山同居。①

《残月黄金梳》收入《女神》时改题为《别离》。这一切都说明，《女神》中最早的作品源自 1916 年郭沫若与佐藤富子的恋爱，还有比恋爱时写情诗的作者更"小我"的吗？也许，你们以为"小我"只在 1916 年热恋时期，在《新月与白云》《死的诱惑》《别离》《维奴司》等这些短诗之中。事实却是，连写于 1920 年的《凤凰涅槃》这样的大诗，也是一次体现"小我"的写作。就在创作《凤凰涅槃》期间，1920 年 1 月 18 日，郭沫若给宗白华写了一封信，信中说：

> 慕韩，润屿，时珍，太玄，都是我从前的同学。我对着他们真是自惭形秽，真是连 amoeba 也不如了！咳！总之，白华兄！我不是个"人"，我是坏了的人，我是不配你"敬服"的人，我现在很想能如 Phoenix 一般，采集些香木来，把我现有的形骸烧毁了去，唱着哀哀切切的挽歌把他烧毁了去，从那冷净了的灰里再生出个"我"来！可是我怕终竟是个幻想罢了！②

1920 年 2 月 9 日，田汉在致郭沫若的信中提到：

> 你的《凤凰涅槃》的长诗，我读过了。你说你现在很想能如凤凰一般，把你现有的形骸烧毁了去，唱着哀哀切切的挽歌，烧毁了去，从冷净的灰里，再生出个"你"来吗？好极了，这决不会是幻想。因为无论何人，只要他发了一个"更生"自己的宏愿，造物是不能不答应他的。我在这里等着看你的"新我"New Ego 啊！③

可见，郭沫若创作《凤凰涅槃》的动机与"五四时代精神"基本无关，诗中的"我"也不可能是"'五四'时代人民革命理想的化身"或是什么"时代英雄的群体"。

---

① 郭沫若：《五十年简谱》，《郭沫若全集·文学编》（第 14 卷），人民文学出版社，1989，第 545 页。
② 郭沫若等：《三叶集》，《郭沫若全集·文学编》（第 15 卷），人民文学出版社，1990，第 18 页。
③ 郭沫若等：《三叶集》，《郭沫若全集·文学编》（第 15 卷），人民文学出版社，1990，第 37 页。

　　这种重视"大我"、轻视"小我"的观念来自儒家传统的道德要求，至今具有强大的生命力。它已经是渗透在中国人文化血液里的一整套价值准则——责任先于自由，义务先于权利，群体高于个体，和谐高于冲突，从而维持了文化共同体的平衡和稳定。按照这样的伦理准则，群体的"大我"越大越有价值，个体的"小我"必须服从"大我"，甚至可以牺牲"小我"。郭沫若显然是自觉或不自觉地颠覆了这种传统的自我价值观。《女神》空前地强调个人的主体地位。这是郭沫若新的伦理原则给中国新诗带来的重主观、重表现、重情绪的新的美学原则。

　　为什么以往的研究成果和文学史著作总是把"小我"解读成"大我"呢？这主要因为《女神》中的抒情主人公被作者空前放大了。《女神》中的"我"是现代人自由心灵的大发现，是现代人主体自我的大扩张。例如，《天狗》中的"我"起初是一个"小我"，当这个"我""把月来吞了"，"把日来吞了"，"把一切的星球来吞了"，"把全宇宙来吞了"……之后，"我便是我了！"从一个被压抑缩小了的"我"，变成一个可以气吞日月的"我"了；从一个"非礼勿视，非礼勿听，非礼勿言，非礼勿动"的"我"，变成一个可以燃烧、可以狂叫、可以飞跑的自由的"我"了；从一个普普通通、没有尊严的"我"，变成一个具有全宇宙能量的无比高大的"我"了；从一个小写的"我"，变成一个大写的"我"了。这时虽然"我的我要爆了"，但依然是一个"小我"，不是群体的"我"，而是个体的"我"。不能把主体心灵大发现、主体自我大扩张的觉醒的"我"等同于"大我"。

　　五四时期，个性主义的思想原则在文学艺术中需要与之相适应的美学原则来充实。在五四思想先驱那里，个性主义是理论层面的指导思想；到了郭沫若这里，个性主义已经发展成为内在化了的艺术原则，即"自我表现"的抒情文学原则，是"人"的情感、欲念、意志的自由宣泄和重铸理想人格的文学追求。《女神》中的"我"虽然是一个"小我"，但经过郭沫若诗化的表达，"小我"不再渺小，而是被赋予了极大的主体能量。这一个人就是一个世界！

　　郭沫若最初写《女神》的时候，曾受到泰戈尔和泛神论的启示。泛神论是从 16 世纪起流行于欧洲大陆的一种哲学学说。这一学说否认世界上存在超自然的主宰和精神力量，认为宇宙本体即神，神存在于自然万物之中。泛神论进入刚刚脱离封建制度的中国时，对国人观念的冲击，正如它出现在刚刚走出中世纪的欧洲时所产生的影响。由于它具有抗击宗教神学和封建专制的意义，所以不能以它存有与先进世界观的差距而否定其历史作用。

从郭沫若大量有关接受泛神论影响的回忆文字可以看出，郭沫若与泛神论的关系主要不是一种哲学认知，而更多的是一些宗教认知和诗学认知，更像是在宗教与诗之间的精神漫游。当时郭沫若的悟"道"是和感受诗美联系在一起的。因此，只看到泰戈尔泛神论思想与郭沫若思想之间的关联是不够的，只看到泰戈尔诗歌与郭沫若诗歌之间的关联也是不够的。郭沫若从泰戈尔那里获得的是一种境界的升华，这是宗教境界与艺术境界相互造就的升华。"道"使郭沫若进入"诗"的堂奥；"诗"使郭沫若悟得"道"的真谛。因为，对一个优秀的诗人而言，只有对"道"的发现才能"感受着诗美以上的欢悦"。对"道"的言说就是"诗"，这也是"诗"的最高境界。

当时的郭沫若是以诗人的角色和作为诗人最理想的宇宙观来认同泛神论的。因此，真正被郭沫若吸收了的泛神论，与其说是哲学的，不如说是诗学的；与其说是他掌握神与自然关系的方式，不如说是他掌握艺术与世界关系的方式。从接受的角度来看，郭沫若拿来的是泛神论，收获的却是诗。如果说他的泛神论具有哲学内涵，那也是一种高扬主体性的人生哲学，更像是一种追求物我同一的艺术哲学。接受了泛神论以后，郭沫若非但没有成为无处不在的"神"的奴隶，反而好像获得天启神授一般的自由。这是优秀诗人才能享有的精神自由。当诗人郭沫若把"神"拉到与自己和万物平等的地位，"一切的偶像都在我面前毁破"；当诗人把自我也奉为"神"，"一切自然都是我的表现"。于是，郭沫若的诗歌获得了广袤无垠的自我表现世界："自我"可以气吞日月、志盖寰宇，社会万物可以"不断的毁坏、不断的创造"。这种泛神的宇宙观，也是一种诗性思维方式。它既为郭沫若提供了个人心灵和情感驰骋的空间领地，又为他诗的运思铺展了自我和万物能够通古达今，能够不断超越、不断更生的时间隧道。这种诗性思维方式，也是郭沫若成为一个大诗人的重要基础。

三 《女神》对中国诗歌究竟贡献了什么？

《女神》最初的诗篇距今已经一百年了。近一个世纪以来，不知为什么，研究者总是向《女神》索求诗歌以外的东西，比如至今还有很多学者聚焦于《女神》中有多少五四启蒙运动的思想力量。然而，郭沫若在这部诗集中所唤起的主要不是理性的思考，而是情感的撞击，是旺盛的感觉力和丰富的想象力，是新的诗美规范。与《女神》新的伦理原则和美学原则同时诞生的，还有郭沫若发现并创造的适应现代中国人思想情感、适于新诗表现的新的艺术法规——"内在律"。从诗歌本体来说，《女神》对中国诗歌的最大贡献，就是以"内在律"的发现和创造开了一代诗风。

中国的古典诗歌是中华民族的骄傲。在长期的艺术实践中，中国古代诗人创造并遵从着一套精致的形式体系。这一体系是东方古典式的生活情调、生活方式和审美理想的产物。当国门不得不向世界洞开，"亚细亚的生产方式"和以"和谐"为美的文艺理想也就不得不随之改变。就诗歌而言，中国旧体诗的"外在律"（讲究平仄、对偶、韵式、句法等规则的以声调为核心的格律体系），已经无法适应现代中国人情绪的自由抒发。早期白话诗人虽然实现了以白话入诗并致力于"诗体大解放"的初步尝试，但他们并没有找到从根本上取代旧诗"外在律"体系的新诗的诗美理想和艺术规则。

郭沫若发现并创造了适应现代人思想情感表现的新诗的艺术法规——"内在律"是什么呢？他说："诗之精神在其内在的韵律（Intrinsic Rhythm），内在的韵律（或曰无形律）并不是甚么平上去人，高下抑扬，强弱长短，宫商徵羽；也并不是甚么双声叠韵，甚么押在句中的韵文！这些都是外在的韵律或有形律（Extraneous Rhythm）。内在的韵律便是'情绪的自然消涨'。"[①] 郭沫若比早期白话诗人的高明之处在于，他从一开始关注的就不是白话能否入诗，而是为新诗寻找取代旧诗艺术规范的"诗之精神"。

依照"内在律"创作的《女神》，在意象、想象、节奏等诗体方面，为后世中国新诗树立了成功的艺术典范。

由于"内在律"是以情绪表现为核心的，所以现代人内在的自由开放情绪就需要与之相吻合的外在的寄托形式。中国古典诗歌中常见的意象如"杏花""春雨""晨钟""暮鼓""晓月""清风"等都难以传达郭沫若的现代诗心，在他的《女神》中取而代之的是，一个个巨大的意象——"太

---

① 《郭沫若全集·文学编》（第 15 卷），人民文学出版社，1990，第 337 页。

阳""地球""无限的太平洋""雪的喜玛拉雅"……这些意象在诗中是强大生命的象征，是宇宙能量的象征，是郭沫若庞大诗心的理想的寄托形式。在它们身上，郭沫若既注入了时代所匮乏的青春生命热情，又传达出变革中国所需要的"动"之源和"力"之源。

郭沫若充满激情，又善于抒情。他深知"纯粹的感情是不能成为诗的"，要把实情提升为诗情，离不开想象的参与。他的《天狗》就是想象艺术的杰出范例。诗作表现的是扩张自我和破坏旧世界的思想情绪，但诗中并没有说教，丰富的理性意蕴全部隐藏在通过奇特想象所创造的意象中。诗的开头以幻觉让实我进入幻我——"我是一条天狗呀！……我把全宇宙来吞了……我是全宇宙底 Energy 底总量！……我的我要爆了!"在这一连串的想象活动中，张扬自我可谓达到极致，青春的热情光彩无比，一切旧的事物荡然无存。正是这丰富神奇的想象的力量，使《女神》提高了新诗的艺术品位，并为现代人自由情绪的抒发插上了飞翔的翅膀。

在郭沫若的"内在律"体系中还有一个重要的因素是节奏。在他看来，情绪是诗歌最核心的内容，节奏是传达情绪的最主要的形式。郭沫若还说："节奏之于诗是它的外形，也是它的生命。"与中国古典诗歌讲究炼字、炼句相反，《女神》中每一诗行所独立具有的审美意义是很小的，即使抽出《女神》优秀诗篇中的一两行，也会觉得如口号般的缺乏诗意。然而，就是这些"缺乏诗意"的句子经郭沫若的组合，便大放新诗特有的光彩。其中奥秘之一，就是节奏的力量。《女神》中的代表作《凤凰涅槃》以"情绪的自然消涨"结构全诗，形成一曲节奏动人的乐章。从序曲的沉郁、凤歌的愤懑、凰歌的凄婉，直到凤凰同生歌的沸腾激昂，形成了"弱—强—弱—特强"的节奏起伏，把对旧世界的诅咒、对新生的渴望和新生后的欢快逐层次地尽情渲染。诗中的节奏形成了新诗特有的宏大气势，是诗人炽热、奔放的青春热情的外化，让读者从中感到生命的力量、自由的力量、不可阻挡的青春的力量。

自由体新诗不是郭沫若首创，却在他手里成熟。《女神》中的许多名篇是自由体诗歌。《女神》中的自由体诗歌实现了对前人的超越。郭沫若让这一解放了的诗体自由而不随意。他的自由体诗歌不受"外在律"的束缚，却受"内在律"的支配；不受理性规范的约束，却受情绪表现的支配。《女神》中许多非自由体诗歌也都服从这一规律。《女神》的诗体是根据"情绪的自然消涨"设计诗歌形式的"女神体"。"女神体"的自由，主要不是诗歌外形上的自由，而是创作主体根据"内在律"的需要自主支配诗作形体的自由。《女神》中的作品篇与篇行数不等，行与行长短不一，但都有"情绪的自然消涨"。《天狗》中连续出现的"我飞跑"，每行 3 个字，以飞奔的诗行传达急于自我超越的迫切之情。在《立在地球边上放号》中，郭沫若却可以用长句子表达另一种急切之情，如：

> 无数的白云正在空中怒涌，
>
> 啊啊！好幅壮丽的北冰洋的晴景哟！
>
> 无限的太平洋提起他全身的力量来要把地球推倒。
>
> 啊啊！我眼前来了滚滚的洪涛哟！
>
> 啊啊！不断的毁坏，不断的创造，不断的努力哟！
>
> 啊啊！力哟！力哟！
>
> 力的绘画，力的舞蹈，力的音乐，力的诗歌，力的律吕哟！

全诗"情绪的自然消涨"与海啸的波涛汹涌的节奏相契合。诗人把这种生命激情凝聚在对"动"与"力"的呼唤上，凝聚在一个觉醒的人要"不断的毁坏，不断的创造，不断的努力"的豪迈姿态中。诗中那空中的白云、那滚滚的波涛、那无限的太平洋、那似乎要被推倒的地球，都成了传达诗人生命力怒涌、激情奔腾的最好的意象载体。于是，诗句的形式编排都服从人与自然形成的"律吕"。当表达呼唤"动"与"力"急切心情的时候，需要一口气读出，所以诗行变长："无限的太平洋提起他全身的力量来要把地球推倒"一行竟多达 21 字，并且故意不加标点停顿。当赞美咏叹的时候，需要增加停顿，所以诗行变短，助词增多，还要加上感叹号（当时的诗歌极少有人用感叹号），如"啊啊！力哟！力哟！"一行实际只有一个有理性意义的音节——"力"，其他都是表达情绪的辅助工具。所以"女神体"的自由并不是放任自流，而是为了扩大新诗的抒情手段，使如何分行、怎样设计顿数、各行字数的多少、标点符号的有无和怎样使用标点都起到了特殊的抒情作用。正是郭沫若这种自由而有"体"的诗形，引导了近一个世纪中国新诗形体的主流。

郭沫若倡导和实践新的东西，却不排除大量运用旧的东西。

关于《女神》对中国新诗的意义，已有的文学史叙述多有疏漏。就诗体而言，前人特别强调《女神》对自由体新诗的开创性，忽视了他对中国新诗诗体的多方位探索，尤其不应忽略郭沫若对新格律诗的尝试。郭沫若说自己写新诗最厌恶形式，以自然流露为上乘。后人便把郭沫若在特定语境中的语言当成他《女神》时期的全部诗歌追求，导致绝大多数文学史著作只是以《女神》中的《天狗》和《凤凰涅槃》等作品为例，说明郭沫若如何彻底突破了中国诗歌格律的樊篱，追求新诗形式上"绝端的自由，绝端的自主"。这样的文学史叙述就给读者造成了片面的印象——似乎《女神》中的诗篇大都是《天狗》和《凤凰涅槃》式的狂放不羁的自由体。

其实，《女神》中的诗体是多样化的，大致可以分为四类。一是自由体，即诗行和诗节的字数不固定，基本不押韵、不对称的自由诗。这一类在《女神》中数量并不太多。二是半自由体，部分地讲究用韵、音步、分行、形体等规律。这一类在《女神》中数量较多。三是歌剧体，如《凤凰涅槃》《棠棣之花》《湘累》等。这一类在《女神》中数量较少。四是新格律体，在《女神》中不在少数，如《沙上的脚印》《新阳关三叠》《Ve-nus》《三个泛神论者》《别离》《新月与晴海》等。这些作品都是地地道道的现代汉语新诗，但是外在形式整饬，每一节的行数完全相同，每一节首尾诗句的用词和字数基本相同，全诗韵脚一致，句式对称或基本对称，节奏感明显。另外，像《炉中煤》和《匪徒颂》等名篇也都不是自由体诗，而是类似《死水》那样的新格律诗。以上提到的郭沫若这些诗作均发表于 1919 年至 1920 年初，比朱自清在《中国新文学大系·诗集·导言》认定的新格律诗的开山之作——陆志韦的《渡河》早了三年多。

郭沫若对诗体的多方探求，也是在不断地实践他"内在律"的诗歌理念。因为内在情绪的不同，所以一首诗应有一首诗的形式，不应以任何的外在形式作为束缚。这时期郭沫若所尝试的所有诗歌体式，是他开放性的多向度探索追求的体现——为中国诗歌的未来发展探求多种可能性。这是郭沫若贡献给中国诗歌的更重要的东西。

新时期以来郭沫若作品整理的成就与问题

李　斌[*]

摘　要： 郭沫若作品的搜集整理，既是郭沫若研究的基础工作，也是郭沫若研究的重点与难点。本文从辑佚、辨伪、版本三个方面展开讨论，认为还有大量郭沫若的翻译作品、书信、集外作品需要钩稽整理；郭沫若作品，包括书信和书法作品都存在作伪现象，需要仔细辨别；郭沫若作品版本丰富，不同版本变化较多，对版本的汇校和研究是一项有待深入开展的重要工作。

关键词： 郭沫若　文献史料　辑佚　辨伪　版本

郭沫若作品整理的突破性成就出现在 1980～2000 年，表现在以《郭沫若全集》为代表的整理出版，以及《郭沫若年谱》《郭沫若著译系年》《郭沫若著译书目》等郭沫若研究资料的编撰出版。此后，虽然还有部分学者专注于郭沫若文献史料的搜集整理，并有相关国际学术会议的召开，但还没有特别丰硕的成果出现。一方面，除郭沫若研究者外，其他现代文学或史学史研究者对郭沫若文献史料的搜集整理关注不够；另一方面，多数郭沫若研究者对郭沫若文献史料整理工作的进展不熟悉，出现一些低水平重复现象。这些因素导致郭沫若研究中的文献史料基础不扎实，很多问题尚未解决，有些论述建立在不可靠的材料的基础上，影响了郭沫若研究的进一步深入。

本文从辑佚、辨伪、版本三个方面展开，系统总结郭沫若文献史料整理工作已经取得的成就、存在的问题，以及需要完善之处。

一　辑佚

研究一个作家，需要面对他的全部作品，在已经整理出版的现代作家

---

* 李斌，文学博士，中国社会科学院郭沫若纪念馆副研究员。

作品集中，郭沫若的作品集既不全面，也存在很多的问题，给研究带来了难度。郭沫若作品的辑佚和整理，需要投入更多的精力，也需要学界给予更多的关注。

在辑佚和整理郭沫若作品前，需要清楚学界在这方面已经做了哪些工作，以及这些工作存在的问题。如果前人已经将某一作品钩稽出来了，却还认为那是佚文，就属于严重的学术不规范了，但郭沫若研究界常常犯这样的错误。

关于郭沫若作品集的整理，首先要提及的是《郭沫若全集》。与那些由不同出版社多次出版，并有不同编辑体例的现代作家全集如《鲁迅全集》和《茅盾全集》不同，《郭沫若全集》迄今只出过一次。这次出版的《郭沫若全集》共 38 卷，其中文学编 20 卷，1982～1992 年由人民文学出版社出版；历史编 8 卷，1982～1985 年由人民出版社出版；考古编 10 卷，2002 年在科学出版社出齐。这是目前有关郭沫若作品最全的集子。但正如有论者所说："《郭沫若全集》极有可能是世界上最不全的作家全集。"①这客观地指出了《郭沫若全集》存在的问题。因为在 38 卷之外，至少还有 27 卷有待整理。

按照《郭沫若全集》编者的思路，出版《郭沫若全集》只是郭沫若作品整理的第一步："《郭沫若全集》先收集整理作者生前出版过的文学、历史和考古三个方面的著作"，"作者生前未编辑和未发表的作品、书信等，将陆续收集整理、编辑出版"。② 也就是说，《郭沫若全集》收录的只是作者生前出版的著作，至于散佚作品，包括未入集但在报刊上发表过，或者从未发表但存有手稿的，都属于第二步整理工作。可惜的是，第二步整理工作直到今天尚未完成。

具体来说，在《郭沫若全集》之外，还存在如下几类作品值得研究者重视。

（1）郭沫若翻译作品。《郭沫若全集》虽然声称收集整理了作者生前出版的著作，但并未包括作者的翻译作品。郭沫若翻译的作品有 500 多万字，数量相当大。很多著作在新中国成立后没有再版，查找比较困难，亟

---

① 魏建：《郭沫若佚作与〈郭沫若全集〉》，《文学评论》2010 年第 2 期。
② 《〈郭沫若全集〉出版说明》，《郭沫若全集·文学编》（第 1 卷），人民文学出版社，1982，第 1 页。

待整理出版。在"中国社会科学院创新工程"的支持下，郭沫若纪念馆承担了《郭沫若全集·补编》的编撰任务。《补编》分三个部分，其中就包括《翻译编》。《郭沫若全集·补编·翻译编》计划编辑 14 卷，目前已经大体编辑完成，即将进入出版流程。这是对郭沫若翻译作品第一次大规模的搜集整理出版，意义重大。

（2）郭沫若日记。郭沫若有记日记的习惯，至少新中国成立后的日记保存得比较完整，数量也相当大，是研究郭沫若与当代中国的珍贵史料，但由于种种原因，目前还未能面世。

（3）郭沫若书信。目前收录郭沫若书信最多的是黄淳浩编《郭沫若书信集》（中国社会科学出版社，1992），共收录 1913～1977 年郭沫若书信 634 封，多数在报纸杂志和各种书籍上公开发表过，也有 100 多封是从通过各种渠道征集得来的手迹中整理出来的。但就目前已经知道的而言，黄淳浩编《郭沫若书信集》收录的郭沫若存世书信仅一半左右。此外，还有几本郭沫若书信集值得注意。第一，唐明中、黄高斌根据乐山所藏郭沫若家书编《樱花书简》（四川人民出版社，1987），收录 1913～1923 年郭沫若家书 66 封。近年，郭平英、秦川编校了《敝帚集和游学家书》（中国社会科学出版社，2012），其《游学家书》部分包括《樱花书简》，但校正了《樱花书简》的错讹。第二，容庚弟子曾宪通编《郭沫若书简——致容庚》（广东人民出版社，1981），收录 1929～1962 年郭沫若致容庚书信 60 封。2009 年，广东省博物馆编辑整理了这 60 封书信的手稿，在文物出版社出版。黄淳浩编《郭沫若书信集》仅从中选录 25 封，虽然校正了个别字句，但注解远不及《郭沫若书简——致容庚》详细。两书可并列参考。第三，《郭沫若致文求堂书简》，该书在增井经夫收藏的基础上，由马良春、伊藤虎丸主持中日两国学者共同整理、翻译、编辑而成，1997 年在文物出版社出版。该书收录 1931 年 6 月至 1937 年 6 月郭沫若致文求堂书店主人田中庆太郎书简 230 封，是郭沫若流亡日本期间的珍贵材料。在上述几部书信集外，还有相当多的郭沫若书信未曾面世，部分在藏家之手，部分还收藏在包括郭沫若纪念馆这样的博物馆中，有待学界整理。值得学界关注的是，郭沫若纪念馆承担的《郭沫若全集·补编》包括《书信编》，计划编辑 4 卷，目前已经搜集整理出 1000 多封郭沫若书信，数量是黄淳浩编《郭沫若书信集》的两倍。《郭沫若全集·补编·书信编》计划 2016 年完成初稿，三年之内出版。

（4）郭沫若集外散佚作品。为了搜集整理的方便，我们通常将郭沫若的集外散佚作品分为集外佚文、集外诗词、集外古籍整理三个部分。

目前，学界收集整理的郭沫若集外佚文主要有如下三种。第一，王锦厚、伍家伦、肖斌如编有《郭沫若佚文集》（四川大学出版社，1988）。该书收录新中国成立前郭沫若散在佚文 200 余篇，是目前收录《郭沫若全集》集外文章最多的集子，但客观地讲，该书部分文章缺乏仔细核校，存在一些文字错讹和段落误排，研究者使用时最好核对原刊。第二，上海图书馆、复旦大学分校中文系编《迎接新中国——郭老在香港战斗时期的佚文》［复旦学报（社会科学版）编辑部，1980］。郭沫若 1948 年在香港期间的作品，大都没有收入他的著作中。该书收录了郭沫若 1948 年在香港期间的佚文 60 余篇，弥补了这一遗憾。值得注意的是，郭沫若在香港期间写作的文章远远不止这个数，需要学界更为细心地搜集整理。第三，上海图书馆文献资料室、四川大学郭沫若研究室合编《郭沫若集外序跋集》（四川人民出版社，1983）。郭沫若曾写过大量序跋作品，但很多都没有收进他本人的集子。该书收录《沫若文集》（共 17 卷，《郭沫若全集》的重要底本）外序跋作品 119 篇，是对《郭沫若全集》在序跋文体上的重要补充。

未收入《郭沫若全集》的诗词作品也相当多。这些作品分为两种情况。第一种情况是某些诗词虽然曾经收进了郭沫若的某一集子，但并未随着该集子编入全集，比如《沫若诗词选》中多首诗词就没有收入《郭沫若全集》，关于这一个问题已有论者讨论。[①] 背后的情况比较复杂，有些篇章不能收录涉及政治因素的。这不能单纯责怪编者。类似的情况还有不少。第二种情况是有相当多的诗词虽在报刊上发表，或者随着书法作品流传在世，但没有收入郭沫若本人编辑的集子，也就没有收入全集。对这些诗词的整理，目前学界有三类比较重要的成果。一是丁茂远编著的《〈郭沫若全集〉集外散佚诗词考释》（浙江大学出版社，2014），该书收录郭沫若集外诗词 700 余首，是目前收录郭沫若散佚诗词最多的一部集子。编著者对收录诗词做了比较详细的考释，但不免也有错讹之处。二是乐山市文管所编《郭沫若少年诗稿》（四川人民出版社，1979）与《敝帚集与游学家

---

① 魏建：《〈沫若诗词选〉与郭沫若后期诗歌文献》，《中国现代文学研究丛刊》2011 年第 11 期。

书》中的《敝帚集》及《敝帚集外》两部分。它们收录郭沫若青少年时代的诗词最为详尽。三是蔡震编《〈女神〉及佚诗》（人民文学出版社，2008）中的佚诗部分，该书除收《女神》初版本外，还收录郭沫若创作于《女神》时期，后来却没有收进《郭沫若全集》中的新旧体诗 97 首。

　　未收入《郭沫若全集》的古籍整理主要是《再生缘》和《西厢》。20世纪 60 年代初，由于陈寅恪研究清代弹词《再生缘》，郭沫若对《再生缘》也产生了浓厚的兴趣。他以三个版本为底本，通读四遍，仔细核校，完成了《再生缘》校订本。中华书局已经排出清样，但由于涉及朝鲜问题，该书搁置未版，也就没有收入《郭沫若全集》。2002 年，北京古籍出版社将其出版，并收录了郭沫若有关《再生缘》研究的 9 篇文章。这是该书第一次与读者见面。除《再生缘》外，1921 年，郭沫若校订改写了《西厢》，在泰东图书局出版。这本书也没有收入《郭沫若全集》。

　　对于郭沫若的集外作品，有些工具书提供了线索。其中比较重要的有如下三种。一是上海图书馆编《郭沫若著译系年》，该书收录《中国当代文学研究资料·郭沫若专集》（四川人民出版社，1984），又收录王训昭等编《郭沫若研究资料（下）》（中国社会科学出版社，1986）。《郭沫若著译系年》列出的作品，相当多没有收入全集，这为搜集整理郭沫若集外作品提供了目录索引。二是萧斌如、邵华编《郭沫若著译书目（增订本）》（上海文艺出版社，1989），该书辑录截至 1985 年的郭沫若著译 500 余种，每种著译作品列出详细的版本和篇目信息，其中很多篇目未进入《郭沫若全集》。三是龚继民、方仁念编《郭沫若年谱》（天津人民出版社，1992），从该年谱中可以钩稽出相当多的郭沫若集外作品篇目。

　　郭沫若文献史料研究的一个重要工作，应该是对上述作品集或工具书进行核校，辨别真伪。在这方面做得比较好的是对《樱花书简》的辨别。《樱花书简》整理出版后，长期以来作为郭沫若研究的重要资料。但蔡震、郭平英两位学者各自根据其看到的手稿和信封，对《樱花书简》的写作时间和部分文字进行了重新考订①，校正了不少错讹。近年来学界对《郭沫若全集》在编排体例和收录不全方面有不少指责；也有

---

　　①　参见蔡震《樱花书简正误》，《文化越境的行旅——郭沫若在日本二十年》，文化艺术出版社，2005；蔡震：《〈樱花书简〉厘正补遗》，《郭沫若生平文献史料考辨》，社会科学文献出版社，2014；郭平英：《〈游学家书〉的考订编校》，载郭平英、秦川编注《敝帚集与游学家书》，中国社会科学出版社，2012。

年轻学者逐一核查《郭沫若全集·文学编》题注的可靠性，纠正 79 篇题注。① 在丁茂远《〈郭沫若全集〉集外散佚诗词考释》出版后，《郭沫若学刊》组织对该书展开讨论，从该书所收作品的真伪、体例安排、注释的准确性等多方面进行了讨论。丁茂远在此基础上再次校订，并再次发掘了数十篇集外诗词。② 上述对郭沫若作品相关整理成果的讨论，有助于将郭沫若研究精准化。可惜的是，这样的成果并不多，而且也不为学界所重视。其实，应该对《郭沫若全集》《郭沫若著译系年》《郭沫若著译书目（增订本）》进行考辨，纠正错讹，以便使郭沫若研究建立在更坚实的基础上。

在郭沫若研究界，有些学者甚至有些刊物一律将《郭沫若全集》未收作品当成佚作。笔者认为这种做法有待商榷。所谓佚作，是指发现了先前学界尚未知晓的作品。对于新发现的郭沫若作品，不仅要看《郭沫若全集》是否收录，还要看《郭沫若著译系年》《郭沫若年谱》《郭沫若佚文集》等郭沫若作品集及相关工具书是否提到。此外，还得查找近年来报刊上是否已经有人将这一作品整理介绍给学界了。只有所有这些著述文章都没有提到的郭沫若作品，方可称为郭沫若佚作。近年来，有些学者注意到这方面的区别，力图在上述著述文章之外，发掘郭沫若佚作。③ 这样的发掘十分有意义，应该引起学界更多的重视。

对郭沫若佚作的发掘，不仅应该注意民国以来的老旧报刊，还应该注意档案馆、博物馆、收藏家所藏文物。有相当多的郭沫若散佚作品藏在郭沫若纪念馆等博物馆中，有相当多的郭沫若书信在一些名人后代或收藏家手中。此外，一些书画作品中的题跋，各地风景名胜的楹联牌匾，都可能不为学界所知。这需要有心人多留意，多搜集，多披露。

---

① 李淑英、刘奎、李斌：《〈郭沫若全集·文学编〉题注订正》，《郭沫若学刊》2013 年第 4 期。

② 李斌：《读〈《郭沫若全集》集外散佚诗词考释〉》，《郭沫若学刊》2014 年第 4 期；冯锡刚：《〈《郭沫若全集》集外散佚诗词考释〉指疵》，《郭沫若学刊》2015 年第 2 期；丁茂远：《为自著正误》，《郭沫若学刊》2015 年第 2 期；冯锡刚：《郭沫若集外佚诗三十二首辑注》，《郭沫若学刊》2015 年第 4 期。

③ 李晓虹：《关于郭沫若〈《撒尼彝语研究》的检讨·结语〉》，《郭沫若学刊》2013 年第 1 期；王静：《关于〈南无·邹李闻陶〉》，《郭沫若学刊》2013 年第 1 期；李斌：《郭沫若佚文三篇》，《中国现代文学研究丛刊》2015 年第 3 期；李斌：《郭沫若题画诗三首》，《郭沫若学刊》2012 年第 4 期；李斌：《郭沫若在汉藏教理院的一次演讲》，《郭沫若学刊》2013 年第 1 期。

中国现代文学研究界近年来注重佚文的发掘整理。但有意思的是，大多数年轻学者着力点在于一些二流或二流以下的作家，这无可厚非。一方面，鲁迅、茅盾等一流作家再难有佚文面世，另一方面，整理郭沫若的佚作确实有难度。但郭沫若集外佚作如此之多，从整个学科发展来说，亟须有更多学者投入精力去整理发掘，它的价值绝对不亚于对二流作家佚作的钩稽整理。

郭沫若纪念馆承担的《郭沫若全集·补编》除《翻译编》和《书信编》外，还有《集外编》。《集外编》计划编辑 9 卷，包括集外诗词戏剧题跋 3 卷，集外文 4 卷，集外古籍 2 卷，字数在 350 万字左右。该编目前绝大部分作品已经搜集整理完成，预计三年内出版。这将是收录《郭沫若全集》集外作品最多的集子。

郭沫若作品中值得学界格外注意的还有他的书法作品。郭沫若去世之后，其书法作品主要由其家属整理，出版过不少集子。比较重要的有《郭沫若遗墨》（郭平英、郭庶英、张澄寰编，河北人民出版社，1980），《二十世纪书法经典·郭沫若卷》 （郭平英主编，广东教育出版社，1996），《郭沫若题画诗存》 （郭平英主编，山西教育出版社，1998），《郭沫若书法集》（四川辞书出版社，1999），《郭沫若于立群书法选集》（郭庶英、张鼎立编，中国书店，2007），《郭沫若于立群墨迹》（郭平英主编，人民日报出版社，2011） 等。在编辑郭沫若书法作品的工作中，郭平英女士做出了突出贡献。这些书法作品收录的大多数是郭沫若书法中的精品，绝大部分文字没有收入他的全集，甚至相关研究资料也很少提到。郭沫若研究者如果留心这方面的文献，定能有所发现。在这些作品的基础上，郭平英、邱禾、李晓虹等学者正在编辑一套 12 卷本《郭沫若书法全集》，有望于 2017 年面世。这套作品当然不能说收录了郭沫若的全部书法作品，但其中收录的很多文献资料是第一次披露的，值得研究者期待。

二　辨伪

长期以来，有关郭沫若文献史料存在严重的作伪现象。这突出表现在三个方面，一是著作作伪，二是书信作伪，三是书法作伪。三种作伪都需要研究者鉴别。

1946 年，郭沫若在《上海文化》和《联合日报晚刊》刊出启事，维护著作权益："敝人译著多种，二十年来多被坊间盗印，或原出版者未经同意自行再版或将版权连同纸型转让，或擅自更改书名及译著者名，诸多侵害权益之事，殊难枚举。兹请群益出版社吉少甫君为本人代理人，清理所有译著，无条件收回，自行整理出版。请承印各出版家，将版税清算结清，并将纸型交回或毁弃。如承上演、广播，或转载，均请与代理人洽立合约。日后如有违害本人著译权益事件发生，当依法请沈钧儒沙千里二大律师保障追究。"① 这则启事反映了郭沫若著作长期被侵权和盗版的事实。除这些情况外，还存在盗用郭沫若的名号印行他人著作等情况。这都给研究带来一定的干扰。

关于郭沫若的盗版书，《郭沫若著译书目（增订本）》专列"翻版书"一类，"翻版书也称盗版书，它的出现，情况虽有所不同，但总的说都是没有征得著者同意的出版物，出版商为了牟利，当然稿酬是分文不付的，有的甚至将原作斩头去尾，改得面目全非，深为著者与读者所痛恨"。但由于 1927 年后郭沫若著作被禁的特殊情况，有些翻版书"对郭沫若著作的传播是起了宣传和支持作用的"。② 该书共列出郭沫若盗版著作 39 种（55 个版次），译著 11 种（11 个版次），这些盗版书在郭沫若流亡日本期间出现的最多，占郭沫若出版著作的一半以上。

最近，蔡震在《郭沫若著译书目（增订本）》的基础上，对郭沫若著译的盗版本进行了更深入的研究。蔡震指出了《郭沫若著译书目（增订本）》存在的一些问题。比如 1949 年上海春明书店的《郭沫若文集》，《郭沫若著译书目（增订本）》认为是"翻版书"，但蔡震认为不是盗版书。笔者同意蔡震的观点。蔡震主要区分了郭沫若盗版书的种类。第一种是"盗用郭沫若某一作品由某一出版社所出版印行的版本"，比如上海新新书店 1930 年《中国古代社会研究》和上海复兴书局 1936 年《沫若诗集》都是盗印上海联合书店的版本。第二种是"盗用郭沫若作品、署名，编辑印行的版本"，比如上海仙岛书店 1930 年《黑猫与塔》，上海国光书局 1931 年《黑猫与羔羊》等。第三种是"盗用郭沫若之名（包括也盗用出版社之名）出版，但非郭沫若所创作或翻译之出版物"，比如："《文学评论》，

---

① 《郭沫若启事》，《上海文化》（月刊）1946 年 7 月第 6 期。

② 萧斌如、邵华编《郭沫若著译书目（增订本）》，上海文艺出版社，1989，第 493 页。

署'郭沫若著'，上海爱丽书店 1931 年 4 月 15 日出版。该书所收《新文学之使命》、《士气的提倡》、《写实主义与庸俗主义》等文学批评和理论文章，均为成仿吾所作，实为成仿吾的一本文论集。"①

盗版本对于研究存在很大的干扰，必须仔细鉴别。比如仙岛书店 1930 年的《黑猫与塔》，其"前言"实际上是郭沫若 1925 年为《塔》所作的"序言"。编者自作聪明，将这篇文章的时间署为"1930 年 6 月 11 日"，并将首句的文字做了改动。这就对研究造成了极大的干扰。

鉴别郭沫若盗版书是一项长期的工作，正如蔡震所说："我们现在所考察、整理，并以之作为研究资料的郭沫若著译作品盗版本的情况，只是截止于目前我们所能见到的出版物，实际上，郭沫若著译作品的出版物还不断有新的资料陆续出现。"② 对于新发现的署名为"郭沫若"著作的，我们必须留心，在没有把握之前，不好轻易就断定是郭沫若的作品。

郭沫若书信作伪突出表现在陈明远伪造书信事件上。黄淳浩编《郭沫若书信集》收录郭沫若致陈明远书信 69 封，所用底本为陈明远提供的抄件。这些书信被认为披露了郭沫若的一些心迹，至今被学术界广泛引用。但很多信件系陈明远伪造，郭沫若秘书王戎笙有专著《郭沫若书信书法辨伪》考订这些书信甚详。王戎笙认为，郭沫若写给陈明远的第一封信时间为 1956 年 9 月 14 日，《郭沫若书信集》收录 1956 年 9 月 14 日之前郭沫若致陈明远的信 14 封，这 14 封信全是陈明远伪造的；郭沫若致陈明远最后一封信时间为 1963 年 1 月 8 日，《郭沫若书信集》却收录了 1963 年 1 月 29 日至 1966 年 1 月 5 日郭沫若致陈明远的信 17 封，这 17 封信也全是陈明远伪造的。此外，《郭沫若书信集》收录的 1956 年 9 月 14 日至 1963 年 1 月 8 日郭沫若致陈明远的 38 封信中，也存在伪造或篡改问题。如 1960 年 8 月 18 日的信就是伪造的，"这封伪信的第一段，只保留了郭沫若原信中的第一段的大致内容，其余各段全是陈明远伪造的"。③ 又如 1962 年 6 月 1 日的信，就经过了陈明远的大量篡改。王戎笙的论述建立在郭沫若纪念馆馆藏资料和自己亲身经历的基础上，是可信的。但遗憾的是，现在学界还

---

① 蔡震：《郭沫若著译作品版本研究》，东方出版社，2015，第 277 页。
② 蔡震：《郭沫若著译作品版本研究》，东方出版社，2015，第 292 页。
③ 王戎笙：《郭沫若书信书法辨伪》，兰州大学出版社，2005，第 40 页。

大量引用陈明远的伪信，得出的结论自然靠不住。

除陈明远伪造郭沫若书信外，还有其他人造假。现在孔夫子旧书网以及一些拍卖公司拍卖的郭沫若书信手迹，有相当一部分是伪造的，使用时需要仔细鉴别。

郭沫若是 20 世纪中国最有名的书法家之一。他的书法作品不仅在书法界和收藏界是值得珍藏的珍品，而且很多研究实际上可以将其作为素材，但学界对他书法的研究与其实际成就还远远不匹配。这方面的深入开展，必然面临辨伪的难题。现在市面上流传的郭沫若书法作品，有相当多属于后人伪造，对其的鉴别需要很深的专业功底。我们在引用和研究这些作品时，需要加倍小心。

三 版本

郭沫若一生撰写、翻译了大量著作，涉及面广，再版次数多。郭沫若著译版本比较复杂，现在还少有系统的整理和研究。

《郭沫若著译书目（增订本）》是有关郭沫若著译版本情况的最详尽和最可靠的工具书。该书"分为八个部分：（一）著作；（二）翻译与合译；（三）日译著作；（四）合集；（五）翻版本；（六）选编、编注本；（七）编校本（附郭沫若丛书目录）；（八）改编本"。该书收录 500 余种。每部分中的著作按初版时间先后编排，每本著作列出书名、著者、丛书名称、版次、开本、页数和目录。目录一般按照初版本编入，有些著作后来的版本变化情况比较大，该书就列出多个目录。如《奴隶制时代》，1952 年上海新文艺出版社的初版本和 1954 年人民出版社的版本变化很大，该书就同时列出了这两个版本的目录，以便读者比较。

这本书是郭沫若研究者手头常用的工具书，但它也存在一些问题。第一，该书收录时间截至 1985 年，迄今已 30 多年。这 30 多年来郭沫若著译又出版不少，其中有些版本还比较罕见，比如近年来整理出版的《李白与杜甫》手稿本、《读〈随园诗话〉札记》手稿本、《敝帚集与游学家书》中的《敝帚集》，都是第一次面世，却很少为郭沫若研究界外的人知道和使用。第二，该书以上海图书馆馆藏为主，收录并不全面，有很多信息需要增补，比如《女神》，就缺泰东图书局第 5、11 版，人民文学出版社第 1 版第 3、5、6、8、9 次印刷的信息，其实只要结合郭沫若纪念馆、国家图书馆等地的馆藏，这些信息大多能够搞清楚。第三，该书第三部分"日译著作"，收录了翻译成日语的郭沫若著作及合集，但郭沫若外译作品不仅有日语，还包括英语、俄语、法语、阿拉伯语等多个语种，这些方面的信息还缺乏钩稽整理。第四，所谓合集，是指既包括郭沫若作品，也包括他人作品的作品集，这样的作品集太多，即便收录也是挂一漏万，不收录为佳。上述四个方面的问题，30 多年来没人讨论，更没有人进行增订修补。

《郭沫若全集》在部分注释中注意到了版本的比较。比如收录《女神》的《郭沫若全集·文学编》第 1 卷，编者将部分诗句与初版本对照，通过脚注的形式列出初版本的文字，像《匪徒颂》中的部分改动。收录《文艺论集》的《郭沫若全集·文学编》第 15 卷，编者将录入的文字与初刊本进行比较，在有所变动的地方通过脚注的形式列出初刊本的文字。但《郭沫若全集》各卷由不同学者编辑，编辑体例又没有统一要求，因此这样的校勘比照只是极个别现象。郭沫若的绝大部分作品都有所修改，而且有些改动不止一次，《郭沫若全集》对此反映得很少。

20 世纪 80 年代中期，湖南人民出版社出版了郭沫若三部重要作品的汇校本。这三部作品分别为桑逢康校《〈女神〉汇校本》（湖南人民出版社，1983），黄淳浩校《〈文艺论集〉汇校本》（湖南人民出版社，1984），王锦厚校《〈棠棣之花〉汇校本》（湖南人民出版社，1985）。三位编者都是从事郭沫若文献史料整理的专家，他们广泛收集郭沫若上述著作的各种版本，或以初版本，或以《郭沫若全集》中的版本为底本进行汇校，为郭沫若研究界提供了珍贵的资料。陈永志积 30 年的功力，出版了《〈女神〉校释》，纠正了桑逢康《〈女神〉汇校本》与其他相关成果的失误。比如，他提出桑逢康《〈女神〉汇校本》所用的 9 种版本，只有 5 种具有校勘价值，且没有使用《女神》作品的初刊文进行校勘。这些成果都十分有价值，推动了《女神》汇校的深入。近年来，青年学者孟文博从事郭沫若作品的校对工作，取得了一些成就。他核校了黄淳浩《〈文艺论集〉汇校本》，提出质疑，撰写长文①，使《文艺论集》的汇校工作有了更加深入的进展。此外，他还校勘了《文艺论集续编》《论国内的评坛及我对于创作

---

① 孟文博：《郭沫若〈《文艺论集》汇校本〉补正》，《山东师范大学学报》（人文社会科学版）2012 年第 6 期。

上的态度》《契诃夫在东方》等郭沫若比较重要的作品①，这都是对郭沫若著译版本研究的重要推动。但遗憾的是，郭沫若著译版本这么多，被汇校过的作品却这么少，与现代文学研究的其他成果比起来差得太远。

本文从辑佚、辨伪、版本三个方面谈了郭沫若研究中的文献史料整理情况。当然，郭沫若研究中的文献史料问题，绝不仅仅局限于这三个方面，尤其是他的生平史料，比如廖久明教授关于郭沫若归国问题的考证等，本文就没有涉及，这有待将来补充。本文篇幅有限，难免挂一漏万，请方家指正。

---

① 孟文博：《郭沫若〈文艺论集续集〉汇校异文全录》，《现代中国文化与文学》2014 年第 2 期；孟文博：《〈论国内的评坛及我对于创作上的态度〉修改研究》，《郭沫若学刊》2014 年第 1 期；孟文博：《郭沫若对一篇涉及鲁迅的文艺论文的修改》，《鲁迅研究月刊》2013 年第 6 期。

抗战时期郭沫若笔下屈原形象的变与不变

刘　奎*

摘　要： 郭沫若在现代屈原形象的塑造中起着较为重要的作用。抗战时期，郭沫若更是发表了话剧《屈原》和大量关于屈原的论说文字。随着时代的变化，他笔下的屈原也经历了五四时期的浪漫诗人到抗战时期爱国诗人、革命诗人、儒家士大夫和人民诗人等不同形象的演变。本文主要集中考察抗战时期郭沫若论说文字中不同的屈原形象。在这一时段内，郭沫若笔下的屈原先后呈现出爱国诗人、革命诗人及人民诗人等不同面貌，但其背后也存在郭沫若较为一致的关怀，即诗人与人民、国家的关系，儒家的入世与承担精神实际上贯穿在他笔下的屈原的不同形象之中。通过重续儒家诗人的传统，他实际上设想了一个既不同于新文化人，也与彼时政党知识分子政策略有差异的路线，即诗人在人民与国家之间所扮演的中介角色。

关键词： 郭沫若　屈原　形象学　人民诗人　儒家革命诗人

屈原形象在20世纪经历了多重演化，其间郭沫若起着较为重要的作用。抗战中期，屈原的忌日——端午节被命名为诗人节，屈原形象与时代问题之间也有着更为复杂的关联，而郭沫若作为大后方文坛的祭酒，也适时地参与或领导着屈原话语的走向。他的话剧《屈原》是以文学形式回应抗战中后期文学与政治的问题，并显示了他作为诗人的独创性。不过，在这部话剧中，他并未充分回应时代对新诗人身份与使命的召唤问题。他对这个问题实际上有大量的思考，这主要体现在他所写的30余篇论说屈原的文章中。这些文章大多与诗人节相关，有的也与《屈原》构成互文性，在抗战时期的文化政治语境中，适时地参与了屈原形象的塑造过

---

* 刘奎，文学博士，厦门大学台湾研究院文学所师资博士后研究员。

程，同时，它们也是郭沫若思考并回应时代问题的方式。或许鉴于他屈原话语的密集度，他自身也往往被称为当代的屈原①，或褒或贬，这都表明他与屈原形象的某种重叠关系。郭沫若与屈原形象之间的这重关系，以及这些文章的连续性，为我们考察郭沫若的诗人心态、他如何参与新诗人的塑造，以及对新诗人身份和时代使命的回应与思考提供了可能。由这些文章可见，随着时代的转变，郭沫若不断地修改着屈原的诗人形象，但同时也内含着他对诗人出路、国家出路以及知识分子与国家关系等问题的思考。

一　诗人之死

在第一届诗人节的庆祝晚会上，于右任被推举为主席，他在演说中强调，"诗人乃民族之灵魂，屈子守正不阿，洁人忧国，堪为今人之效"。据报云："词甚激昂，勉国人勿趋沉沦。"② 而深谙演说之道、善于宣传的郭沫若，却在这种场面当起了学究，详细考论屈原的生卒年月。这颇让人意外，为何是屈原的生死问题，而不是他的精神，成了郭沫若首要关注的对象。

《新华日报》记录了郭沫若对屈原死亡日期的推论："郭沫若先生讲述屈原确死于二二一九年以前，即楚襄王二十一年。投汨罗江的那一年洽〔恰〕六十岁。屈原之投江，实由于当时不甘忍受楚国之沉沦现象，并非如一般批评屈原是工愁，牢骚而自杀。他确是一个有民族气节的诗人。"③ 从郭沫若的屈原研究来看，这重复的是他六年前的观点。1935 年，他蛰居日本期间，曾应刊物《中学生》之邀写屈原研究方面的文章，后成书《屈原研究》。在该书中，他详细考证了屈原的生卒年。

对这一考论的意义，需放在屈原研究的谱系中来考察。生卒年一直是屈原研究者首要面对的问题。对于他的生年，学者多从王逸《楚辞章句》及《尔雅》的相关论说，将《离骚》中"摄提格之孟陬兮，惟庚寅吾以降"解为他自述身世之说，因此，月日确定为五月五日，即旧历端午节。

---

① 《诗人节中谈今日屈原》，《中立》1946 年第 1 期。
② 《首届诗人节文化界昨开庆祝会》，《新华日报》1941 年 5 月 31 日。
③ 《首届诗人节文化界昨开庆祝会》，《新华日报》1941 年 5 月 31 日。

具体年代则有差异，从现代研究者来看，陆侃如认为屈原生于楚宣王二十七年（前 343 年）①，游国恩也持此看法②；郭沫若则认为是楚宣王二十九年（前 341 年）③，与之相差两年，这主要是天文算法上的出入问题，很难获得确切答案。

其卒年则不然，因为屈原传记资料的缺乏，学者往往要根据屈原的诗文，尤其是《九章》来参证他的经历。因此，对《九章》中作品创作时间的不同排列，所得出的结论往往差别极大，而卒年时间的不同，其死亡的意义也不同。陆侃如从《史记》说，将《怀沙》作为屈原最后的作品，认为屈原死于再度被放的途中，具体为顷襄王九年（前 290 年）。因此，他对屈原自沉的分析，便是根据《怀沙》中的诗句，如"夫惟党人之鄙固兮，羌不知余之所藏"，"世溷莫吾知，人心不可谓兮"等作为依据，认为屈原之死的原因为："因别人不知道他的才德，故要排斥他，故既排斥了也不想召回他。到了这时，屈原认为没法想了，故终于自沉了。"④ 同时，陆侃如认为《惜往日》也是他将自沉时的作品，但主要还是从遇与不遇的主题分析屈原的心态，这继承的其实是自贾谊《吊屈原赋》以来的传统，强调的是屈原"逢时不祥"和"被谗放逐"⑤ 的遭遇，屈原是一个忠而被谤的逐臣形象。

游国恩也将《怀沙》与《惜往日》作为屈原自沉前的作品，但认为他死于顷襄王十五年（前 284 年）⑥，此处从清人蒋骥之说。蒋骥在《山带阁注楚辞》中引述李陈玉的观点，认为《怀沙》非"怀石自沉"，而是"寓怀长沙"⑦，并从历史地理学的角度证实古有长沙之称。《惜往日》则是屈原绝笔之作。蒋骥将其解读为："夫欲生悟其君不得，卒以死悟之，此世所谓孤注也。默默而死，不如其已；故大声疾呼，直指谗臣蔽君之罪，深著背法败亡之祸，危辞以撼之，庶几无弗悟也。苟可以悟其主者，死轻于鸿毛；故略子推之死，而详文君之寤，不胜死后余望焉。"⑧ 游国恩认为

①　陆侃如编《屈原》，亚东图书馆，1923，第 4～5 页。

②　游国恩：《楚辞概论》，述学社，1926，第 113 页。

③　郭沫若：《屈原》，开明书店，1935，第 16 页。

④　陆侃如编《屈原》，亚东图书馆，1923，第 79 页。

⑤　（汉）贾谊：《吊屈原文一首并序》，《文选》，中华书局，1977，第 831～832 页。

⑥　游国恩：《楚辞概论》，述学社，1926，第 121、212 页。

⑦　（清）蒋骥：《山带阁注楚辞·楚辞余论卷（下）》，上海古籍出版社，1958，第 11 页。

⑧　游国恩：《楚辞概论》，述学社，1926，第 215 页。

"这真能名屈子的心与此篇的旨了"①，这就将屈原投江解释为"死谏"的士人传统。

从《九章》的写作顺序来看，郭沫若与陆侃如、游国恩并无太大分歧，但对写作时间的判断却有极大的不同。陆侃如认为《哀郢》作于顷襄王六年（前293年），是屈原再度被谗离开郢都时所作；郭沫若则认为作于顷襄王二十一年（前278年），这是从王船山说。王船山在《楚辞通释》中，认为《哀郢》的主旨为"哀故都之捐弃，宗社之丘墟，人民之离散，顷襄之不能效死以拒秦，而亡可待也。原之被谗，盖以不欲迁都而见憎益甚，然且不自哀，而为楚之社稷人民哀"。② 王船山认为哀郢为哀郢都之失陷。郭沫若进一步将其坐实为顷襄王二十一年，即秦将白起攻占郢都之时，并描述了屈原逃亡的经历："我们请想，屈原是被放逐在汉北的。当秦兵深入时，他一定是先受压迫，逃亡到了郢都，到郢都被据，又被赶到了江南。到了江南也不能安住，所以接连着做了《涉江》、《怀沙》、《惜往日》诸篇，便终于自沉了。"③ 屈原卒年与郢都失陷是同一年，即顷襄王二十一年，这样，屈原自沉的意义也就不仅仅是忧思或自伤不遇，而是有着明显的政治意义。如：

> 屈原被放逐了，是忍耐了多年而没有自杀的人。《哀郢》说"忽若不信兮至今九年而不复"，这九年还不仅只是九个年头：因为九在古是视为极数，他的被放自襄王六年至廿一年是应该有十一个年头的。他忍耐了这样久而没自杀，可见得单单的被放逐与不得志，不能成为他的自杀的原因。他的所以年老了而终于自杀的，是有那项国破家亡的惨剧存在的！④

可见，死生的时间亦大矣。死于郢都陷落前或后，意义便有自伤与国殇的不同。这种观点，郭沫若在战时也曾反复强调，如1941年底他在中华职教社演讲时，就再次强调"他的死，不是和一般才子的怀才不遇，因而自杀"，"他是一位民族诗人，他看不过国破家亡，百姓流离颠沛的苦况，

---

① 游国恩：《楚辞概论》，述学社，1926，第215页。
② （清）王夫之撰《楚辞通释》，中华书局，1959，第77页。
③ 郭沫若：《屈原》，开明书店，1935，第41页。
④ 郭沫若：《屈原》，开明书店，1935，第42页。

才悲愤自杀的"。① 该系列演讲后来都被整理成文，发表在国民党党报《中央日报》上。当然，学界对郭沫若此说也并非毫无异议，如缪钺就曾撰文辩驳，证明屈原自沉"仍自伤放逐，非伤国亡"，并对王船山的考论以及郭沫若为何独从王船山之说，有一个较为中肯的解释："王船山乃明末遗民，目击建州夷猾夏之祸，郭君初撰《论屈原身世及其作品》一文，亦在九一八沈变之后，盖皆痛伤国难，因自己之所感受，而寄怀古人，以为屈原曾见秦兵入郢，而屈原自沉，非徒自伤身世，兼有殉国之意，其作品中亦含有民族之义愤，如此论述屈原，虽更见精彩，然不知其稍违于事实矣。"② 如果借用形象学的研究方法，缪钺此说提醒我们的是，形象的意义并不在于它与被塑造者的关系，而在于塑造者的"文化的基础、组成部分、运作机制和社会功能"。③ 也就是说，较之探讨郭沫若笔下的屈原是否符合历史原型，探讨他笔下屈原的独特处，以及这种形象与政治、社会的动态联系也同样重要。

在郭沫若看来，屈原是因故国灭亡而死的，他就是一个爱国诗人，他的死便体现了诗人在危急时刻的意义。郭沫若所说的爱国诗人，可能还别有怀抱，即这不仅在于气节问题，还在于这种为国而死所具有的情感力量，这也是郭沫若情感政治学在屈原问题上的投射。抗战时期既然要复活或再造屈原的这种爱国情怀，首要的工作或许还不是阐释屈原的诗文，而是先要为屈原之死"证明/正名"，这也是为何郭沫若在首届诗人节的晚会上，首先要厘清屈原生卒年问题的原因。

郭沫若与其他学者间的分歧，本质不在于学问，而在于对学术与政治之间关系的不同理解。无论是蛰居日本期间还是抗战时期，做学问对郭沫若来说，都不仅仅是"道学问"的方式，也是"经世"的方式，而其对王阳明的推崇，也印证了这种可能性。但与儒家传统不同的是，作为现代诗人的郭沫若，学术研究除了"经世致用"的意义外，还在于述学本身的表

---

① 郭沫若讲，余湛邦记《屈原考》，《中央日报》1941 年 12 月 6 日。

② 缪钺：《评郭沫若著〈屈原研究〉》，《思想与时代》第 29 期，1943 年 12 月 1 日。

③ 〔法〕达尼埃尔－亨利·巴柔：《从文化形象到集体想象物》，孟华译，载孟华主编《比较文学形象学》，北京大学出版社，2001，第 123 页。按：形象学本为比较文学的方法，尤其是用于关于异国形象的研究，重在探讨想象生成的文化差异和意识形态作用，对于屈原来说，这个方法的有效性在于，现代文人对屈原的形象塑造也是出于想象，而且与他们所处时代的社会、政治与历史问题密切相关，因此，只是将空间差异转化为历史差异。

达功能，这也就是缪钺书评中所提及的"精彩"，即诗人郭沫若笔下的屈原所具有的审美色彩，是其他学者所不具备的。

梁宗岱可能要除外，他对学界用科学方法研究屈原极为不满，认为这过于侧重屈原的生平，结果导致屈原形象的支离破碎，因此，在第一届诗人节期间，他写了一篇论述屈原的长文。据他自陈，他从作品出发抵达的却是某种"一贯而完整"①，是一个抒情的诗的世界。但梁宗岱主要是借助"纯诗"的概念，来分析屈原作品的文本，看重的是屈原如何将个人的经历、思想和感受"凝结和集中在一个精心结构的前后连贯的和谐的整体里"②，因而屈原在他笔下是一个纯粹的抒情诗人的形象。

同为诗人眼光，郭沫若与梁宗岱也有不同。梁宗岱强调的是作为诗人的屈原，经由诗歌的肌理，将被逐、流亡、迁徙等人生经历升华为诗歌的形式，从激越最终抵达内心的平静，审美风格则从壮美而达于优美。郭沫若处理的方式，则更看重屈原的遭遇，将他的生死都赋予了家国层面的政治意义。不仅如此，他后来还进一步将屈原放在春秋战国的时代背景中，引入奴隶社会转向封建社会的宏大历史叙事。他认为屈原的作品不仅不是寻求内心平静的渠道，反而是吁求变革的表达方式。③ 因而，郭沫若笔下屈原的文学形象，要么是研究视域中的殉国者，要么发展为话剧《屈原》中的控诉者；这都是崇高的美学形象。对此，郭沫若自己也曾明确指出过。在论述诗人节的意义时，他曾将端午节与中秋节做了美学上的比较：

> 端午节这个日期的确是富有诗意，觉得比中秋节更是可爱。前人有把诗与文分为阳刚和阴柔两类的，象征地说来，大概端午节是阳刚的诗，中秋是阴柔的诗吧。拿楚国的两个诗人来说，屈原便合乎阳刚，宋玉便近乎阴柔。把端午节定为屈原的死日，说不定会是民族的诗的直觉，对于他的一个正确的批判。④

在朱光潜看来，中国传统所谓的阳刚，便是西方文艺理论中所称的崇

---

① 梁宗岱：《屈原（为第一届诗人节作）》，华胥社丛书，1941，第44页。
② 梁宗岱：《屈原（为第一届诗人节作）》，华胥社丛书，1941，第44页。
③ 郭沫若：《屈原思想》，《新华日报》1942年3月10日。
④ 郭沫若：《蒲剑·龙船·鲤帜》，《新华日报》1941年5月30日。

高（sublime），而且"sublime 是最上品的刚性美"。① 屈原阳刚或崇高形象
的生成，在很大程度上是由郭沫若对屈原之死的解读来完成的，而这至少
改变了屈原的两重传统形象，一是自贾谊以来的"不遇"与自怜形象，二
是由魏晋风流所建构的名士传统，如《世说新语》就有"名士不必须奇
才，但使常得无事，痛饮酒，熟读《离骚》，便可称名士"② 的说法。崇高
化的屈原，便将这种游离于社会历史之外的力量，转化为积极的社会动
能。崇高美学及其相关的情感动员、组织和社会动员功能，为非常时期文
学与学术介入政治与历史提供了新的可能。这也是诗人郭沫若在战时所能
扮演的历史角色，即通过美学的中介作用，才能真正发挥诗人的社会
能量。

二　儒家革命诗人

缪钺指出郭沫若为何独采王船山说是因为两人境遇的相似，但忽略了
郭沫若内在的思想逻辑。郭沫若几乎是自觉地将屈原与儒家进行了关联，
从而塑造了一个儒士形象。在郭沫若看来，"屈原在他的伦理思想上却很
是受了儒家的影响。他的实践上的行为却很是一位现实的人物，他持身极
端推重修洁，自己的化名是正则和灵均，又返返复复地屡以诚信自戒。而
对于国君则以忠贞自许"③，并进一步"揣想"他是陈良的弟子。

屈原的儒家化，本来是历代解读屈原的主流。这包括从源流上将《楚
辞》作为《诗经》的发展，如刘勰在《通变》篇中就认为"楚之骚文，
矩式周人"，而《辨骚》篇也是以《诗经》为标准来辨析楚辞；更为普遍
的方式是以解经的方式解楚辞，从而将楚辞经学化，晚近蜀中经学大师廖
季平仍主此说。郭沫若也认为屈原的思想具有儒学色彩："屈原的思想，
简单的说，可以分而为：一，唯美的艺术，二，儒家的精神。"④ 这种说法
却遭到了新文化人的普遍批评，如宋云彬就撰文指出，屈原"偏狭"的性
格与儒家的中庸之道相矛盾，屈原的"不肯趋时"与儒家的"圣之时"也截

---

① 朱光潜：《刚性美与柔性美》，《文学季刊》第 3 期，1934 年 7 月 1 日。后收入《文艺心
　理学》。
② （南朝宋）刘义庆撰《世说新语·任诞》，中华书局，2011，第 660 页。
③ 郭沫若：《屈原》，开明书店，1935，第 71 页。
④ 郭沫若讲、萧仲权记《屈原的艺术与思想》，《中央日报》1942 年 1 月 8 日。

然不同，从而提出"今天我们对于儒家的道德和思想，应该有一种客观的批评，不应像以前那样无条件接受，所以也无须再把屈原装塑成圣人之徒"。①

新文化人对郭沫若的批判，无疑是从新文化运动的传统出发的。从新文化运动的诸子学来看，孔子无疑是反传统的批判对象，当时最流行的呼声便是"打倒孔家店"，孟子、韩非、老庄等，也几乎无一幸免，但同处战国时期的屈原则未受波及，相反，屈原及南方的楚辞往往被新文化作为资源来利用。较有代表性的说法，除了钱玄同在《尝试集·序》中将《楚辞》列为"以白话做韵文"②的先驱以外，便是游国恩的主张。他比较了苏曼殊与胡适分别用五言古诗和楚辞体翻译的拜伦诗《哀希腊》（*The Isles of Greece*）之后，得出的结论是，胡适的翻译更准确。因此，他认为"所以我们如果要主张废旧诗，只有楚辞这种体裁可以不废，因为他相当的适用"。③游国恩写《楚辞概论》时，正值他在新文化运动中心——北京大学就读期间，而胡适选择骚体来译诗也是颇有意味的。鲁迅在《汉文学史纲要》中也认为楚辞"较之于《诗》，则其言甚长，其思甚幻，其文甚丽，其旨甚明，凭心而言，不遵距度。故后儒之服膺诗教者，或訾而绌之，然其影响于来之文章，乃甚或在三百篇以上"。④可见，鲁迅对楚辞价值的肯定，也是在与儒家传统的对比中进行的。正是新文化运动对传统的内在甄别，使新文化人在批判传统时不仅对屈原网开一面，而且主动为他辩护。如茅盾便极力撇清《楚辞》与《诗经》的关系，在他看来，刘勰、顾炎武等人认为楚辞"出于诗"，都是"中了'尊孔'的毒"，结果是"抹煞了楚辞的真面目"⑤，其真面目是源自神话；因为北方民族过于质实，因而神话多保留于南方文学之中。⑥除新文化人外，早期革命党人谢无量也认为北学是守旧党，南学是革命党⑦，而"楚词本是代表南方文学的，屈原的思想，与北方学派的思想，是不同的，从前已经说过。但是楚词这部书，自汉以来就被那一般'北方化'的学者，任意的批评注解，把他的原

---

① 宋云彬：《屈原与儒家精神》，《青年文艺》第 1 卷第 1 期，1942 年 10 月 10 日。

② 钱玄同：《〈尝试集〉序》，《新青年》第 4 卷第 2 号，1918 年 2 月 15 日。

③ 游国恩：《楚辞概论》，述学社，1926，第 113 页。

④ 鲁迅：《汉文学史纲要》，《鲁迅全集》（第 9 卷），人民文学出版社，2005，第 382 页。

⑤ 玄珠（茅盾）：《楚辞与中国神话》，《文学周报》第 6 卷第 8 期，1928 年 3 月。

⑥ 玄珠（茅盾）：《中国神话的保存》，《文学周报》第 6 卷第 15、16 期合刊，1928 年 5 月。

⑦ 谢无量：《楚词新论》，商务印书馆，1923，第 4 页。

意都失了"。① 从地缘政治的角度看，这大有利用南方传统（边缘）消解中原文化（中心）的趋势。

因此，当郭沫若重新将屈原儒家化的时候，质疑便首先来自新文化圈，除上述宋云彬的批判外，还有李长之的质疑。在李长之看来，"屈原的根本精神不在爱国，虽然爱国也是他的精神的一部分。屈原的根本精神在和愚妄战，他是和群愚大战中的牺牲者"②，这是从国民性批判的角度来质疑其儒家情怀。但从郭沫若的角度来看，他不仅没有背叛新文化传统，反而也要倚靠新文化的知识结构，才能建构他的屈原形象。

在分析屈原形象与新文化传统的关联之前，需先揭示王国维对郭沫若的启发。王国维曾将先秦政治道德思想分为两派：一是北方的帝王派，该派称道尧、舜、禹、汤、文、武等圣王，是入世派；二是南方的非帝王派，称道上古之隐君子，是遁世的一派。文学也不出这两派，但屈原则是"南人而学北方之学者"，其瑰丽的想象属于南方，而其思想则属于北方。③除王国维的作品外，郭沫若对谢无量的《楚词新论》也很熟悉：正是在这种观念的启发下，他对屈原的文学与思想也做了二分，将美学问题归于南方，思想问题归于北方。

对于屈原作品的美学问题，郭沫若也是在新文化的南北观中来处理的，但他更为激进，非但不认为北方是正统，反而认为南方才是正统。这是他反复强调的观点：华夏文明的源头在殷，在殷纣王征伐和经略东南的时候，周人趁机入侵，殷民南下将文化传播到徐、楚等地，因此，从文化源流上来说，楚文化才是华夏正统。从某种程度上说，这为战时寓居西南的政府提供了最佳的民族神话，但郭沫若并不止于此，而是认为南方不仅为屈原的奇幻想象提供了根据，它本身的超现实性也具有乌托邦的内涵④，美学风格由此转化为政治图景。正是通过将南北的地理文化差异转变为殷商的历时性更替，屈原创作风格的历史意义才得以显现。这也便是楚辞突破《诗经》格式的长句，以及多用"兮"字的风格。在郭沫若看来，这就

---

① 谢无量：《楚词新论》，商务印书馆，1923，第 69 页。
② 李长之：《评〈屈原〉》，《益世报》1935 年 5 月 29 日。
③ 王国维：《屈子文学之精神》，《王国维文集》（一），中国文史出版社，1997，第 32 页。郭沫若与王国维的这重关联，首先由宋云彬指出。
④ 郭沫若：《论古代文学》，《学习生活》1942 年第 4 期。亦可参见刘奎《危机与救赎：一个新文化人的"南渡"》，《中国现代文学研究丛刊》2016 年第 1 期。

是当时的白话文，而屈原也因此是一位革命诗人。^① 对于将屈原当作"革命诗人"的说法，学界往往做社会革命解，实际上郭沫若是将其限定在文学革命的层面，背后也是新文化运动的历史思维。

儒家屈原的形象，主要是从思想的角度建立的，这需要将郭沫若的屈原研究置于他的先秦社会史和诸子学的视野中。抗战时期，郭沫若修正了他的上古史观，在20年代末他主张殷为原始社会，到西周与东周之际才转向奴隶社会。^② 但在30年代甲骨、卜辞和金文研究的基础上，他转而认为殷已是奴隶社会，而春秋战国时期则是由奴隶社会转向封建社会的过程。^③ 修正的结论是，春秋战国时期的社会变革引起了意识形态的变化，尤其是生产奴隶——在郭沫若看来他们就是古代的人民——地位的上升，使人民受到越来越多的关注，诸子学的兴起与这个时代精神密切相关：

> 因为人民的价值提高了，故而伦理思想也发生了变革，人道主义的思潮便彭湃了起来。儒家倡导仁，道家倡导慈，墨家倡导兼爱。这都是叫人要相互尊重彼此的人格，特别是在上者要尊重下者的人格。……把人当成人，便是所谓仁。这个仁字是春秋战国时代的新名词，其卜辞及金文中没有见过，就是在春秋以前的真正的古籍中也没有见过。一个字的出现，是当时的一个革命的成果，我们是应该把它特别看重的。^④

屈原的思想之所以是儒家的，除了他所向往的圣王多与儒家一致外，更重要的是"屈原是注重民生的"，证据是屈原诗中出现的"民"，如"长太息以掩涕兮，哀民生之多艰"等。在郭沫若看来，"像这样太息掩涕时念念不忘民生的思想，和他念念不忘国君的思想实在是分不开的，他之所以要念念不忘国君，就是想使民生怎样可以减少艰苦，怎样可以免掉离散"。^⑤ 且不说以马克思的历史分期来研究中国古史的凿枘问题，且说"人道主义"和"民生"等概念也难免有以今律古的嫁接之嫌，但这也恰恰凸显出他律古的"今"实际上是新文化的传统，是朴素的人道主义和民粹主

---

① 郭沫若：《革命诗人屈原》，《新华日报》1940年6月10日。
② 参见郭沫若《中国古代社会研究》，上海现代书局，1929。
③ 郭沫若：《屈原思想》，《新华日报》1942年3月10日。
④ 郭沫若：《屈原思想》，《新华日报》1942年3月10日。
⑤ 郭沫若：《屈原思想》，《新华日报》1942年3月10日。

义的混合物。这也表明了抗战时期知识分子在思考现实问题时方法和思想资源的驳杂性，显示了他们转向人民话语的历史复杂性。

三　人民诗人

因为 1945 年诗人节期间郭沫若身在苏联，他直到 1946 年的诗人节才明确将屈原命名为人民诗人。此时，屈原作为人民诗人的形象实际上已由左翼作家和自由主义左派如闻一多等人建构完成。但一个常被忽略的基本问题是"何为人民诗人"，屈原如何能被称为人民诗人，人民话语与知识分子的时代处境之间究竟有何内在关联？之所以对"人民诗人"这个概念提出再历史化的要求，是因为郭沫若 1950 年写了一篇与闻一多同题的文章——《人民诗人屈原》。但他对闻一多的关键论据，即把屈原划归"家内奴隶"（本身也是郭沫若的概念）提出了异议，认为据《史记》载屈原曾为左徒，而左徒的地位很高，因而要把屈原"解释为奴隶是很困难的"。[①] 郭沫若的质疑从阶级身份的角度否定了屈原成为人民诗人的可能，这既清算了历史话语的泡沫，也再次提出了知识分子与人民之间的关系问题。那么，郭沫若又是如何将屈原命名为人民诗人的呢？

郭沫若是从诗歌的形式和思想两个角度来论证屈原是人民诗人的。在《由诗人节说到屈原是否弄臣》一文中，郭沫若指出，就形式而言，"那完全采取的是民歌歌谣的体裁，而把它扩大了，更加组织化了"。[②] "民歌"观念的现代演变是一个饶有兴味的话题。它受到知识界的重视是新文化运动的成果，尤其是北京大学周作人、顾颉刚等人的提倡和收集。抗战时期西南联合大学也有学生沿途收集民歌，闻一多还曾为之作序。[③] 但它同时也是左翼文学提倡大众化的资源和方法，因此，"民歌"这个概念本身便经历了一个旅行过程，内涵除了文学革命之外，也增加了社会革命的维度。

至于屈原诗歌的思想层面，郭沫若再次引述了《离骚》中的诗句如"长太息以掩涕兮，哀民生之多艰"和"怨灵修之浩荡兮，终不察夫民心"

[①] 郭沫若：《人民诗人屈原》，《人物杂志》1950 年第 5、6 期合刊。

[②] 郭沫若：《由诗人节说到屈原是否弄臣》，《新华日报》1946 年 6 月 7 日。

[③] 参见闻一多《西南采风录·闻序》，商务印书馆，1946。

等，作为屈原"尊重人民"和"爱护人民"的证据。需要提及的是，直到1942年他才将这两句诗中的"民"改译为"人民"。在此前的《离骚今译》中，这两句诗分别译为：

> 我哀怜我生在这世上多受艰苦，长太息地禁不住要洒雪眼泪。①
> 我怨恨你做君王的终是荒唐，你始终是不肯揣察出我的私心。②

在新版中则改为：

> 我哀怜那人民的生涯多么艰苦，我长太息地禁不住要洒雪眼泪。③
> 我怨恨你王长者的真是荒唐，你始终是不肯体贴人民的忧心。④

对于人民话语来说，已有论者指出40年代初期"人民"这个概念的开放性，郭沫若将这个现代词语应用到春秋战国时期的社会史研究和屈原研究中，是"不仅将人民看作生产力，而且当作社会变革的代言者"。⑤ 因此，郭沫若40年代的人民话语实践，在政党政治之外，探索了人民成为新的历史主体的可能性。⑥ 但从人民诗人的视角，我们需要进一步探讨的是，诗人与人民之间的关系问题，这不仅指来自政党的压力——如延安文艺政策与知识分子改造问题，同时也指向诗人自身的要求，问题因而转化为人民诗人为知识分子自身的出路提供了哪种历史可能。这可以用郭沫若、闻一多等人参与的一场有关屈原的论争来分析。

　　1944年诗人节期间，金陵女子大学教授孙次舟抛出屈原是"文学弄臣"的说法。此言一出，很多人撰文反驳，孙次舟最终写了长文回应，文中却提及闻一多也持此说。闻一多不得已而应战，他确实不否认屈原是弄臣，但将弄臣定性为"家内奴隶"。这个身份促成了他们的文学成就，由于家内奴隶可以分享贵族的文化教育资源，"于是奴隶制度的粪土中，便

---

① 郭沫若：《屈原》，开明书店，1935，第87页。
② 郭沫若：《屈原》，开明书店，1935，第88页。
③ 郭沫若：《屈原研究》，群益出版社，1943，第157页。
④ 郭沫若：《屈原研究》，群益出版社，1943，第158页。
⑤ Pu Wang, The Phenomenology of "Zeitgeist": GuoMoruo and the Chinese Revolution, a dissertation of New York University, 2012, p. 328.
⑥ Pu Wang, The Phenomenology of "Zeitgeist": GuoMoruo and the Chinese Revolution, a dissertation of New York University, 2012, p. 326.

培养出文学艺术的花朵来了"，因而闻一多认为"没有弄臣的屈原，那有文学家的屈原。"① 另外，屈原对统治者的不满又被闻一多赋予了反抗的意义："一个文化奴隶（孙先生叫他作'文学弄臣'）要变作一个政治家，到头虽然失败，毕竟也算翻了一次身，这是文化发展的迂回性的另一面。"② 将弄臣定性为奴隶，屈原的不满因而具有了社会意义，而正如论者所指出的，闻一多的屈原实际上体现的不仅是社会革新意识，也是一种世界史结构的普遍图景。③ 闻一多正是在"奴隶—（主）人"的"人的解放"视野下，才进一步将屈原命名为人民诗人的，与郭沫若从历史社会研究的角度提出的看法一致。

郭沫若也两度撰文回应孙次舟和闻一多的相关说法，但对他来说，这不仅是屈原是否为弄臣的问题，或许也关乎他自己的身份意识。"弄臣"说法的来源之一就是司马迁在《报任安书》中所说的，"文史星历，近乎卜祝之间，固主上所戏弄，倡优所蓄，流俗之所轻也"。郭沫若也认为司马相如、东方朔、淳于髡等确为弄臣，但对屈原还是持保留意见。即便如此，"倡优"的说法还是经常见于他的其他文章，如他 1941 年就在感叹，"历代的文人实在是被养成为一大群的倡优，所以一说到文人差不多就有点鄙屑。所谓'一为文人便无足观'，文人差不多就等于不是人了"。④ 这显然是对民国时期"重武轻文"风气的不满，而在他早年所写的《且看今日之蒋介石》的檄文中，对蒋介石不满的原因之一就是他以"倡优"待他。因此，当他在为民权呼吁时，文人身份的突破也内含于其中：

> 在上者对于文人当"倡优畜之"，如不甘此待遇者便是叛逆分子。然而文艺恰是具有这叛逆性的，它是人民要求的录音。因而历代以来也尽有些不安分的文人，不愿意做倡优，而甘于成为叛逆。⑤

文人的叛逆性使他们天生地具有革命性，这与闻一多从奴隶的视角赋予屈原以反叛性的方式是一致的，两人都将人民诗人作为突破弄臣身份的历史契机。但对于何为人民诗人，以及如何做一个人民诗人，两人的意见

---

① 闻一多：《屈原问题》，《中原》第 2 卷第 2 期，1945 年 10 月。
② 闻一多：《屈原问题》，《中原》第 2 卷第 2 期，1945 年 10 月。
③ 王冬冬：《1940 年代的诗歌与民主》，博士学位论文，北京大学，2014，第 159 页。
④ 郭沫若：《告鞭尸者》，《新蜀报·七天文艺》1941 年 9 月 17 日。
⑤ 郭沫若：《为革命的民权而呼吁》，《沸羹集》，大孚出版公司，1947，第 196 页。

还是有些分歧的。对于闻一多来说，他将屈原命名为"家内奴隶"，其实是指儒家的士大夫阶层，他认为儒士（家内奴隶）是贵族与生产奴隶之间的"缓冲阶层"，所谓的"中庸之道"，其实是"站在中间，两边玩弄，两边镇压，两边劝谕，做人又做鬼的人"，而"中庸"之庸其实是"附庸"之庸。① 他对知识分子不满，还拟议写《八教授颂》来讥刺西南联合大学的教授们。闻一多的激烈言辞，虽具社会煽动性而为当局不容，但实际上并不能解决他自身的问题。虽然他否定了儒士，但其最终还是加入了民主同盟这个知识精英的组织。

与闻一多一样激烈否定知识分子立场的，是以毛泽东为代表的政党政治及其文艺政策，正如毛泽东所指出的，"我们知识分子出身的文艺工作者，要使自己的作品为群众所欢迎，就得把自己的思想感情来一个变化，来一番改造"。② 正如前文分析诗人节所显示的，对知识分子改造的政治要求，是国统区左翼作家呼唤人民诗人的话语来源。因而，对于政党文艺来说，人民诗人召唤的是知识分子的人民化。如左翼作家周钢鸣在《诗人与人民之间》一文中就指出，要成为人民诗人，就是要"投身在人民之中，成为人民中的一员"，思想层面是"要真真能把人民的憎恨和热爱，成为诗人自己的憎恨和热爱"，而语言上则要学习人民的语言，因而他对艾青所写的《吴满友》有所不满，原因便是艾青的诗虽然写的是人民，但还带着自然主义的笔调，缺乏与人民连接的有机性。③

郭沫若无疑是在与闻一多及其他左翼作家的对话关系中运用"人民诗人"这个概念的，但就屈原问题来说，他将屈原塑造为人民诗人的文章《由诗人节说到屈原是否弄臣》，与将屈原塑造为儒家诗人的文章《屈原思想》，无论是材料还是论证方式，二者之间并无实质差异，但结论却由儒家诗人转变为人民诗人。这表明，在郭沫若这里，儒家诗人与人民诗人有着内在的一致性，如屈原的人民意识首先表现在他"是尊重人民的"，"为多灾多难的人民而痛哭流涕"，"不作逃避现实的隐遁"，而他的政治性在于"替人民除去灾难，对内是摒弃压迫人民的吸血佞倖，对外是反抗侵略

---

① 闻一多：《什么是儒家——中国士大夫研究之一》，《民主周刊》第 1 卷第 5 期，1945 年 1 月 13 日。
② 毛泽东：《在延安文艺座谈会上的讲话》，《毛泽东选集》（第 3 卷），人民出版社，1991，第 851 页。
③ 周钢鸣：《诗人与人民之间》，《中国诗坛》1946 年第 1 期。

成性的强权国家，要依人民的意见来处理国政，团结善邻，对于强权拒绝屈膝"①，这与他之前所强调的儒家的"人道主义"是一致的。

从这里也可以看出，虽然郭沫若所塑造的屈原形象经历了爱国诗人、革命诗人、儒家诗人、人民诗人的变化，但其内核没变，都有着强烈的儒家色彩，回应的是诗人如何面对时代和自身的问题。将这一形象置于 20 世纪 40 年代的语境中，其特殊性在于，儒家传统重新成为连接知识分子与人民的中介。这较之自由主义及自由主义左派，它凸显的是实践性与现实性；较之延安政党政治，它保留了知识分子的主体位置。其又包括两个方面：一是知识分子本身也是人民，而人民本位观以及文人的反抗性，则为他们摆脱弄臣或倡优的尴尬身份提供了历史可能，这是文化人寻求更有效的政治身份的表征；二是它重新接续了被新文化运动切断的知识分子与人民大众之间的联系，人民诗人意味着一种传统的兼属身份的复归。因此，郭沫若笔下的屈原形象，只是以变容的方式，对这一问题的不同回应。

---

① 郭沫若：《由诗人节说到屈原是否弄臣》，《新华日报》1946 年 6 月 7 日。

20世纪史剧批评之先导

——郭沫若《三个叛逆的女性》问世之初的臧否之声

何　刚*

摘　要：因其丰富深刻的历史与现实内涵，郭沫若的历史剧《三个叛逆的女性》问世之初，便得到了各方广泛关注。赞誉者称其是"反抗精神的结晶"，社会各界特别是广大青年给予了"许多的同情"；反对者斥之走入"戏剧的歧途"，带有明显的政治与道德的现实功利性，不能算作真正意义的历史剧。此次讨论议题广泛深入，臧否之间不乏灼见，对于20世纪中国史剧创作及理论建构来说，都不失为一次有益的初步探索。

关键词：郭沫若　《三个叛逆的女性》　史剧批评

1923年至1925年，郭沫若以中国历史上叛逆女性为题材的三部历史剧本——《卓文君》（1923）、《王昭君》（1923）和《聂嫈》（1925）陆续发表，并于1926年以《三个叛逆的女性》为题结集出版。这三部史剧发表之初，便得到各方广泛关注，臧否各异，众说纷纭。此次讨论涉及学者众多，如闻一多、冯乃超、钱杏邨、王以仁、顾仲彝、向培良、赵景深、章克标、邓中夏等；议题广泛深入，包括历史真实与艺术真实、艺术与现实、史剧与历史等诸多问题，这些问题也一直贯穿20世纪史剧理论与创作的历次论争的始终。所以，从一定程度上讲，围绕问世之初的《三个叛逆的女性》而起的臧否之声，可当作20世纪中国史剧批评的先导。本文拟对其做一全面梳理，鉴往知来，当有裨益。

---

* 何刚，历史学博士，乐山师范学院四川郭沫若研究中心副研究员。

一 "反抗精神的结晶"

在《三个叛逆的女性》之前，中国少有自己创作的现代剧本，而多是改编搬演外国剧本，更没有紧密联系时代要求、以史剧形式反映当时勃兴的妇女解放思潮的作品。《三个叛逆的女性》以历史题材服务于现实斗争，以尖锐的戏剧冲突和诗意描写，热情歌颂叛逆反抗、敢于主宰自己命运的女性，这在当时的历史剧创作中无疑是走在了时代前列，洋溢着强烈的时代气息。许多人从两性伦理道德和社会反抗思想为主的社会学批评视角，高度肯定《三个叛逆的女性》紧扣时代脉搏、颂扬"叛逆"精神的思想性意义，称赞其是"反抗精神的结晶"。冯乃超就曾说："我们若要寻一个实有反抗精神的作家，就是郭沫若。《王昭君》《聂嫈》《卓文君》里面的叛道的热情就是作者对于社会的反抗的翻译。"[①] 邓中夏更以郭沫若史剧为例，呼吁中国的"新诗人"要多做能表现民族伟大精神的作品，儆醒人心，鼓励奋斗。在他看来，"史诗尤其要多做。郭沫若君颇喜用古事做新诗新剧，这是对的，有人讥诮他'迷恋骸骨'，那就未免'燕雀安知鸿鹄之志'了"。[②]

在现代中国早期史剧创作中，郭沫若在题材、语言、艺术风格、感染力等方面的开创精神无疑是十分突出的，在中国新文学史、戏剧史上自该占有相应的地位。王以仁在《沫若的戏剧》一文中，从文学史的角度，赞扬《三个叛逆的女性》是五四批判精神的承续和升华，是"更生时代"呼唤的产物，称郭沫若"不只是诗人，而是中国的唯一的剧作家"。他认为，郭沫若的历史剧和一般作家的不同在于"取材的大胆"与"描写的精刻"，剧本虽取材于两千年前的古人古事，却充满了新的生命，诅咒中国军阀的凶暴，分析中国社会混浊扰乱的缘由，表现出强烈的反抗精神，并涉及青年的婚姻问题和妇女问题，其中，"《卓文君》一剧、便是这种反抗精神的结晶"。[③] 黎锦明稍后也从"文学演进的意义"的角度提出，新文学在古典主义之后必须有一个浪漫主义运动，而郭沫若就是"这桥上过渡的代表

---

① 冯乃超：《艺术与社会生活》，《文化批判》1928 年 1 月创刊号。
② 邓中夏：《贡献于新诗人之前》，《中国青年》1923 年第 10 期。
③ 王以仁：《沫若的戏剧》，《文艺周刊》1924 年第 40~44 期。

人"。在黎锦明看来，有些人批评郭沫若的历史剧违背了历史的背景和意义，过于现代化，这恰好证实了他是浪漫主义的代表人，《三个叛逆的女性》的主旨，是表彰三个背叛礼教社会的女性的英雄行为，那和梅特林克的《丁泰琪儿之死》一致，是新旧浪漫剧的重要特点。①

相较王以仁等人作为年轻读者坦露出的对郭沫若的热情与偏爱，有些人对《三个叛逆的女性》的评价则比较理性客观。以钱杏邨为例，他首先对郭沫若前期的文艺创作成就进行了较为全面的梳理，高度肯定了郭沫若体现出的狂飙反抗的时代精神："从沫若开始了他的文艺生活一直到现在，在他的作品中确实的表现了一毫无间断的伟大的反抗的力。所以，沫若的创作的精神，给予青年印象最深的就是他一以贯之的反抗精神的表演。"钱杏邨还敏锐地看到，1924 年郭沫若翻译河上肇《社会组织与社会革命》前后是其思想发生重要转变的时期——"使他的思想离开了个人的，走向集体的一方面"，在郭沫若这一时期创作的小说和戏剧中，"不仅可以找到一以贯之的反抗思想，更可以看到他的社会主义的思想的逐渐鲜明的过程"。具体到《三个叛逆的女性》，钱杏邨认为，这是郭沫若戏剧中最重要的一部，表现的主题思想只有一个，即女性的反抗，反抗历史因袭的妇女旧道德——三从主义，"从这三部曲的人物个性构造方面，人选方面，处处可以看出他的创作用心的艰苦，以及前面所说的想象是怎样的丰富！卓文君，他是有意做的翻案文章，但他要写出她的最后的反抗，所以在收束处有极反抗的道白。王昭君，大部分是出于他的想象，因为要表现反抗，他终于写出她反抗元帝的高傲，彻底的去反抗王权……归结起来，《三个叛逆的女性》是一部具着狂暴精神的反抗作！"②

不仅如此，有人还以《三个叛逆的女性》为例，主张像司马相如与卓文君、梁山伯与祝英台、孟姜女、白蛇传等民间故事，都应该让其"复活"，在保留其基本事实的基础上，通过戏剧改编，"使与时代的社会相见，这譬如几千年前的艳尸，用法术来使伊复活，装成时代的美人"。例如，郭沫若的新剧《三个叛逆的女性》"就是用时代的眼光，去估定王昭君、聂嫈、卓文君三个女子的价值，并且替伊们加上一度'复活'的

① 黎锦明：《浪漫主义的代表人》，《晨报副刊》1937 年 4 月 10 日。
② 钱杏邨：《诗人郭沫若》，载李霖编著《郭沫若评传》，上海现代书局，1932，第 1~40 页。

洗礼"。①

当然，由于《三个叛逆的女性》是郭沫若的早期史剧，在人物形象、情节结构等方面的技术处理上不可避免地存有瑕疵，有不够成熟之处。例如，张继纯就指出，《卓文君》在故事情节方面，第一、第二幕掌握较好，语言描写繁简适当，第三幕却转到了秦二与红箫的感情故事上来，前半部分是秦二与周大的会话，后半部分是红箫殉情的事，从而造成了故事情节和戏剧结构的不统一。但是，即使如此，张继纯仍对郭沫若选取司马相如与卓文君这一戏剧题材，做社会批判这一"戏剧的中心"给予充分肯定："作者用卓文君来作反对'从一而终'的教条，和原故事很有贴切的地方；在先时虽有许多文人把它当作风流韵事，而斥为不道德的举动，但在题材本身，实有用来作为反对旧礼教的可能。"②

二　"戏剧的歧途"

在 20 世纪关于历史剧功能的讨论中，功利性和艺术性的争论从未停止。其中，许多人认为，用历史剧简单比附当下，非但不能解决社会问题，而且伤害了剧作的艺术成就，因为真正的历史剧有其独特的审美特征和艺术魅力，不是社会政治与道德生活的利用工具。例如，1926 年 6 月至 9 月，一批留美学生回国后，在徐志摩主持的《晨报》副刊创办《剧刊》，提倡"国剧运动"，主张发扬传统戏曲"纯粹艺术"的取向，反对易卜生式的社会问题剧，强调艺术独立与尊严，认为戏剧的本质不是讨论问题，不是政治口号的化身，而是在其艺术性和文学性。显然，郭沫若"借着古人来说自己的话"的《三个叛逆的女性》体现出的"艺术上的功利主义"，与他们的主张是背道而驰的，自然会遭到抨击。

闻一多在《剧刊》上发表的《戏剧的歧途》一文，就对当时已经出现的戏剧只讲改造社会，忽视"更绝洁的——艺术的价值"的不良倾向进行了批评。他指出，当时创作出的一些新剧之所以缺少结构，缺少戏剧艺术性，就在于把思想当作剧本，"戏剧家提起笔来，一不小心，就有许多不相干的成分黏在他笔尖上了——什么道德问题，哲学问题，社会问题……

---

①　复生：《关于梁山伯祝英台故事的新著》，《申报》1926 年 10 月 11 日。

②　张继纯：《卓文君》，《北平晨报》1931 年 8 月 9 日。

都要黏上来了。问题黏的愈多，纯形的艺术愈少……只要有一个脚色，便叫他会讲几句时髦的骂人的话，不能算是问题戏罢？总而言之，我们该反对的不是戏里含着什么问题；若是因为有个问题，便可以随便写戏，那就把戏看得太不值钱了。我们要的是戏，不拘是哪一种的戏"。闻一多进一步有针对性地说道："若是仅仅把屈原，聂政，卓文君，许多的古人拉起来了，叫他们讲了一大堆社会主义，德谟克拉西，或是妇女解放问题，就可以叫作戏，甚至于叫作诗剧，老实说，这种戏，我们宁可不要。"① 可以看出，闻一多崇尚戏剧艺术的"纯形"，重视戏剧的艺术本体特征和审美价值，而他的主要批评对象正是郭沫若的《三个叛逆的女性》。

1928 年 3 月，徐志摩在上海创办《新月》月刊。4 月，顾仲彝就在该刊第二期发表《今后的历史剧》一文。该文对《三个叛逆的女性》进行了较为严厉的批评，认为该剧存在的缺点主要有以下四点。第一，"离史撰改"，"离史乘或传说太远"。第二，有明显的道德或政治目标，"带着偏见激论而借古人作传音机"。在顾仲彝看来，艺术是超脱社会和政治的，如果艺术成为政治的工具，则就不是艺术。《三个叛逆的女性》"三出历史剧全是为所谓革命思想和反抗思想而作的，以昭君为反对帝国主义的先锋，以文君为反叛礼教的勇士，昭君文君而有知，不晓得要怎样的呼怨呢"。第三，对话不"合于当时的文字方言和语调"。例如，《王昭君》中昭君斥责元帝的长段台词"是二十世纪社会学家在民众前的演说词，放在数千年前娇滴滴羞得得的昭君少女口里，好象把猪耳朵装在美人头上，其怪僻奇特，可谓古往今来的对话中所绝无仅有了"。第四，对于悲剧人物的塑造"没有下过心思"。王昭君等人不符合悲剧人物创造的要求——"不能太好，也不能太坏，太好了而陷于不幸，使人易生厌恶之感；太坏了而陷于不幸，不能得人同情。所以悲剧的主人公必须是意志或禀性上有缺点的人"。②

与顾仲彝一样，向培良也从戏剧艺术性、史剧与现实及历史的关系等角度批评《三个叛逆的女性》。向培良主张，戏剧有自己的独立和尊严，不能屈服于任何教条之下，一旦去担负别项使命，就会将戏剧艺术破坏；历史剧应该既是戏剧的又是历史的。所谓"历史的"，就是一个剧的背景，

① 闻一多：《戏剧的歧途》，《北平晨报》1926 年 6 月 24 日。
② 顾仲彝：《今后的历史剧》，《新月》1928 年第 1 卷第 2 期。

或者说"空气"应该是历史的，把剧中的人物放在特定的历史时代环境里面去，不能把他们搬到近代来，"没有权利借历史上的人物来发挥二十世纪的新思想"。因此，向培良批评《三个叛逆的女性》加入了太多非历史的东西，有明显的现实目标，被郭沫若"当作一部妇女运动的宣言"，"来宣传他对于妇女运动的真理"。所以，《三个叛逆的女性》中的人物都没有个性，没有生命，只是一些"机械的偶像"，该剧也不能算作真正意义的历史剧。[①] 向培良关于"历史的"与"戏剧的"的批评意见具有启发意义，但他完全否定戏剧的社会功利作用，则脱离了当时的社会情势和时代语境。

此外，还有人从戏剧结构、人物、语言等角度对《卓文君》做了专门的批评。例如，章克标就认为该剧最大的缺点是三幕"各自有一个焦点"，"而不能相调和"，"所以凑在一起，就互相打坏了"。[②] 关于该剧语言，钱杏邨曾在《现代中国文学作家》一书中称赞《卓文君》"多么富于诗意"，并以"风吹得竹叶儿玲珑"和"水摇得月影儿叮咚"等句为例。赵景深则认为，此处"玲珑"和"叮咚"等双声字的使用并非郭沫若的首创，因为郭沫若标点过《西厢记》，所以他其实是受了王实甫的影响，在《西厢记》里已有"莫不是步摇得宝髻玲珑？莫不是裙拖得环佩叮咚"的唱句，所以，"有了这个例子在前，郭沫若这几句话也就成了第二次将花比作美人的傻子，毫无诗意可言了"。[③]

可以看出，对郭沫若早期史剧的批评意见，主要来自闻一多、向培良、顾仲彝等比较关注戏剧理论特别是历史剧理论的文艺批评家。他们提出的郭沫若史剧过于现代化、人物脸谱化、历史事实处理不当等问题，也确实切中其弊，并具有一定的理论高度。当然，他们与冯乃超、王以仁、钱杏邨等人所形成的截然相对的批评意见，在某种程度上也体现了 20 世纪历史剧批评中围绕历史性、艺术性、功利性等问题的聚讼不绝。正如王瑶先生后来所说，历来关于历史题材的文艺作品的讨论，无论是历史剧或历史小说，都集中到关于历史真实和艺术真实的关系问题上。[④]

---

① 向培良：《中国戏剧概评》，泰东图书局，1929，第 65～76 页。
② 章克标：《〈创造〉2 卷 1 号创作评》，《时事新报·学灯》1923 年 6 月 17 日。
③ 露明（赵景深）：《郭沫若与王实甫》，《文学周报》1928 年第 7 卷第 346 期。
④ 王瑶：《郭沫若的浪漫主义历史剧创作理论》，《文学评论》1983 年第 3 期。

三 "博得这许多的同情"

作为郭沫若早期的史剧著作,《三个叛逆的女性》在戏剧艺术、结构、语言等方面存在不够成熟之处,是难以避免的。上述等人的批评亦有其合理的地方。但是,回到中国现代戏剧运动的发展历程,用历史的眼观审视《三个叛逆的女性》,其在中国戏剧史上的开拓之功是无法否定的。它体现的现实批判精神,表达的对封建旧道德的"叛逆"和对新道德及女权主义的热切呼唤,顺应了鼓吹妇女解放、争取个性独立的时代潮流,更在社会各界特别是广大青年中产生了很大的影响。

《三个叛逆的女性》由上海光华书局刊出后,即刻在"当时被万千读者争相传诵"。① 剧本搬上舞台演出后,更深深激动了长期蕴积的年轻人的心灵,点燃了他们胸中反抗的火炬,炽热奔腾的感情洪流势不可当。冶秋回忆道:"我看到《棠棣之花》以及《王昭君》的上演,那时北方正在张作霖统治之下,杀戮、牢狱、风沙中布着血腥,许多青年的死亡,许多青年的流落……郭先生以'叛逆女性'为题材的戏剧,却在西郊一座山林里的礼堂中上演……这样'叛逆者'的歌声,不仅山林为之震慄,暴君的统治也为之摇动罢!"② 女作家苏青在回忆其中学时代时也提到,每逢元旦,她就读的宁波市立女中都要举行大规模的演剧同乐会。1928 年的元旦,"各级所演的各剧多选富有反抗性者,如郭沫若之《卓文君》,王独清之《杨贵妃之死》等"。③ 在五卅运动期间创作而成的《聂嫈》,很快就由上海美专学生会组织的救济"五卅"罢工工人的游艺会,在九亩地新舞台演出,导演徐葆炎,舞美设计裘翼为,作曲欧阳予倩,主演美专学生陆才英——本因肺病已经辍学,却自愿冒着酷暑参加排演,即使中途吐血亦始终坚持,整个演出"颇受观众称誉"。④ 在大革命运动策源地的广东,《聂嫈》同样受到革命青年的热情欢迎,在各学校相继演出。

《三个叛逆的女性》在青年中激起的情感共鸣和在各地的公开演出,冲击了封建势力和守旧观念,引发了"轩然大波"。例如,1924 年 5 月底,

---

① 〔新加坡〕连士升:《连士升文集》(第 2 卷),北京大学出版社,2011,第 555 页。
② 冶秋:《我所认识的郭沫若先生》,《抗战文艺》1942 年第 7 卷第 6 期。
③ 苏青:《苏青文集》,上海书店出版社,1994,第 224 ~ 225 页。
④ 《聂嫈出版》,《申报》1925 年 9 月 14 日。

绍兴女子师范（以下简称"女师"）学生在校长朱少卿的支持下，排演了《卓文君》，并在学校露天操场的临时舞台公开演出。女师学生金世桢饰演卓文君，男教师钟伯庸饰演司马相如。钟伯庸在台后弹琴吟诗，与在台前表演的"卓文君"相亲相爱，对答如流。演出在古城绍兴引起了强烈反响，观众纷纷要求再演。县议会却以女师男女同台"宣扬淫奔，败坏风纪"为由，并借口"县库支绌，经费难以维持"，勒令停办女师。消息一出，女师师生立即奔走各地请愿，并闯入县议会会场，责问议员，高呼口号，爆发了因演出《卓文君》一剧引起的"卓潮运动"。

对于绍兴的"卓潮运动"，也有一些人给予反对意见，如前述对《三个叛逆的女性》持批评态度的向培良即是如此。因为女师学生在剧中有"唱点双簧""扮点京戏"，向培良认为，他们是在"糟蹋"戏剧，并专门撰文发出强烈的"警告"："戏剧是一种艺术，有不可侵犯的尊严！""演历史剧——严格说来，《卓文君》不过用历史上的人物，并不算真正的历史剧。但是你们已经把它叫作历史剧，当作历史剧演了——更应该遵守演历史剧的规律。一切的布景化妆同态度都应该是历史的。"① 显然，这与他批评《三个叛逆的女性》的意见如出一辙。

当然，从总体上看，"卓潮运动"得到了社会各界的支持。浙江旅沪工会等团体和一些进步人士获悉后，纷纷致电声援女师的斗争。旅居北京的鲁迅、孙伏园、许钦文等著名人士，分别致函绍兴《越铎日报》，批评县议会"无事生非"。② 上海的《妇女周报》等也发表社论，称："浙江绍兴女师此次演《卓文君》剧，因说明书上有'私奔'两字，引起了猪仔们一场无聊的攻击"，"贞淫的观念一日不改变——性的道德一日不成立，妇女与货物同视的习惯一日不会消灭，所谓妇女解放的目的便一日没有达到，提倡新性的道德，在今日是何等重要的一件事情呀！"③ 同时，绍兴旅杭同乡会致电指斥县议会停办女师实属"厚颜无耻"。省教育会亦出面支持绍兴女师。在外界舆论压力下，"停办女师议案"被迫撤销，"卓潮运动"取得了胜利。《卓文君》除在绍兴女师排演外，"后来杭州女子师范和

---

① 向培良：《我严重地警告你们——看女师大演古装的〈卓文君〉》，《京报副刊》1925 年 3 月 21 日第 95 号。

② 绍兴市文化局、中共绍兴市委党史办公室编《绍兴革命文化史料汇编（1919～1949）》，团结出版社，1992，第 419 页。

③ 《社评》，《妇女周报》1923 年第 16 号。

北京女子师大都已曾表演过，此外也还有些地方的女学也写过信来要求表演"，在社会各界特别是广大青年中产生了很大影响，"博得这许多的同情"。①

　　总之，《三个叛逆的女性》是郭沫若在反封建斗争中关于妇女解放问题的宣言，具有深刻的历史内涵和丰富的现实内涵。尽管它在问世之初，文艺领域和社会各界对其臧否各异，众说纷纭，但都从不同角度探讨了历史真实与艺术真实、历史剧与现实、历史剧与历史等诸多关涉历史剧创作的重要问题。臧否之间亦不乏灼见。有的尝试用马克思主义观点，从艺术与时代的关系上揭示《三个叛逆的女性》的思想意义；有的初步分析了郭沫若的浪漫主义史剧理论和创作方法；有的强调历史剧要尽可能尊重历史真实，防止"现代化"，讨论历史事实与艺术虚构之关系等，触及现代历史剧创作的一些重大问题。郭沫若本人也从 20 世纪 40 年代初开始，结合自己早期史剧创作实践和各方批评讨论意见，在历史唯物主义的指导下，根据历史科学与艺术规律的不同特点，形成了一套比较完整的历史剧创作理论，如"优秀的史剧家必须得是优秀的史学家"，"剧作家的任务是在把握历史的精神而不必为历史的事实所束缚"，"历史研究是'实事求是'，史剧创作是'失事求似'"，等等。所以，早期围绕《三个叛逆的女性》的各方批评探讨，对 20 世纪中国史剧创作及理论建构来说，确实是一次难得的有益探索。

---

① 　郭沫若：《三个叛逆的女性》，上海光华书局，1926，第 15 页。

史学研究

一个未完成的"成品"

——《我国思想史上之澎湃城》考论

周海波[*]

摘 要：郭沫若的《我国思想史上之澎湃城》是郭沫若研究以及中国传统文化研究不应忽视的一篇重要文献。研究这篇文献需要关注两个背景，一是整理国故，二是郭沫若加入中华学艺社。这篇文章是郭沫若研究中国传统文化的一个重要起点，但这篇文章并没有按照作者的设想写完，在《学艺》发表时也标明"未完"而结束。从郭沫若在《我国思想史上之澎湃城》中提出的问题来看，主要涉及古代思想的"玄学的"、"宗教的"和"科学的"三个方面，这三个方面又分别延伸引出不同时期的代表人物。因此，这篇文献只是作者研究的一个"略图"，这个"略图"后来通过其他不同的论文得到了补正，并最后完成了"思想史上之澎湃城"的构建。

关键词：郭沫若 思想史 文化研究 思想史上之澎湃城

留学日本时期，郭沫若发表过一系列关于中国文化研究方面的论著，诸如《三叶集》中有关讨论中国传统文化的书信，《我国思想史上之澎湃城》《读梁任公〈墨子新社会之组织法〉》《伟大的精神生活者王阳明》《中国文化之传统精神》等。这些论著既是我们研究郭沫若早期文化思想的重要文献，又是探究五四时期知识分子对待中国传统文化态度的不可或缺的文献。其中，《我国思想史上之澎湃城》是不应忽视的一篇。这不仅在于这篇文章是构成郭沫若研究传统文化的思想体系的重要一篇，而且在于这篇文章所涉及的郭沫若研究的一些基本问题。

---

* 周海波，青岛大学文学院教授。

上篇　缺憾：也许只是一个思想史的略图

考察《我国思想史上之澎湃城》，有两个不能忽视的背景。一是 1919 年毛子水发表《国故与科学的精神》、胡适发表《新思潮的意义》，这两篇文章是在新文化运动进行到一定程度时的具有纲领性意义的文献，掀开了"新国学"的历史性的一页。整理国故或新国学对郭沫若产生了一定的影响，使这位新诗人在新诗创作兴趣逐渐淡漠的时候，转向了中国传统文化的关注和研究。二是郭沫若受邀参加中华学艺社。为什么郭沫若在创办了创造社的同时，又要参加另一个社团？这里不仅仅是友情，也是这时郭沫若的人生趣向有所变化。中华学艺社的前身是丙辰学社。丙辰学社创办于 1916 年 12 月，是中国近代三大民间科学机构之一，主要成员多为留学日本的学生，如陈启修（陈豹隐）、王兆荣、吴永权等。该社以"研究真理、昌明学艺、交换知识、促进文化"为宗旨，在 1923 年 6 月改名为"中华学艺社"。中华学艺社创办之初，创始人吴永权和陈启修就曾邀请郭沫若入社，郭沫若接受了介绍状，并且使用了丙辰社的"一大卷原稿纸"。从这些材料来看，郭沫若加入中华学艺社的愿望比较强烈，他的想法也比较真实地反映出《女神》之后郭沫若思想、情感及其发展方向的某些变化。郭沫若不想空手入社，"我因为想做一篇文章，做成了后和我一齐入社，然而至今犹未做成；所以把入社的机会失掉了。后来曾慕韩君又介绍我入社，我因为有前一次的蹭蹬，所以又推卸了"。① 郭沫若在信中所说要写作的文章，就是《我国思想史上之澎湃城》。由于种种原因，这篇文章并没有在当时写作完成。一直到半年之后，郭沫若才完成了文章的写作，并加入中华学艺社。

《我国思想史上之澎湃城》发表在 1921 年 5 月 30 日出版的《学艺》第 3 卷第 1 号上，是一篇讨论中国传统文化思想发生史的文章，主要以意大利的澎湃城为借鉴，以秦始皇焚书坑儒为研究对象，进一步考察秦以前中国思想文化的形成与发展。此前，在给张资平的信中，郭沫若已经比较系统地阐述过自己的观点，描绘了这篇思想史论文的大体框架。郭沫若认为，"我国古代思想之运命与澎湃城的相同"，"嬴秦焚书正等于维苏勿喷

---

① 郭沫若：《郭沫若先生来函》，《学艺》1921 年第 2 卷第 10 号。

火",将中国文化传统焚烧并掩埋于地下。所以,秦以后的中国文化,只有"甚么经解、清谈、训诂、笺注,都是些熔崖灰","我们的传统思想埋没在地底者已两千余年了"。在郭沫若的文化史思想构建中,秦以前和秦以后,是两个重要的历史时期,是中国思想文化发生重大变化的分界线。从这封书信中,能够看出郭沫若文化史研究的大体构想,这就是要通过文献整理和历史发掘,探究被埋没了两千多年的传统文化,而且"在前五六年便设定了个发掘计划",而且"自信颇有为前人所未见到处"。在这个比较系统的计划书中,郭沫若几乎涉及了先秦以前以儒家文化为中心的中国文化的各个方面,上篇"泛论之部",主要涉及"滥觞时代之社会组织""哲学思想之宗教化""私产制度之诞生与第一次政教专制时代""神权思想之动摇与第一次平民革命之成功""我国之'文艺复兴'"等的问题,这些问题主要研究先秦以前中国思想的发生、发展,在与欧洲古代思想的联系与比较中,寻找到中国传统文化的"文明之黄金时代"。下篇"各论之部"则主要涉及"易之原理""洪范中之思想""文艺复兴之先觉者——老聃""孔子之晚年定论""墨子之宗教改革""唯物思想之勃兴"等,主要讨论春秋战国时代诸多百家的学术文化思想。从这个计划书中,可以看到留学时期郭沫若所关注与思考的问题。

郭沫若复张资平的信写于 1921 年 1 月 24 日,与他的《湘累》同时发表于《学艺》第 2 卷第 10 号(1921 年 4 月 1 日)上。1921 年 5 月 30 日出版的《学艺》第 3 卷第 1 号又同时发表了郭沫若的《我国思想史上之澎湃城》和《艺术的象征》两篇文章。随后,郭沫若在《学艺》上连续发表《苏武与李陵》(第 3 卷第 2 号)、《洪水时代》(第 3 卷第 8 号)等作品。如此密集地在同一个刊物上发表作品、论文,既说明郭沫若与中华学艺社的关系,在他加入该社后,以积极的态度参加该社的活动,为社刊撰写文章,也说明郭沫若在这一时期创作的爆发。

随后,郭沫若将致张资平的信中所涉及的研究构想付诸实践,完成并发表了《我国思想史上之澎湃城》。值得注意的是,发表于《学艺》上的这篇文章最后注明"未完"。这个"未完"既是对于论文的写作框架而言的,发表出来的只是其中的一部分,也是对于郭沫若计划写作而未写作的其他内容而言的。无论从哪个角度上说,这篇讨论中国传统思想文化的论文都是一个等待完成的未完成品。

这篇论文所设计的写作框架除个别表述的方式有所变化外,其他内容与复张资平的信中所设计的框架基本一致。在已经发表的《我国思想史上之澎湃城》中，郭沫若只写了"导言"和上篇的前三个问题，即"上之一"（"滥觞时代政治之起源"）、"上之二"（"玄学思想之宗教化"）、"上之三"（"私产制度之诞生与第一次黑暗时代"），这三个部分涉及郭沫若所发掘的"我国澎湃城之略图"中的一小部分，是对太古到春秋战国时期"思想与政治交错"的思考，但更多的内容并没有得到充分的展开。而且，这三小节的内容以及郭沫若所设计的研究框架，也只是"前四五年时所得之表象以事描写，为余日后再加详细研究时之草案耳"。从这封信中已经看到郭沫若试图构筑一个庞大的、系统的中国古代思想文化研究体系。这个构想是郭沫若加入中华学艺社交出的一份学术计划表，也是他研究中国传统文化的一个起点。但这个起点刚刚开始就戛然而止，不能不说是郭沫若研究的一个缺憾。杨胜宽就曾这样说过："可惜这篇本来计划分十节系统阐述先秦思想史发展的论文，只写了导言和上篇的前三节就无限期搁置下来了，不知此时刚刚涉猎中国古代思想史发展宏大课题的郭沫若，将怎样分析论证惠施的唯物思想。"[1] 这种遗憾同样存在于郭沫若对孔子、庄子等古代历史人物的思想文化研究方面。

从郭沫若在《我国思想史上之澎湃城》中提出的问题来看，主要涉及古代思想的"玄学的"、"宗教的"和"科学的"三个方面，这三个方面又分别延伸引出不同时期的代表人物。郭沫若在上篇中所要探讨的问题主要就是中国古代的思想与政治的交错，即在玄学、宗教和科学的形成与发展史上进行基本的描绘，为中国传统文化的形成寻找思想源头，为其研究的思想人物打下思想的基础。下篇所要探讨的主要是玄学、宗教和科学方面的主要人物，这三个方面的人物除第一时期的伏羲是玄学的代表、第二时期的夏禹是宗教的代表外，其他人物基本都处于第三时期，即春秋战国时期，这就是玄学方面的老聃、庄周和孔子，宗教方面的墨翟以及科学的惠施。这个"略图"从纵和横的方向，对中国传统文化进行了学术勾勒。

我们知道，郭沫若的性格比较活跃，兴奋点比较多，同时也比较分散，转移速度较快。但已经占据郭沫若 20 世纪 20 年代初期兴奋点的，依然是他的中国传统文化思想的研究。这兴奋点是由秦以后中国文化已经埋没但基础仍在引发的，"汉以后学者之一切训诂伪讬等于灰质熔岩，其

---

① 杨胜宽：《郭沫若评惠施论析》，《郭沫若学刊》2013 年第 3 期。

由喷火地震等直接原因已被焚毁消灭后之建筑物",所以需要对秦以前的中国传统文化进行深入的探究,寻找到中国文化的传统精神。但我们还必须注意到,郭沫若开始对中国传统文化产生兴趣,是身体的原因开始静坐修养,阅读王阳明,并由王阳明而发现了庄子,进而开始研习中国传统文化。这个兴奋点由 1920 年初致宗白华的信引发,到他写作《我国思想史上之澎湃城》已经被燃烧起来,形成了郭沫若文化思想的主体部分,也是他以后从事中国古代史研究的一个起点。但这个起点还远远没有达到郭沫若的兴奋顶点,还在"略图"的构想中。

当这个基础性的工程完成部分建构之后,他本来还要继续研究中国文化的"第一次"转型,他的注意力仍然在先秦之前的文艺复兴运动,即"第一次平民革命"以及这次革命导致的古代神权思想的动摇。他把这一时期称为中国的"第一次再生时代",或者说中国的文艺复兴运动。遗憾的是,郭沫若的兴奋点又转向了,因此我们没有看到郭沫若如何进一步建构这个"文艺复兴"的思想体系。他的学术思想在文章中只是一个大纲,一个雏形。尽管如此,我们还是在《我国思想史上之澎湃城》中,从一个侧面看到了郭沫若对中国传统文化的研究及其对中国文化未来发展的基本设想。

下篇　弥补:拓宽研究领域的疆界

以《我国思想史上之澎湃城》为主的古代思想文化研究,是郭沫若经过激情澎湃的《女神》时期在文学上已经占据一席地位之后,在文化研究方面所开垦的又一块处女地,是从诗的方式转向学术的方式的重要一步。也可以说,诗的写作和文化思想史的研究,是郭沫若情感与思想表达的不同形式,两种不同文体都同时指向中国传统文化的开端,呈现出特异的文化立意。

如果以《女神》的生命创造为起点,可以看到郭沫若突出的"生命的文学"观念。他在诗作中寻找生命与精神世界的自由状态,将情感抒发引向远古的神话传说和历史人物。《女神之再生》《湘累》《棠棣之花》《凤凰涅槃》《天狗》等作品,不仅是借古人的酒杯浇胸中的块垒,而且是诗的精神探求和文化命题的朝代指向。在将视野引向洪荒时代的女娲以及春秋战国时期的屈原、聂政时,郭沫若试图对历史人物进行挖掘,试图发现他们传统文化所蕴含的生命能量。在稍后出版的《星空》中，郭沫若同样将诗的激情倾泻于"头上的星空"和"心中的道德律"，在《星空》《洪水时代》《孤竹君之二子》等作品中，也表现出了对古代历史人物和思想文化的浓厚兴趣。因此，诗人、美学家宗白华于 1920 年 1 月 3 日在写给郭沫若的信中，就认为"你的诗是我所最爱读的。你诗中的境界是我心中的境界。我每读了一首，就得了一回安慰。因我心中常常也有这种同等的意境"。因为这其中的"清妙幽远的感觉"也正是宗白华心中常常有的一种"诗意诗境"。在这封信中，宗白华鼓励郭沫若"一方面多与自然和哲理接近，养成完满高尚的'诗人人格'，一方面多研究古昔天才诗中的自然音节，自然形式，以完满'诗的构造'"。[①] 正是宗白华的这封信，使郭沫若写了一封关于诗的创造以及孔子与歌德的文化比较的长信。郭沫若于同年同月 18 日给宗白华回复了一封长信。在这封信中，郭沫若从论诗的创作出发，进一步论及诗人的人格，特别推崇德国的歌德和中国的孔子，认为他们都是理想中的"球形天才"。在这封信中，郭沫若主要不是论述孔子思想，而是借孔子论诗人的人格问题来回答宗白华所说的"完满高尚的'诗人人格'"。也就是说，在郭沫若的眼中，孔子的完满的人格，落脚于诗人的感情世界，着眼于"诗人人格"。所以，郭沫若在这封信中论述的以下问题就值得关注："我想诗人与哲学家底共同点是在同以宇宙全体为对象，以透视万事万物底核心为天职；……无论什么人，都是有理智的动物。无论什么人，都有他自己的宇宙观和人生观。诗人虽是感情底宠儿，他也有他的理智，也有他的宇宙观和人生观的。"[②] 从这个意义上说，郭沫若对孔子以及中国传统文化的论述，是他对诗的问题以及生命哲学思考的延伸。《我国思想史上之澎湃城》正是延续了《女神》和《星空》时期的文化思想，或者从中国传统文化思想的角度，进一步思考完满的人格与诗人的关系。

可以说郭沫若在写作《我国思想史上之澎湃城》的时候，对中国传统文化研究的思路有了新的变化、新的框架，这就需要有新的方式、新的论著，更深入、系统地解决中国传统文化中的一些重要问题。应该说，郭沫若所设想的发掘民族文化传统的努力，是他在留学时期甚至此后相当长一

---

① 田汉、宗白华、郭沫若：《三叶集》，亚东图书馆，1920，第 2 ~ 3 页。
② 田汉、宗白华、郭沫若：《三叶集》，亚东图书馆，1920，第 15 ~ 16 页。

个时期的学术追求，正如蔡震所说，郭沫若如同他这一时期所写的介绍瓦特·裴德的《文艺复兴期之研究》的书评中所说，"也是借这个历史的再生时期以表示他自己性灵的复活"，"他不但要借赞扬孔子表示'自己性灵的复活'——对于自我觉醒与个性解放的期待，他更要借此复活他认为早已经丧失了的中国文化之传统精神"。① 因此，郭沫若在《我国思想史上之澎湃城》中的构想就不可能轻易放弃，只不过因为研究兴趣或因其他外力的作用而改变了写作的方式，原来的研究兴趣也进行了重新地文化编码。这个思想城被重新编码后，大体包括以下两个部分：第一，中国思想文化的复兴时代；第二，中国文化传统的个案分析。

这些被重新编码的中国传统文化思想，虽然没有成为他此后陆续发表的《中国文化之传统精神》（《创造周报》1923 年第 2 号）、《论中德文化书》（《创造周报》1923 年第 5 号）、《读梁任公〈墨子新社会之组织法〉》（《创造周报》1923 年第 7 号）、《惠施的性格与思想》（《创造周报》1923 年第 32 号）、《伟大的精神生活者王阳明》②（载《文艺论集》，上海光华书局，1925）等论著之一种，但可以说，郭沫若在《我国思想史上之澎湃城》一文中未能完成的文化探寻，在这些论著中得到了比较充分的论述，从不同的侧面对"我国思想史上之澎湃城"的构造进行了补充、修正，将一个未完成的作品通过分解的方法，基本上完成了这座思想之城的最后构造。如果我们重读郭沫若这一时期的文化论述，可以在他并不太成体系的著述中理出一个头绪，在零乱中整理出一个体系。在《中国文化之传统精神》《论中德文化书》《读梁任公〈墨子新社会之组织法〉》《伟大的精神生活者王阳明》《惠施的性格与思想》等著述中，甚至在他的书信、诗歌、戏曲等不同文体的写作中，郭沫若都指向秦以前的思想文化，在展示一个中国文化历史的"洪荒时代"的同时，为我们建筑了中国思想史上的"澎湃城"。

如果说在《我国思想史上之澎湃城》一文中，郭沫若着重探究中国思想文化的形成与发展，着力于"澎湃城"的构建，而在此后的《中国文化之传统精神》等论著中，郭沫若则一改其构建的思路，更多的是为文化复

---

① 蔡震：《文化越境的行旅——郭沫若在日本二十年》，文化艺术出版社，2005，第 92 页。
② 本文系郭沫若为上海泰东图书局于 1925 年 1 月出版的《阳明全书》写的序，收入 1925 年 12 月出版的《文艺论集》初版本，1929 年作者在《文艺论集》订正版中将题目改为《儒教精神之复活者王阳明》，1959 年出版的《沫若文集》再改为《王阳明礼赞》。

兴而进行的发掘。如果说在"澎湃城"的构建中，郭沫若更多的是为了寻找一种完满的"诗人人格"，所以他在文章中特别强调"思想自身为人类自由精神至高之产物，当超越于一切实际之上以引导人生；使思想而失去其自由，严为实际所束缚时，是为人类精神之化石时代"①，那么在此后的论著中，他更多的致力于中国文化根本精神的发掘，所以，他特别突出这样的观点："我国的固有精神表现得最真切最纯粹的总当得在周秦之际。那时我国的文化如在旷野中独自标出的一株大木，完全没有受些儿外来的影响。"② 正如李怡所研究的那样，"郭沫若不仅执著地探索了中国古代的文化传统，而且这种探索更直达了古代文化的最前端"，从而建立起了郭沫若"三代以前"的文化渊源学术思想："郭沫若以'三代以前'作为中国文化的理想范型，并以此为基点重新梳理中国文化传统的脉流"。③ 五四时期，当新文化运动的倡导者表现出积极的反对传统文化的姿态时，远在日本留学的郭沫若则持有保守传统文化的态度，致力于发掘传统文化的价值，构建中国思想史上的"澎湃城"，这也许只是身处异国他乡的游子面对异域文化时的文化姿态。所以，我们既可以看到一个叛逆的"凤凰涅槃"的"天狗"般的郭沫若，也可以看到创造新鲜生命的"女神"式的郭沫若，当然也可以看到尊崇传统文化的郭沫若。不过，无论是哪一种姿态的郭沫若，都是一个与"五四"之风迥然不同的创造者、建设者。

---

① 郭沫若：《我国思想史上之澎湃城》，《学艺》1921 年第 3 卷第 1 号。
② 郭沫若：《论中德文化书》，《创造周报》1923 年第 5 号。
③ 李怡：《复兴什么，为什么复兴？——郭沫若的民族复兴思想一瞥》，《中国现代文学研究丛刊》2016 年第 4 期。

唯物史观指导下的甲骨学研究

——以郭沫若早年甲骨文研究为例

黄益飞*　　刘春强**

摘　要：郭沫若早年甲骨学研究的主要特色及贡献之一是首次将唯物史观引入甲骨文研究之中。本文从郭沫若早年甲骨文研究著作中，寻绎唯物史观对其甲骨文研究的重要影响，并从中窥探其早年以唯物史观为指导的包括甲骨文在内的史学研究，为马克思主义中国化所做的突出贡献。

关键词：郭沫若　甲骨文研究　唯物史观　马克思主义中国化

在新文化运动兴起前后，史学界也发生了一件大事，即甲骨文的发现及研究的不断深入。新文化运动的不断发展，尤其是新文化运动后期马克思主义在中国的广泛传播，对中国社会产生了深远的影响。马克思主义尤其是唯物史观对包括甲骨文在内的史学研究也产生了重大的影响，如郭沫若的《中国古代社会研究》。除了《中国古代社会研究》，郭沫若早年的其他甲骨文研究著作也与唯物史观有着千丝万缕的联系。本文将对郭沫若早年甲骨文研究与唯物史观的相关问题进行讨论。

一　郭沫若对罗振玉、王国维的继承和批评

郭沫若早年的甲骨文研究，是在批判地继承罗振玉、王国维等学者甲骨文研究的基础之上开展起来的。郭沫若从事古代历史和甲骨文研究受到罗振玉和王国维的影响，已是学界共识。在《中国古代社会研究》一书中，郭沫若曾言道："欲论中国的古学，欲清算中国的古代社会，我们是

---

*　黄益飞，中国社会科学院考古研究所助理研究员。
**　刘春强，聊城大学马克思主义学院讲师。

不能不以罗、王二家之业绩为其出发点了。"① "罗、王"即罗振玉、王国维。所谓"出发点"就是郭沫若从事的古代社会研究是在罗、王的基础上并有所突破的。

1. 罗振玉、王国维甲骨文研究的贡献

这里有必要简略回顾一下罗、王甲骨文研究的贡献。1899 年甲骨文始为学者所识并开始收藏，1903 年第一部甲骨文资料汇编《铁云藏龟》印行，1904 年第一部甲骨文研究专著《契文举例》出版。罗振玉于 1901 年开始接触王懿荣所藏甲骨，鼓励刘鹗将所藏《铁云藏龟》印行，并亲为之作序。② 自此之后，罗振玉在甲骨文资料整理和研究上付出了巨大的心血，也做出了不少贡献。其贡献大约可以归纳为以下几个方面。其一，确定甲骨文出自安阳小屯，确认甲骨文系商代晚期遗物。罗振玉从古董商处得知甲骨文的出土地点为安阳小屯而非河南汤阴，并派人实地进行考察，最终确定甲骨文真正的发现地点为安阳小屯，"又于刻辞中得殷帝王名谥十余，乃恍然悟此卜辞者，实为殷室、王朝之遗物"。③ 其二，罗振玉通过研究，先考证出甲骨文所见大量商王名号，如示壬、示癸、大乙、大丁、大甲、大庚、小甲、大戊、中丁、祖乙、祖辛、祖丁、南庚、小辛、小乙、武丁、祖庚、祖甲、武乙、文丁诸王④，其后又识出外丙、外壬、盘庚、庚丁、报乙、报丙、报丁⑤，至此《史记·殷本纪》所载商王名号基本全部在甲骨文中得到落实，为甲骨文的分期断代、殷商史的研究打下了坚实的基础。其三，罗振玉搜集甲骨拓片，广为传布，对甲骨文研究起到了很大的推动作用。另外，罗振玉对甲骨文字的考释研究，也做出了重要贡献，如《殷商贞卜文字考》《殷虚书契考释》《增订殷虚书契考释》等著作为甲骨文的研究奠定了坚实的基础。

王国维则以殷卜辞为史料来正经补史，首先在《殷卜辞中所见先公先王考》《殷卜辞中所见先公先王续考》⑥ 中，考证出了殷先公"上甲"，并以罗振玉所考证殷先公、先王名号为据，通过相关卜辞的缀合，将卜辞所

---

① 郭沫若：《中国古代社会研究》，人民出版社，1982，第 8 页。
② 罗振玉：《殷商贞卜文字考·序》，清宣统二年（1910）玉简斋石印本。
③ 罗振玉：《殷商贞卜文字考·序》，清宣统二年（1910）玉简斋石印本。
④ 罗振玉：《殷商贞卜文字考》，清宣统二年（1910）玉简斋石印本。
⑤ 罗振玉：《殷虚书契考释》，1914 年石印本；1927 年东方学会石印增订本。
⑥ 王国维：《观堂集林》，河北教育出版社，2003，第 209～230 页。

载商王世系与《史记·殷本纪》对照，进而指出除个别次序有误之外，《殷本纪》所记商王世系大致可信。除了考订商王世系之外，王国维还以卜辞为史料，探讨商代制度，如《殷礼征文》。

唐兰先生评价罗、王的贡献说："卜辞研究，自雪堂导夫先路，观堂继以考史，彦堂区其时代，鼎堂发其辞例，固已极一时之盛。"① 其对罗、王的评价切中肯綮。

2. 郭沫若对王国维的批评

郭沫若的甲骨文研究是在罗、王的基础上开展的。郭沫若认为罗、王之学"在几千年来的旧学的城垒上，灿然放出了一段异样的光辉"。"异样的光辉"是指上述学术贡献能够打破"御用学者"对"封建制度以前的古代"之"湮没、改造、曲解"。② 但在郭沫若看来，王国维学问的基础仍是"旧学"，仍受封建思想限制。郭沫若说：

> 王国维研究学问的方法是近代式的，思想感情是封建式的。两个时代在他身上激起了一个剧烈的阶级斗争，结果是封建社会把他的身体夺去了。③

在郭沫若眼中，王国维的陨落主要是时代错位所致，其封建思想已经不能适应新时代的社会潮流。

郭沫若的这一认识得到了广泛的认同，陈梦家云：

> 此文（《殷周制度论》）之作，乃借他所理解的殷制来证明周公改制的优于殷制，在表面上似乎说周制是较殷制为进步，事实上是由鼓吹周公的"封建"制度而主张维持清代的专制制度。此文在实际上是王氏的政治信仰，它不但是本末颠倒地来看周代社会，而且具有反动的政治思想。④

撇开郭沫若、陈梦家对王国维的意识形态批评，他们都指出了王国维治学的致用本质。同为清华国学院四大导师之一的陈寅恪与王国维颇有私交，

---

① 唐兰：《天壤阁甲骨文存并考释·自序》，北京辅仁大学影印本，1939。
② 郭沫若：《中国古代社会研究》，人民出版社，1982，第 6 页。
③ 郭沫若：《中国古代社会研究》，人民出版社，1982，第 6～8 页。
④ 陈梦家：《殷虚卜辞综述》，科学出版社，1956，第 630 页。

陈氏认为王国维殉清是其学术思想使然。因为王国维是"为文化所化之人"，其学术代表了其时代的"文化精神"。他说：

> 凡一种文化值衰落之时，为此文化所化之人，必感苦痛，其表现此文化之程量愈宏，则其所受之苦痛亦愈甚；迨既达极深之度，殆非出于自杀无以求一己之心安而义尽也。……盖今日之赤县神州值数千年未有之巨劫奇变；劫尽变穷，则此文化精神所凝聚之人，安得不与之共命而同尽，此观堂先生所以不得不死，遂为天下后世所极哀而深惜者也。①

无论是维持封建制度的批判，还是"为文化所化"的赞赏，都说明了王国维的学术研究具有较为强烈的经世致用目的，这是中国传统学问的特点。这一特点彰显了学问的时代性，也制约了其研究的客观性和研究视野。为了拥护周公之制和封建制度，王国维认为宗法制是周公创始的，这些认识也尚有可讨论的余地。"王氏所论商继统法……若细加考察，则无论就《殷本纪》本身或就卜辞所见来说，他的基本论定是有着严重缺陷的。"②借助近代史料四大发现之一的甲骨文，罗、王之学取得了巨大的学术成就，但甲骨文史料的学术价值仍然有待发掘。

3. 甲骨文研究的新路径

在 1921～1922 年，罗、王的甲骨文研究在国内学术界声誉日隆，并已经发展到令人无法忽略其业绩的地步。③ 然而，因思想的保守性，罗、王的社会知名度远不如其在学术界的地位崇高。在《密勒评论》报举办的名人票选活动中，罗振玉只得四票，而王国维一票也没有。④ 在 1928 年以后才开始从事甲骨文研究的郭沫若，其《中国古代社会研究》所博得的社会声望远非罗、王可比。罗、王与郭沫若社会声望差距如此之大，实是时势使然。

郭沫若的甲骨文研究主要是在唯物史观的指导下进行的，并将这项研

---

① 陈寅恪：《王观堂先生挽词》，《陈寅恪集·诗集》，生活·读书·新知三联书店，2001，第 12 页。
② 陈梦家：《殷虚卜辞综述》，科学出版社，1956，第 370 页。
③ 陈以爱：《胡适对王国维"古史新证"的回应》，《历史研究》2008 年第 6 期。
④ 胡适：《谁是中国今日的十二个大人物？》，《努力周报》1922 年 11 月 19 日，第 4 页。

究视为恩格斯《家庭、私有制和国家的起源》的续篇。① 与罗、王通过甲骨文研究巩固"旧学的城垒"不同，郭沫若研究甲骨文的目标是要清理中国古代社会。郭沫若道：

> 我们现在也一样地来研究甲骨，一样地来研究卜辞，但我们的目标却稍稍有点区别。我们是要从古物中去观察古代的真实的情形，以破除后人的虚伪的粉饰—阶级的粉饰。得见甲骨文字以后，古代社会之真情实况灿然如在目前。②

罗、王的甲骨文研究不符合新文化运动批判传统的潮流，故而没有在社会上产生很大的影响。此时郭沫若在思想上选择马克思主义，并用唯物史观来指导甲骨文和古史研究，顺应了马克思主义在中国传播的潮流，并推动了唯物史观的传播。郭沫若甲骨文研究可以说是时代潮流的产物。

二 唯物史观指导下的《甲骨文字研究》

郭沫若早年研究甲骨文的著作有《中国古代社会研究·卜辞中的古代社会》《甲骨文字研究》《卜辞通纂》《殷契粹编》。毋庸置疑，《卜辞中的古代社会》是以唯物史观来研究商代社会的经典著作③，《甲骨文字研究》是其姊妹篇，二者侧重点虽有不同，但唯物史观的思想贯穿于两者之中。

1. 《甲骨文字研究》的版本问题

《甲骨文字研究》先后有两个重要的版本，第一个版本是 1931 年由上海大东书局出版的，第二个版本是 1952 年由人民出版社刊行的。第二个版本的《甲骨文字研究》曾经郭沫若增删并补写《重印弁言》，并于 1961 年作为《考古学专刊》甲种第十号，由科学出版社重印，后又收入《郭沫若全集·考古编》。这两个版本的内容差异较大，但是唯物史观的指导思想则是一贯的。郭沫若在 1931 版《甲骨文字研究·序》中写道：

---

① 郭沫若：《中国古代社会研究》，人民出版社，1982，第 9 页。
② 郭沫若：《中国古代社会研究》，人民出版社，1982，第 195 页。
③ 参见郭沫若《中国古代社会研究》，人民出版社，1982。《中国古代社会研究》自 1930 年出版以来，先后有许多不同的版本问世，在诸多版本中本文所要讨论的《卜辞中的古代社会》内容没有发生变化，故本文参考《郭沫若全集·历史编》这一版本。

余之研究卜辞，志在探讨中国古代社会之起源，本非拘于文字史地之学，然识字乃一切探讨之第一步，故于此亦不能不有所注意。且文字乃社会文化之义要征，于社会之生产状况与组织关系略有所得，欲进而求其文化之大凡，尤舍此而莫由。前者余既有《卜辞中之古代社会》以专论之，其关于文字考释之事者则汇集而为兹编，而所录固互为表里者也。①

郭沫若于 1952 年版的《甲骨文字研究·重印弁言》中写道：

这些考释，在写作时，是想通过一些已识、未识的甲骨文字的阐述，来了解殷代的生产方式、生产关系和意识形态。

可见唯物史观对《甲骨文字研究》的影响是深入骨髓的。

然而作为《卜辞中的古代社会》姊妹篇的，则应是 1931 年由上海大东书局出版的《甲骨文字研究》。因为这个版本的《甲骨文字研究》无论从体例上还是从内容上，都堪称《卜辞中的古代社会》的姊妹篇。

1931 年版的《甲骨文字研究》共收单篇论文十八篇，详目如下：《释祖妣》《释臣宰》《释寇》《释攻》《释作》《释封》《释挈》《释版》《土方考》《释耤》《释朋》《释五十》《释龢言》《释南》《释𩰚》《释蚀》《释岁》《释支干》。这十八篇论文在郭沫若于 1952 年重做修订时，只有九篇被保留了下来，另外九篇旧作，即《释寇》《释攻》《释作》《释封》《释挈》《释版》《释南》《释𩰚》《释蚀》，连同其旧版作于 1929 年 8 月 1 日之《序》，分别作于 1930 年 8 月 10 日与同年 9 月 1 日的两篇《一年以后之自跋》，以及作于 1930 年 10 月 7 日的《后记》，则统统被郭沫若舍去。删除这十四篇旧作的理由，郭沫若虽在《甲骨文字研究·重印弁言》中未加说明，但对旧作不满应是显而易见的原因。②

1931 年版的《甲骨文字研究》有其自身的学术价值，正如冯时先生所言：

诚然，初版《甲骨文字研究》无疑客观地反映了郭沫若早年甲骨文研究的整体水平，事实上，仅从甲骨学史的角度而言，这也是一部

---

① 郭沫若：《甲骨文字研究·序》，上海大东书局，1931，第 1 页。
② 冯时：《郭沫若早期甲骨学研究的弃中之得》，《郭沫若学刊》2015 年第 3 期。

了解郭沫若早期学术生涯的重要文献，因而具有其无可替代的学术价值。①

除对甲骨学研究史本身有重要价值之外，1931 年版的《甲骨文字研究》更能系统地体现郭沫若以唯物史观为指导，研究殷代社会的治学思想，也是早期唯物史观指导下的一部重要著作。下文所讨论的就是 1931 年版的《甲骨文字研究》。

2. 唯物史观指导下的《甲骨文字研究》

郭沫若在《卜辞中的古代社会》附白一中云：

> 本文原拟分为三章，第三章论当时之精神文化。此命题内事当有文字、艺术、宗教、历数等。
>
> 艺术十分幼稚，……其见于卜辞中者有舞、有伐；乐器则有鼓、有磬、有龠、有小笙之和、有大箫之言（详见《甲骨文字研究·释龢言篇》）。
>
> 大抵宗教实起源于生殖崇拜，其事于骨文中大有启示。如祖先崇拜之祖妣字，实即牡牝器之象征（骨文“祖”字作“且”，妣字作“匕”）。一切神祇均称“示”，“示”字作“丅”，实即生殖器之倒悬。又如上帝之帝本象花蒂之形，其意亦重在生殖。凡此等详细论证可于《甲骨文字研究》中《释祖妣篇》以求之。
>
> 历数则于《甲骨文字研究·释五十》、《释干支》二篇言之甚详。

从中亦可见，郭沫若作《甲骨文字研究》其意在有重点地对殷卜辞中所见商代的经济基础、上层建筑即精神文化进行研究。除郭沫若在附白一中所言及的数篇，《甲骨文字研究》中的其他各篇按诸内容，可归类如下。

《释耤》属经济基础的讨论，其文云：

> 余谓此“”乃耤之初字，象人持耒耜而操作之形。……“令耤臣”、“令小耤臣”者，犹令鼎之“耤农”也。……耤，许书云“帝耤千亩也”。

其所论当属经济基础。

① 冯时：《郭沫若早期甲骨学研究的弃中之得》，《郭沫若学刊》2015 年第 3 期。

《释朋》所论涉及殷代商业，郭沫若以为贝、玉在充当货币以前，曾长期用作女性饰物。郭沫若又以为：

> 惟贝朋在为颈饰时，其来多得自实物交换，则虽有货币之形，尚无货币之实。其实际用为货币，即用为物与物之介媒者，余以为亦当在殷周之际。

该篇当归入社会经济状况之讨论。

《释臣宰》篇涉及阶级制度，郭沫若云：

> 臣民均古之奴隶也，……奴隶的产生由族与族之间的战争引发。甲族吞灭乙族，或虏获其成员而奴使之，于是同族之间始有阶级之分化，有阶级之分化则有统制之必要，而政令于是生焉。血族集团至此始成为所谓"国家"。其国家中被支配者，即所谓臣民也。

所以该篇当归入上层建筑之讨论。

《释寇》《释工》《释作》《释封》《释挈》《释版》等篇均关乎战争。《释寇》郭沫若以为"寇"有毁人宗庙、迁人彝器之义，其文云：

> 殷卜辞中多有"寇周"之事，可见帝乙以前殷周亦饶有交涉。……且言寇之例独于周，于他国均言征伐，可见周实大国，惟周方有可迁徙之重器也。此虽一二字，关系于史蹟者实大，故备论之。

在《释工》中，通过对卜辞的大量分析，郭沫若认为卜辞中"工"多假借为攻伐之攻，相关卜辞均与攻伐有关。在《释作》中，郭沫若以卜辞之"作纅"即"作獻"，乃《盘庚》"听予一人之作獻，无有远迩，用罪伐厥死，用德彰厥善"；认为卜辞中的"作"字有与战争相关者。在《释封》中，郭沫若以为"封"乃古人之经界，又以"封建之事在古本树畿封建社墠之意，如今人所谓殖民，与爵图分封建立屏蕃之事有别"。此"封"字似亦与殖民、掠夺有关。在《释挈》中，郭沫若认为与"挈"字相关之卜辞多关乎师旅之事。在《释版》中，郭沫若以卜辞"袭敦土版"，敦乃敦伐之义，土即土方（在今包头附近）。此"敦"字亦与战争相涉。

关于精神文化的研究，除郭沫若在附白中所提到《释穌言》《释祖妣》《释五十》《释干支》之外，尚有《释南》《释蚀》《释岁》。在《释南》

中，郭沫若以南为钟镈类乐器，故可与《释龢言》归入一类。《释蚀》属天象，与天文、历数相关，《释岁》涉及岁星之讨论，故而可与《释五十》和《释干支》同属历数之讨论。

由上可知，初版的《甲骨文字研究》十八篇考释文章，实系对《中国古代社会研究·卜辞中的古代社会》有所侧重的补充。《卜辞中的古代社会》第一章分五节对商代的生产状况进行了较为详尽的讨论，故而《甲骨文字研究》中仅有《释耤》和《释朋》以做补充。第二章仅有两节，只有第二节对殷代的阶级制度进行简要讨论，故而《释臣宰》《释寇》《释工》《释作》《释封》《释挈》《释版》诸篇所论奴隶、战争，则是对殷代阶级制度的相关问题的补充。精神文化部分，郭沫若着墨最多，其中《释祖妣》和《释干支》内容最为丰富，二者结合文献对商代的祖先崇拜、干支起源进行了具体而微的分析，《释干支篇》洋洋乎近十万言，几可单独成书。从这个意义上讲，"《甲骨文字研究》与此（《卜辞中的古代社会》）自是辅车唇齿"。① 此语属实。

1952 年再版删节后的《甲骨文字研究》，只保留了《释祖妣》《释臣宰》《土方考》《释耤》《释朋》《释五十》《释龢言》《释岁》《释干支》等篇，大半篇目被删去。原有完整的唯物史观体系被打破。值得一提的是，初版《土方考》一文附在《释版》之后，因《释版》一文涉及土方地望等问题，故郭沫若在《释版》文末附论了土方的问题。1952 年版的《甲骨文字研究》（《郭沫若全集·考古编》因之）将《土方考》置于《释臣宰》之后，颇显支离。这都是割裂原来篇目造成的。

三　唯物史观对甲骨文字研究的指导

郭沫若以唯物史观的视角，对商代社会生产力及上层建筑进行了分析。他在 1931 年版《甲骨文字研究·序》中言道：

> 据余所见，殷代社会大抵已由原始状态跨入于文明之畛域。以其用具言，则金器虽兴，石器未废，耕、犁、戎器之类即于文字中亦犹可考见其石制之痕迹。……以产业言，则牧畜最盛，耕稼初萌，观其

---

① 郭沫若：《中国古代社会研究》，人民出版社，1982，第 248 页。

征战之由多因刍牧，用牲之数每至三百，即可得其梗概。与此相应之社会组织则母权制度犹有孑遗，先妣特祭、兄终弟及、多父多母，罕言子孙，均其明征也。阶级制度虽已萌芽。然如奴隶私有、财产私有之事，尚无可考见。故其一国之政长浑如一宗一族之家长，其所有事不外享祀、卜年、田游呼遣之类而已。

这些判断直接影响了郭沫若对具体卜辞的认识。

（一）经济形态认识与相关文字考释

1. 渔猎时代的影子

郭沫若认为商代的生产状况已经超越了渔猎经济，进入了畜牧业高度发达的时代。[①] 而商代的文字尚在创造途中，未脱离原始畛域。[②] 可以推断，虽然商代已经超越了渔猎经济，但是渔猎时代的种种记忆，却对尚在创造途中的甲骨文字产生了很大影响。因此，郭沫若在考释文字之时对"鱼"情有独钟。

（1）对"甲""乙""丙""丁"的考释

郭沫若释甲、乙、丙、丁云：

> 案此四字为一系统，乃最古之象形文字。……乙象鱼肠，丙象鱼尾，……丁则当系（鱼）睛之古文。……要之，乙、丙、丁均为鱼身之物，此必为其最初义。……甲亦鱼身之物也。鱼鳞谓之甲。
>
> 故甲、乙、丙、丁均为鱼身之物，其字象形，其义至古。[③]

郭沫若对甲骨文甲、乙、丙、丁的解释源自《尔雅》，而《说文解字》则有不同的训释。《说文解字》将甲、乙、丙、丁与春、夏、秋、冬四季植物的生长相联系，如《说文解字·甲部》："甲，东方之孟，阳气萌动，从木戴孚甲之象。"《乙部》："象春艸木冤曲而出，阴气尚强，其出乙乙也。"郭沫若之所以从《尔雅》而舍《说文解字》，与他对商代所处社会阶段的认识相关。甲、乙、丙、丁最古的象形文字，虽然出现在商代甲骨文中，但是它们产生的基因当远在渔猎时代。郭沫若"云：甲、乙、丙、

---

① 郭沫若：《中国古代社会研究》，人民出版社，1982，第 197～209 页。
② 郭沫若：《中国古代社会研究》，人民出版社，1982，第 247 页。
③ 郭沫若：《甲骨文字研究》（下），上海大东书局，1931，第 9 页。

丁当属于渔猎时代之文字。"①

（2）对"脊"的考释

甲骨文中有一字作""，郭沫若以为该字像鱼脊骨之形，当为脊之初文。② 有脊之物不可胜数，然郭沫若必以其为鱼脊骨之象形者，盖因其文字之产生与渔猎时代的记忆有密切关系。

2. 金石并用时代的文字

郭沫若认为商代为金石并用时代，故而文字产生于金石并用时代者，必有深刻的时代烙印，如戊、己、庚、辛、壬、癸诸字。《释干支》云：

> 戊为戚、己为雉缴、庚为钲、辛为剞劂为削、壬为镜、癸为戣。几于全部属戎器，而辛、壬亦刃器之类也。……钲、戚、戣、削则非金石并用之时代不能有。盖戚、削之为金为石虽不敢断言，而钲则决当为金器。

这也是在唯物史观指导下取得的认识。更进一步，唯物史观认为生产工具是生产力发展的决定性因素之一，因此将最古老的干支文字与工具建立起联系恐怕也有唯物史观的影子。

3. 殷代生产力的判断与文字考释

郭沫若认为，农业产生于畜牧业之后，其产生是由畜牧刍料的需要，其产生年代约在商代中叶以后。③ 由于农业尚未发达，故而当时的生产工具必为石器。郭沫若在考释"辰"字时认为，辰乃古之耕器，其字作贝壳形者，为蜃器；其字作磬折形者，当为石器。④ 殷代文字还在创造的途中，其象形文必有所本。辰既像石器之形，则当时耕具犹用石刀。

4. 经济基础的认识对上层建筑的影响

郭沫若以为天帝之"帝"字乃花蒂之初字，进而认为：

> 帝之兴必在渔猎、牧畜已进展于农业种植以后，盖其所崇祀之生殖已由人身或动物性之物而转化为植物。

---

① 郭沫若：《甲骨文字研究》（下），上海大东书局，1931，第18页。
② 郭沫若：《殷契粹编》，科学出版社，1965，第361页。
③ 郭沫若：《中国古代社会研究》，人民出版社，1982，第195~212页。
④ 参见郭沫若《甲骨文字研究·释干支》，上海大东书局，1931。

郭沫若于《释蚀》篇言道：

> 日蚀连文未见，而月蚀字面特多。……此因农业未盛，宫室居处
> 之备不全，感日之惠甚少，受日之威过烈也，此事颇关系紧要，凡谈
> 宗教之起源者不可不知。

这些都是典型的经济基础决定上层建筑的观点，也是经典的唯物史观的
表述。

（二）上层建筑与甲骨文字研究

1. 上层建筑的判断与商代史实的解释

结合对恩格斯《家庭、私有制和国家的起源》对氏族社会的若干认
识，郭沫若认为殷代处于氏族社会，其主要根据有四项：亚血族群婚、先
妣特祭、帝王称毓、兄终弟及。基于对殷代社会上层建筑的认识，郭沫若
对卜辞中若干问题展开了深入的讨论。

卜辞有称"多父多母"者，郭沫若认为由于商代为亚血族群婚制，故
而自男女而言为多夫多妻，自子女而言则谓之多父多母。伯叔称诸父，也
亚血族群婚制孑遗矣。[①]

卜辞中有先妣特祭的现象，郭沫若认为此系母权制氏族社会的孑遗。[②]

卜辞及史籍均有商代王位继承为兄终弟及，郭沫若认为这是在亚血族
群婚制度之下的必然现象。因为亚血族群婚制以母性为中心，男子出嫁，
女子承家，故父子不能相承，而兄弟可以相及。殷代帝王多兄终弟及者，
正由此故。郭沫若甚至怀疑商代有真的父子——其或有父子相承，然所谓
父子，实属疑问，盖母权时代之翁婿关系实如父子。[③]

此处不避烦琐引录郭沫若早年若干重要论断，其目的在于说明，郭沫
若这些论断是建立在其对殷代社会整体认识的基础上，随着对殷代社会性
质认识的不断变化，其对某些篇章进行了删节，但保留篇章中的某些观点
并未进行更新。郭沫若在 1952 年版《甲骨文字研究·重印弁言》中云：

> 我在二十几年前曾有过错误的看法，便是把殷代看成金石并用时

---

① 参见郭沫若《甲骨文字研究·释干支》，上海大东书局，1931。

② 郭沫若：《中国古代社会研究》，人民出版社，1982，第 230 页。

③ 参见郭沫若《中国古代社会研究》，人民出版社，1982，第 234 页；郭沫若《甲骨文字研究·释祖妣》，上海大东书局，1931。

代和原始氏族社会的末期。……那种看法，在今天看来固然是错误，但其实在我作那种看法的当时，已经就觉得不大妥当的。特别在写这些考释里面的《释干支》的时候，看到当时天文智识的水平相当高，作为原始氏族社会，怎么也难说明。①

研讨甲骨文的学者对此应有警觉，避免断章取义，忽视这些结论产生的时代背景。

2. 阶级关系与文字考释

郭沫若在考释文字时，时刻注意文字考释与殷代阶级关系（如使用奴隶劳动）之间的联系。郭沫若认为辛、辛为一字，乃剞劂、削刀之象形，之所以有罪愆之义者，乃因阶级关系的变化引起的：

> 盖古人于异族之俘虏或同族中之有罪而不至于死者，每黥其额而奴使之。……此古代虐待奴隶之真相也。其留存于文字中者则为从辛之童、妾、仆等字。
>
> 仆字古有从辛者，……卜辞有此字，其形作"𦥑"。……余案此辛下之"𠙵"形，实乃有尾人形之头部。……仆字均于人头之上从辛。……余谓此即黥刑之会意也。有罪之意无法表示，故借黥刑以表示之。黥刑亦无法表现于简单之字形中，故借施黥刑之刑具剞劂以表现之。②

郭沫若这一深刻的推论与其对殷代阶级关系的认识密切相关。

郭沫若关于臣、宰二字的考释更别开生面，《释臣宰》云：

> 臣、民均古之奴隶也。……奴隶本来自俘虏，故奴隶字多有缧绁之象。……（臣象竖目之形），人首俯则目竖，所以象屈服之形者殆以此也。……（民字）均作一左目形而有刃物以刺之。……臣、民均用目形为之，臣目竖而民目横，臣目明而民目盲，此乃对于俘虏之差别待遇。……其柔顺而敏给者则怀柔之、降服之，用之以供服御而为臣。其愚憨者而暴戾者，初则杀戮之，或以之为人牲，继进则利用其生产价值，盲其一目以服苦役，因而命致曰民。

---

① 郭沫若：《甲骨文字研究》，科学出版社，1961，第8~9页。
② 郭沫若：《甲骨文字研究·释臣宰》，上海大东书局，1931，第3页。

要之，臣民均古之奴隶，宰亦犹臣。……而臣宰则其中之携贰
者，古人即用其携贰者以宰治其同族，故虽是罪隶而贵贱有分。①

这是用阶级关系分析甲骨文字的范例，其说至今仍有重要学术价值和
影响。

总之，郭沫若早年甲骨文研究，是在史料考证的基础上，以唯物史观
为指导思想进行的。其著作有鲜明的思想性，是早期马克思主义史学的经
典著作。

四　结语

在早年甲骨文发现、传布、考释、研究的过程中，王懿荣、王襄、刘
鹗、孙诒让、罗振玉、王国维等都做出重要的贡献。郭沫若则首次将唯物
史观引入甲骨文研究之中，并以其为指导思想对甲骨文字进行研究，在甲
骨学研究领域方面无疑具有开创性意义。

从甲骨文的整理到具体的甲骨文字考释，再到上古史研究，郭沫若都
有系统的思考，也做出了卓越的贡献。这得益于郭沫若深厚的旧学修养，
更重要的是他善于运用马克思主义的方法论指导学术研究。郭沫若的诸多
研究成果是运用唯物史观进行史学研究的典范之作。其在史料考证和运用
方面也得到学界认同。史语所所长傅斯年被视为史料派代表人物，正是他
力推郭沫若为中央研究院第一届院士，充分说明了郭沫若在中国古代研究
中史观和史料并重的特点。

马克思主义是新文化运动后期传入中国的多种学说之一，经过理论和
实践的检验，最终成为中国革命和现代化建设的指导思想。作为西方思想
的马克思主义在传入中国之初，必然面临中国化的问题。兴起于 20 世纪二
三十年代的中国社会史论战，是一场以唯物史观为方法论对中国革命和中
国历史进行辩论的思想论争。郭沫若的中国社会史研究成为当时各派思想
争论的重要思想资源，其对唯物史观的理解与运用或有可商榷之处，甚至
流于逻辑的演绎。② 另外，郭沫若早年关于商代经济基础和上层建筑的认
识存在一定的偏差，这直接误导了其对一些甲骨文的考释和对甲骨文所反

---

① 郭沫若：《甲骨文字研究·释臣宰》，上海大东书局，1931，第 4~6 页。
② 郭沫若：《十批判书》，人民出版社，1982，第 3、7 页。

映的商代社会现象的认识。但是无论如何，郭沫若早年的甲骨文研究客观上推动了唯物史观与中国历史研究的结合。

郭沫若早年甲骨文字研究的相关论作，是以作为马克思主义方法论的唯物史观来指导具体学术研究的伟大实践，是马克思主义史学的开山之作。这不仅奠定了郭沫若崇高的学术地位，也是郭沫若为马克思主义中国化所做出的卓越贡献。

附注 该文曾在"郭沫若与新文化运动——中国郭沫若研究会首届青年论坛"上宣读，北京师范大学历史学院张越教授、郭沫若纪念馆李斌副研究员等多位先生都提出了宝贵的意见，在此谨致谢忱。

述论新中国成立初期史坛中的郭沫若
（1949~1957）*

朱春龙**

摘　要：至1957年反右派运动来临前，郭沫若在新中国成立初期史坛中发挥了重要的先锋作用。他始终恪守"在毛泽东旗帜下长远做一名文化尖兵"的宗旨，以政治家的身份积极引导当时各界学人认清新中国政治形势，跟上时代潮流，增强对唯物史观的理论学习和对新政权的政治认同。在创设学术机制中，他不仅在主要史学研究机构中充当领导者的角色，而且以身作则，努力利用新学术机制来团结、激励各类学者进行学术研究，力求最大限度地将各类学者纳入组织化之中，为新中国史学繁荣做出重要贡献。在激活史学研究氛围中，他不仅以学术热点问题来引导和激活当时史学的研究氛围，还以对史籍的重视与大力整理来正确引导史坛的学风走向。总之，他为促进新中国史学的繁荣做出了重要贡献。

关键词：郭沫若　新中国成立初期　学风走向

新中国成立后，中国历史学的发展进入了一个新纪元。以唯物史观为指导的马克思主义史学在新中国成立初期（1949~1957）很快就确立了主导地位。其中，以郭沫若为首的唯物史观派学者发挥了重要先锋作用，为引导当时学界学习、利用唯物史观从事学术研究做出了突出贡献。当前学界对郭沫若在这一时期史坛的活动、史学成就与贡献等方面有所

＊　本文为国家社科基金一般项目"近代中国唯物史观史学话语建构研究"（16BZS001）阶段性成果。

＊＊　朱春龙，历史学博士，扬州大学社会发展学院讲师。

关注与论述①，但缺乏从整体上考察其在这一时期史坛中的先锋作用。本文欲从当时社会与学术互动视角下对这一问题进行阐发。不足之处，请方家指正。

一 引导政治话语转变中的郭沫若

"在毛泽东旗帜下长远做一名文化尖兵"② 的口号，出自郭沫若在1952 年 5 月为纪念毛泽东 "在延安文艺座谈会上的讲话" 十周年纪念活动上的讲话。这一口号，不仅仅是郭沫若自我心声的表达，也可以看作他对当时由 "旧社会" 转变而来的各界学人在政治话语转变中的引导与期许。

1949 年新中国成立后，一直备受中国共产党礼遇的郭沫若，先后被授予第一届政协副主席、政务院副总理、中国科学院院长等要职。作为民国以来重要的学术文化名人，郭沫若既是重庆马克思主义史家群体中的重要一员，又能与各类非马克思主义 "旧学人" 有较好的交往。他的言行举止会对当时各类 "初入" 新政权的学人产生重要影响，如有学者所指出的，"位高禄重的郭沫若在思想文化战线的所作所为，代表着一种思想动向、一种政治态度，是体现知识分子和党关系的典型"。③

新中国成立前夕，郭沫若开始号召广大知识分子要 "努力改造自己，向人民学习，向我们不熟悉的东西学习"，"热诚地做毛主席的学生"。④ 他

---

① 主要有以下三个方面。一是从郭沫若与当时学界政治环境关系来看，主要有贾振勇：《"联系着武训批判的自我检讨"——郭沫若与电影〈武训传〉批判风潮》，《山东理工大学学报》（社会科学版）2007 年第 1 期）；贾振勇：《郭沫若与 1950 年代思想改造、批判运动》，《百家评论》2013 年第 2 期。二是对郭沫若在这一时期史学成就的总结，主要有黄烈：《50 年代郭沫若的三大史学工程》，载郭沫若故居、郭沫若研究会编《郭沫若百年诞辰纪念文集》，社会科学文献出版社，1994，第 247~267 页；朱政惠：《炽热的爱国主义精神——建国后郭沫若史学研究剖析》，载《郭沫若研究》第 10 辑，文化艺术出版社，1992，第 208~220 页；谢保成：《郭沫若史学研究的攀登时期——郭沫若治史道路研究之三》，载林林主编《郭沫若史学研究学术讨论会论文集》，文化艺术出版社，1992，第 3~46 页；张剑平：《郭沫若古史分期学说的完善及引起的学术论辩》，《郭沫若学刊》2003 年第 3 期；杜蒸民：《试评郭沫若的中国古史分期和 "百家争鸣" 的学说》，载《郭沫若研究》第 10 辑，文化艺术出版社，1992，第 188~207 页；等等。三是对郭沫若在这一时期历史教育中的贡献的发掘，主要有尤学工：《郭沫若与新中国初期的历史教育》，《廊坊师范学院学报》（社会科学版）2009 年第 5 期；等等。
② 郭沫若：《在毛泽东旗帜下长远做一名文化尖兵》，《光明日报》1952 年 5 月 23 日。
③ 贾振勇：《郭沫若与 1950 年代思想改造、批判运动》，《百家评论》2013 年第 2 期。
④ 龚济民、方仁念编《郭沫若年谱》（中），天津人民出版社，1992，第 770 页。

针对当时包括史学家在内的社会科学工作者"理论水平还没有达到应有的水平"和"理论与实际的结合也还没有达到应有的深度和广度"的现状，积极号召大家"必须用集体的力量来认真地学会用马列主义和毛泽东思想来解决这一切问题，一切症结，一切困难的方法"。① 他担任各种要职后，深知作为政治家的责任感与使命感。在利用各种政治职务发表讲话之机，他不时地强调知识分子加强理论学习的重要性和紧迫性。随着全国范围内马克思主义理论学习热潮和思想改造运动的逐步开展，他指出其中的艰巨性和长期性，强调知识分子的"唯一出路"在于"经常学习马克思列宁主义毛泽东思想，而不断地移诸实践"，"把思想化而为行动，从行动中促进思想的活泼泼的生机"。② 1955 年在"辩证唯物主义与历史唯物主义"讲座开幕词中，他着重指出了"用马克思列宁主义来武装自己"对文艺工作者们是"有头等的重要性的"。③

除宣传应重视唯物史观理论学习外，郭沫若还重视利用电影、文物博览等具体形式来加强知识分子的自我修养和自我教育，旨在引导他们对新社会中新生事物的了解，增强对新政权的政治认同。为引导广大知识分子更好地向苏联学习，他认为电影是"最方便的一个法门"，"苏联各方面的建设工作，而且是经过精选或组织的标准典型，便呈显在你的眼前，源源本本地给予你具体的示教"。④ 他从增强爱国主义教育出发，非常重视文物博览、考古事业，多次参与题字或发表讲话。如 1951 年 3 月中旬在参观"敦煌文物展览"时，他当场题字表扬此种事业，"不仅在美术史上是一大贡献，在爱国主义教育上贡献更大"。⑤ 1954 年 5 月在参观全国基本建设工程出土文物展览时，郭沫若也题字赞扬这"使人们能得到鼓舞而推陈出新，使爱国主义的教育能具体深入"。⑥ 而且，他还指出："知识分子的自我教育是不能一刻中止的，要让他们随时启发自己的自觉自愿，联系实际地学习马克思列宁主义，培养为人民服务、为国家建设服务的精神，使自

---

① 郭沫若：《郭沫若在中国社会科学工作者代表会议发起人会议上开幕词全文》，《光明日报》1949 年 7 月 15 日。

② 郭沫若：《在毛泽东旗帜下长远做一名文化尖兵》，《光明日报》1952 年 5 月 23 日。

③ 郭沫若：《学习辩证唯物主义和历史唯物主义——"辩证唯物主义与历史唯物主义"讲座开幕词》，《光明日报》1955 年 3 月 6 日。

④ 郭沫若：《电影是很好的教育工具》，《光明日报》1949 年 11 月 2 日。

⑤ 龚济民、方仁念编《郭沫若年谱》（中），天津人民出版社，1992，第 816 页。

⑥ 龚济民、方仁念编《郭沫若年谱》（中），天津人民出版社，1992，第 891 页。

己的工作做得更好。"①

不容否认，作为政治家的郭沫若的这些诸多的公开讲话、题字与活动等，不乏政治表态的成分，但是，如果设身处地地联系当时学界亟须对唯物史观"从头学起"的境况，我们就不难理解其所做出的诸多宣传与引导为当时知识界指明了思想的方向。这是合乎历史潮流的。不仅如此，郭沫若在这一时期一系列政治运动中的言行举措，也带有"风向标"的指向性影响。

这一"风向标"的指向性最早体现在对电影《武训传》有关问题的批判上。新中国成立之初，电影《武训传》曾风靡一时，李士钊等人也创作了《武训画传》出版，郭沫若在此书序言中大加表彰了武训及其精神，称赞其为"旧社会"中的"奇迹"。②但是，从1951年5月经毛泽东亲自审定的社论《应当重视电影〈武训传〉的讨论》发表后，对武训的认识开始发生了扭转性的变化，否定与批判武训迅速占据了主流话语。面对这种急剧直下的政治形势，郭沫若迅速发表了《联系着武训批判的自我检讨》，做出了公开表态的自我否定，自我辩解"不会从本质上去看武训，而且把他孤立地看了"，犯下了"不负责任的小资产阶级的老毛病"。③《武训历史调查记》发表不久，他又迅速发表了《读〈武训历史调查记〉》，对武训进行了大力批判。④他在思想意识形态上的迅速"站队"，实际上已经隐现了这场意识形态批判运动的不可逆转。而且，这并非完全是他政治自保的权宜之计，而是作为政治家自觉响应与引导当时意识形态斗争号召的需要。自他表态之后，当时知识界其他知识分子也随即做出了诸多表态与反思，开启了当时思想政治运动批判与自我批判思潮的先河。

在随后的一系列政治运动中，他的言行举措风向性影响更加显露无遗。在1955年前后学界对胡适思想批判运动中，他认为开展这一思想批判是必要的，因为胡适的"资产阶级唯心主义观点"在当时的学术界还根深

---

① 郭沫若：《关于发展学术与文艺的问题——答保加利亚〈我们的祖国〉杂志总编辑包果米尔·诺涅夫同志》，《人民日报》1956年12月18日。

② 郭沫若：《〈武训画传〉序》，张明主编《武训研究资料大全》，山东大学出版社，1991，第584页。

③ 郭沫若：《联系着武训批判的自我检讨》，《人民日报》1951年6月7日。

④ 郭沫若：《读〈武训历史调查记〉》，《人民日报》1951年8月4日。

蒂固，在不少知识分子心中还有很大的潜在影响。① 在给钱祖夫的回信中，他也表露了批判胡适的主要目的在于"宣扬并深入学习马克思主义"，"有立必有破，从批判反动思想中更容易接受正确的真理"。② 在随后召开的布置批判胡适思想扩大会议上，他在《三点意见》发言中不仅重申了批判的必要性，还提出了应注意"明辨是非、分清敌友、与人为善、言之有物"等原则。③ 显然，这些原则的提出是他为防止该运动批判过火的预防举措。虽然最后仍少不了过激与走火，但郭沫若所提意见的历史意义，是不容否认的。又如，在 1956 年学界普遍提倡"百花齐放，百家争鸣"的学术氛围中，他观察到当时有股以"争鸣"而"乱鸣"的现象后，随即迅速发表了《演奏出雄壮的交响曲》一文，以提醒学界注意纠偏。在该文中，他借演奏"交响曲"的寓意，明确指出"我们要'争鸣'，而不要'乱鸣'"，"如果一阵的乱叫或乱打响器，别人便只好蒙耳朵，或索性请你退出乐厅"。④ 随后在外国记者采访中，他对新中国成立初期学术研究中存在的教条主义、公式主义的危害与原因等进行了鞭辟入里的分析，并指出"百花齐放，百家争鸣"的氛围要"以为人民服务为前提，并不是毫无限制的放纵"。⑤ 这些既是他对当时学界存在问题的一次深刻总结，又为学界尝试打破学术僵化现象界定了努力的范围、指明了突破的方向，有利于激发知识分子的积极性。只是在随后不久的反右派运动来临后，学界的动向迅速偏离了他所做的这些引导与努力。

二　创设学术机制中的郭沫若

在新中国成立初期新的学术机制创设过程中，郭沫若发挥了重要领导作用。

早在新中国尚未成立的 1949 年 7 月 1 日，以郭沫若为首的唯物史观派

---

① 《中国科学院院长郭沫若关于文化学术界应开展反对资产阶级错误思想的斗争对光明日报记者的谈话》，《光明日报》1954 年 11 月 8 日。

② 龚济民、方仁念编《郭沫若年谱》（中），天津人民出版社，1992，第 919 页。

③ 郭沫若：《三点建议——一九五四年十二月八日在中国文学艺术界联合会主席团、中国作家协会主席团扩大联席会议上的发言》，《光明日报》1954 年 12 月 9 日。

④ 郭沫若：《演奏出雄壮的交响曲》，《人民日报》1956 年 7 月 1 日。

⑤ 郭沫若：《关于发展学术与文艺的问题——答保加利亚〈我们的祖国〉杂志总编辑包果米尔·诺涅夫同志》，《人民日报》1956 年 12 月 18 日。

学者与以裴文中为代表的非马克思主义史学家共 30 多人在北京一致发起倡议，主张建立全国性的历史工作者代表会议，并成立了筹备会及其常务委员会，"一致表示全国历史工作者应团结起来，从事新史学的建设工作"。而且，大家还推举郭沫若为主席，负责领导相关筹备事宜。① 这开启了郭沫若领导广大史学工作者为新中国史学建设的先声。经过两年多的筹备与努力，全国主要大城市先后建立了 15 个分会及其筹备会，发展会员总数 900 多人。"中国史学界在历史研究的方法、作风、目的和对象各方面都有了很大的转变。"② 其中，为了支持 1950 年 5 月新史学会河南分会筹备的"爱国主义与历史教学座谈会"的召开，公务繁忙的郭沫若虽未与会，但是，仍不忘题写鼓励学界转变的《精通烹调术，做出好宴席》的贺信。在贺信中，他以厨师"必须精通烹调术才能治好烹调"为喻来号召广大史学工作者"必须精通辩证唯物主义和历史唯物主义才能治好历史"，且要"精通方法，灵活运用"。③

1951 年 7 月底，领导全国史学工作者的"中国史学会"正式成立。郭沫若顺理成章地被推举为该组织的主席，负责全面领导新中国史学发展工作。他结合当时史坛发生的诸多变化，做了《中国历史学上的新纪元》的发言，把这些新变化总结为"由唯心史观转向唯物史观"、由"个人兴趣"出发转向集体作业、由"名山事业"转向"为人民服务"、由"贵古贱今"转向"注重近代史"、由"大汉族主义"转向"注重研究各少数民族的历史"、由"欧美中心主义"转向"注重研究亚洲历史"六个方面。④ 这份发言既是他对当时史坛变化的深切体会，也是他对新中国史学发展新方向的定位与期许。而且，这一组织从筹备、建立到运行过程，也大致是遵照郭沫若的期许在发挥作用。其中，最重要的成就当属组织编纂"中国近代史资料丛刊"的工作。这既与郭沫若对新中国史学发展方向的引导与期许相一致，又可以发挥当时各类"旧学人"的专业所长，且能把他们引向近代史研究问题上来。在当时逐渐激烈的一系列政治批判运动中，这项

---

① 《中国新史学研究会筹备会成立》，《进步日报》1949 年 7 月 2 日。
② 郭沫若：《中国历史学上的新纪元》，《大公报》1951 年 7 月 28 日。
③ 郭沫若：《精通烹调术，做出好宴席》，《新史学通讯》1951 年第 4 期；又见黄淳浩编《郭沫若书信集》（下），中国社会科学出版社，1992，第 18 页。
④ 郭沫若：《中国历史学上的新纪元》，《大公报》1951 年 7 月 28 日。

工作也有保护与团结"旧学人"的意义。①

为了发展新中国科学事业，中央政府在新中国成立后不久迅速筹划创建了中国科学院，郭沫若被推举为院长。他以高超的政治智慧与学术号召力，通过整合旧有的中研院和北平研究院等机构，迅速成立了近 20 个研究所，包括与历史学发展紧密相关的考古研究所和近代史研究所，是中国科学事业创建中的重要奠基人。② 据夏鼐回忆，在中国科学院设立考古研究所，是与郭沫若当时向政务院的建议分不开的。而且，在制定该所的组织、方针等制度中，郭沫若也发挥了重要作用。他指示当时考古研究所学人要学会"把马列主义的观点方法用到古物的发掘、整理和研究上去"和"多做田野考古工作"，但要"避免有挖宝思想"。③ 近代史研究所的创立，实际工作虽是由范文澜、刘大年等具体操办，但郭沫若在其中积极配合的作用也是不可忽视的。

1953 年 9 月后，中国科学院史学研究机构迎来了扩充壮大的良机。当时中共中央宣传部决定在党内成立"中国历史问题研究委员会"，用来及时商讨一些重要历史问题。郭沫若等一些主要马克思主义史家在第一次委员会议集体商讨后，决定在近代史研究所的基础上，把史学研究所扩大为三个，积极吸收陈寅恪、顾颉刚等著名史家进入研究所从事学术研究，并创立专业权威的史学期刊等。④ 会后不久，在郭沫若的直接领导下，中国科学院开始了历史研究的一所（上古史研究所）、二所（中古史研究所）、三所（近代史研究所）的精心筹备工作。原计划三所的所长人选分别为郭沫若、陈寅恪、范文澜。邀请当时身在广州的陈寅恪北上任职的事项也迅速被提上了日程。在 1953 年的 11 月底，曾为陈寅恪助手的汪篯在郭沫若等的授意下，担任了"信使"，并带上了郭沫若等人的信件，南下正式邀请陈寅恪北上就职。但是，一向坚守独立与自由的陈氏以"畏寒"和一份《对科学院的答复》拒绝了邀请，但推荐了陈垣代替他。⑤ 后来二所所长就

① 关于新中国成立初期大型史料整理项目的史学意义，笔者将有专文对此问题进行论述。

② 《中国科学院半年工作概况》，《光明日报》1950 年 7 月 2 日。

③ 夏鼐：《郭沫若同志对于中国考古学的卓越贡献——悼念郭沫若同志（1892～1978）》，《考古》1978 年第 4 期。

④ 《中国历史问题研究委员会第一次会议记录》，刘潞、崔永华编《刘大年存当代学人手札》，中国社会科学院近代史所印，1995，第 43～46 页。

⑤ 陆键东：《陈寅恪的最后二十年（修订本）》，生活·读书·新知三联书店，2013，第 96～112 页。

变成了陈垣。许多"旧学人"如顾颉刚、贺昌群、杨向奎、胡厚宣、张政烺等陆续被聘调到历史所任职，蒙文通、唐长孺、谭其骧、白寿彝等也以兼职研究员等身份被邀请来研究所任职。各类学人紧密合作、共同探讨学术课题，传递学术薪火。① 而且，历史研究所扩充壮大后，逐渐成为领导当时史坛前进的权威机构，这必然会改变此前有学者感慨的"这几年来的历史科学工作是在无组织无领导或者名有而实无中过日子的"窘况。②

郭沫若在学术期刊建设中发挥了重要作用。在《历史研究》创刊之前，当时史坛中仅有《历史教学》、《新史学通讯》和《文史哲》三家地方组织举办的专业史学期刊，但以地方学者发表文章为主；而《光明日报》虽有"史学"专栏，《人民日报》也不定期发表一些史学论文，但缺乏一个权威性、全国性的定期专业史学刊物，这势必会影响史学工作者参与学术研究和讨论的热情。1954 年前后，在毛泽东"百家争鸣"口号与方针的鼓励下③，郭沫若亲自为《历史研究》选定和书写了刊名。他还与尹达、刘大年等确定了第一届编委会的名单。为了最大限度地体现该期刊的权威性，郭沫若等既选定了包括当时被尊为马列"五老"的郭沫若、范文澜、翦伯赞、侯外庐、吕振羽，也集合了包括来自国统区的吴晗、嵇文甫和胡绳等马克思主义史家，还吸收了相对年轻的马克思主义史家骨干尹达和刘大年。此外，他们还主动邀请了在当时史坛中偏重考证的"旧学人"，如陈寅恪、陈垣、汤用彤、向达、夏鼐等。④ 特别是对陈寅恪的聘请，彰显了郭沫若以极大包容态度来团结各类学人的决心。虽在该刊创立前，他在邀请陈寅恪北上就职事项上碰壁与不快，但他仍不计前嫌，于 1954 年 1 月中下旬与陈寅恪书信往来中再次以诚意相邀其为该刊编委会成员之一，很快就收到了陈寅恪"尊意殷拳，自当勉副"的欣然同意。⑤

---

① 参见林甘泉《五十年的回忆与思考》，《林甘泉文集》，上海辞书出版社，2005，第 459~460 页；张剑平《新中国历史学发展路径研究》，人民出版社，2012，第 117 页。

② 方回（向达）：《解放四年来新中国的历史科学发展概况》，《光明日报》1953 年 10 月 3日。按：向达指出，虽然当时既有中国史学会，也有近代史研究所等机构，但缺乏一个能"照顾全面"的历史权威机构；而且，1952 年后，中国史学会逐渐"销声匿迹，默默无闻"了。

③ 刘大年：《郭沫若关于〈历史研究〉的六封信》，《历史研究》1994 年第 1 期。

④ 刘潞：《刘大年忆郭沫若》，《百年潮》1998 年第 4 期；盖志芳：《〈历史研究〉（1954~1966）编委遴选及变动原因分析》，《东岳论丛》2010 年第 1 期。

⑤ 陈寅恪：《致郭沫若》（1954 年 1 月 23 日），《陈寅恪集·书信集》，生活·读书·新知三联书店，2009，第 276 页。

　　在为《历史研究》撰写的发刊词中，他针对当时史坛的现状指出，该刊主旨不仅十分欢迎能够娴熟地运用马列主义进行具体历史分析而得出"理论性的结论"的文章，而且也欢迎"一时还得出'理论性的结论'"，但"能够'根据详细的材料加以具体的分析'"，"甚至只要能够提供出'详细的材料'或新出的材料"，因为"只要是认真地能够实事求是地做到这其中的任何一步都是有价值的工作"。① 这实际上是对当时史坛中非马克思主义史家（特别是大批"旧学人"）从事的史料考证研究的一种肯定。从该刊创刊号上发表的 8 篇文章来看，除包括郭沫若的发刊词在内的 3 篇为马克思主义史家论文外，其余 5 篇都为非马克思主义史家的论文，分别为陈寅恪的《记唐代之李武韦杨婚姻集团》、王崇武的《论元末农民起义的社会背景》、浦江清的《屈原生年月日的推算问题》、朱德熙的《寿县出土楚器铭文研究》和冯家昇的《元代畏兀儿文契约二种》。细加分析，这 5 篇论文与郭沫若对该刊的主旨要求相一致。该刊第二期上又发表了陈寅恪、向达、杨树达等"旧学人"的文章。这一方面验证了该刊的办刊宗旨，有利于扩大该刊在当时各类学人中的影响力，另一方面也能激发非马克思主义史家的学术热情与积极性，真正实现学术的繁荣。

　　而且，郭沫若还主动帮助"旧学人"学术论文的刊发和学术著述的出版。他在为《历史研究》审稿时，对当时学者考订性的学术论文，多是鼓励刊发。在与该刊主编尹达信件往来中，他不仅对杨向奎的《释"不玄冥"》、丁山的《甲骨文所见氏族及其制度》等文建议刊发，还认为广东南海县（今南海区）一个不知名的中学教员所写的考证性文章《殟鯀考》也可发表。② 与其学术观点不同的"旧学人"的文章，他也是鼓励刊发的。如他在审阅贺昌群《论西汉的土地占有形态》一文时，虽其所持的西汉为地主土地私有制观点与贺昌群所持的土地国有制观点不同，并建议贺昌群做修改③，但是贺昌群并未做太大改动而仍能发表在 1955 年《历史研究》第 2 期上。此外，他还主动为当时一些"旧学人"学术著作的出版、再版

---

① 郭沫若：《开展历史研究，迎接文化建设高潮——为〈历史研究〉发刊而作》，《历史研究》1954 年第 1 期。

② 郭沫若：《致尹达》（1954 年 11 月 16 日、1955 年 10 月 20 日、1955 年 5 月 10 日），载黄淳浩编《郭沫若书信集》（下），中国社会科学出版社，1992，第 174、182、185 页。

③ 郭沫若：《致尹达》（1955 年 2 月 18 日），载黄淳浩编《郭沫若书信集》（下），中国社会科学出版社，1992，第 177～179 页。

等事项张罗，竭尽全力帮助他们。如在与杨树达书信往来中，他不仅对其考证性著作《积微居甲文说》和《积微居小学述林》等大加赞赏，还积极为其出版相关事宜进行张罗，使两书顺到于1954年在中国科学院出版。①

三 激活史学研究氛围中的郭沫若

郭沫若在激活当时史学研究氛围中也发挥了重要带头作用，这主要是从其不断完善"战国封建说"工作过程中体现的。他不仅在新中国史坛中最先公开挑起中国古史分期的论争话题，而且以极高的学术热情与精力，通过与各种学术见解展开争鸣来完善其学术观点。这有利于激活当时史学研究的氛围，也是新中国史学繁荣的重要体现。

虽身兼数职，郭沫若在学术研究中仍毫不松懈。他在1950年初就着手修改和补充1945年初版的《十批判书》。在读了参与殷墟考古发掘的郭宝钧所述"殷墟人殉问题"史实的书信和文章后，他率先肯定了这"毫无疑问是提供了殷代是奴隶社会的一份很可宝贵的地下材料"②，这实际上也是进一步证明他在新中国成立前认为的殷商为奴隶社会的观点。③ 这也正式拉开了新中国史坛关于古史分期问题讨论的序幕。随后不久（1950年4月26日），他在北京大学做"中国奴隶社会"的报告，基本还是坚持殷周为奴隶社会，但把这一制度的下限移到了秦朝，认为"短短的秦朝也应该划入"。④ 而且，此时在《光明日报》开辟的"学术"副刊中，杨绍萱、陆懋德等学者就围绕"殷周殉人问题"展开了激烈的讨论。⑤ 他对这一学术讨论的发展有密切关注，在同年6月下旬发表了回应这一问

---

① 参见郭沫若《致杨遇夫》（1953年5月30日、1954年3月12日），载黄淳浩编《郭沫若书信集》（上），中国社会科学出版社，1992，第496~497、505页；杨树达《积微居甲文说》，中国科学院出版，1954；杨树达《积微居小学述林》，中国科学院出版，1954。

② 郭沫若：《读了〈记殷周殉人之史实〉》，《光明日报》1950年3月21日；又见《郭沫若全集·历史编》（第3卷），人民出版社，1984，第80页。

③ 在1930年出版的《中国古代社会研究》一书中，郭沫若持殷商为金石并用的时代的观点；到40年代后，随着他对古史分期观点的逐渐成熟，在《古史研究的自我批判》中他的观点开始转变为殷商是奴隶社会。此后的文章只是对这一观点的进一步完善。

④ 郭沫若：《中国奴隶社会》，《人民日报》1950年6月10日。

⑤ 参见杨绍萱《关于"殷周殉人"的问题》，《光明日报》1950年4月26日；陆懋德《试答杨君绍萱的"殷周殉人问题"》，《光明日报》1950年5月24日；杨绍萱《读陆懋德先生"试答殷墟周殉人问题"论文之后》，《光明日报》1950年6月21日。

题的文章。在该文中，他以马克思主义的批评与自我批评方法为武器，检讨了其过去"把殷商定成金石并用时代"的错误观点，并肯定了"殷代是奴隶社会"的观点。这实际已基本界定了其"殷周奴隶论"的上限。鉴于掌握的材料有限和须"从生产方式一直到意识形态来一个全面的清理"才能真正"总解决"问题的难度，他建议参与其中的学者暂时搁置争议。①

随着1951年初《新建设》杂志发表范文澜《关于〈中国通史简编〉》和嵇文甫《中国古代社会的早熟性》后②，关于古史分期相关问题的讨论再次热烈起来。此时参与其中的郭沫若，把商讨对象的范围由殷商转移到了周代，发表了《关于周代社会的商讨》一文。这是他首次公开在新中国史坛上与"西周封建论"者展开争鸣。在该文中，他以极大的学术勇气公开批评了马克思主义史家阵营中两位史家的学术观点，号召学界要"养成掌握资料的犀利的批判能力"和无须着急得出统一结论，否则"也会流于武断"。③ 这为这一问题的继续深入探讨拓宽了空间，吸引了许多学者参与其中，既包括唯物史观派"新史家"，也有许多"初入"马克思主义理论新境的"旧学人"。他们或出于理论探讨的热情，或以学术专长纷纷参与到各自支持的各家观点之中，活跃了当时学术研究的气氛。在1952年2月《奴隶制时代》长文发表前，郭沫若还连续发表了《关于奴隶与农奴的纠葛》《补记："黑劳士"与莫里司》《墨家节葬不非殉》《发掘中所见的周代殉葬情形》等文④，其论题的主旨是为其"殷周奴隶论"寻找更广泛的立论依据。在《奴隶制时代》一文中，他"从一般的生产状况、工商业的解放和意识形态上的反映"三方面正式界定了"奴隶制的下线在春秋与战国之交"。⑤ 至此，他自成"一家之言"的"战国封建说"的整体观点基本定型。

而且，针对当时苏联、日本及其国内部分学者认为两汉甚至之后的魏

---

① 郭沫若：《申述一下关于殷代殉人的问题》，《郭沫若全集·历史编》（第3卷），人民出版社，1984，第95~96页。

② 范文澜：《关于〈中国通史简编〉》，《新建设》1951年第2期；嵇文甫：《中国古代社会的早熟性》，《新建设》1951年第1期。

③ 郭沫若：《关于周代社会的商讨》，《郭沫若全集·历史编》（第3卷），人民出版社，1984，第97~113页。

④ 《郭沫若全集·历史编》（第3卷），人民出版社，1984，第114~144页。

⑤ 《郭沫若全集·历史编》（第3卷），人民出版社，1984，第38~60页。

晋时期为奴隶社会的观点，郭沫若也注意到这一史学动态，并做出了及时的回应。1950 年，苏联学者西莫诺夫斯卡雅发表文章宣称"魏晋封建说"①，日本也有学者来信告知郭沫若有青年学者甚至认为"宋以后为封建社会"。② 国内学者如张政烺、周谷城等也在 1951 年前后撰文发表了"魏晋封建说"和"东汉封建说"等观点。③ 基于此，郭沫若在 1952 年初的《奴隶制时代》长文中特辟"附论"来论证"西汉不是奴隶社会"。他并没有否认西汉仍存在奴隶，但他从经济基础和上层建筑两个方面来论证了该时期的奴隶并非"生产奴隶"。④ 1953 年 10 月在为《奴隶制时代》一书所写的"改版书后"中，他意识到划定中国古史分期问题，"除依据生产奴隶的定性研究外，土地所有制的形态也应该是一个值得依据的很好标准"。⑤ 随后不久在审校贺昌群《论西汉的土地占有形态》一文时，他依据土地所有制形态的标准指出该文"有问题"，因为"西汉的土地制度的骨干是土地私有制而非国有制"。⑥

1954 年尚钺出版《中国历史纲要》⑦，首次以专著的形式对"魏晋封建说"进行论述。随后王仲荦在 1956 年《文史哲》杂志上发表了长文《关于中国奴隶社会的瓦解及封建关系的形成问题》⑧，对这一观点进行了系统阐述。何兹全也著文支持此种观点。⑨ 郭沫若很快就注意到这一新动态，并迅速发表文章进行回应，他认为"汉代政权严重打击奴隶主"是"古代史分期争论中的又一关键性问题"。⑩ 随后不久，也持"魏晋封建

---

① 〔苏联〕西莫诺夫斯卡雅：《中国古代史的划分阶段问题》，钟元昭译，《光明日报》1951 年 2 月 10 日。

② 《郭沫若全集·历史编》（第 3 卷），人民出版社，1984，第 61 页。

③ 张政烺：《汉代铁官徒》，《历史教学》1951 年第 1 期；周谷城：《中国奴隶社会论》，《文汇报》1950 年 7 月 27 日；周谷城：《关于中国奴隶社会》，《新建设》1951 年第 4 卷第 3 期。

④ 《郭沫若全集·历史编》（第 3 卷），人民出版社，1984，第 61~70 页。

⑤ 郭沫若：《奴隶制时代》，人民出版社，1954，第 175~176 页。

⑥ 郭沫若：《致尹达》（1955 年 2 月 18 日），载黄淳浩编《郭沫若书信集》（下），中国社会科学出版社，1992，第 178~179 页。

⑦ 尚钺：《中国历史纲要》，人民出版社，1954 年。

⑧ 王仲荦：《关于中国奴隶社会的瓦解及封建关系的形成问题》，《文史哲》1956 年第 3~5 期。

⑨ 何兹全：《关于中国古代社会的几个问题》，《文史哲》1956 年第 8 期。

⑩ 郭沫若：《汉代政权严重打击奴隶主——古代史分期争论中的又一关键性问题》，《人民日报》1956 年 12 月 6 日；又见《郭沫若全集·历史编》（第 3 卷），人民出版社，1984，第 199~207 页。

说"的日知（林志纯）著文加入了与郭沫若的论争。他认为秦汉时期实行的"重农抑商"政策是"贵族奴主集团对商人奴主集团的斗争"，并非如郭沫若所说的"在摧毁奴隶制的残余"。① 郭沫若在 1957 年初又迅速对日知的观点进行了回应。他进一步论证了"租佃关系是汉代农业的普遍生产方式"，并指出"汉代政权保护地主并打击商人奴主"。② 这种一来一回的反复争鸣，有利于学术研究气氛的活跃。当时亲历其中的日知称赞郭沫若的回应"确实激起了活跃的空气"就是最好的证据。③ 但是，随着反右派运动的来临，一些史家因发表与主流话语不甚符合的观点纷纷被打成了"右派"，有的甚至受到了迫害。史坛中围绕中国古史分期问题而展开的全国性争鸣局面戛然而止。

此外，郭沫若对史籍的重视与大力整理，也有利于正确引导与激活当时史坛的研究风气。1955 年前后在全国范围内开展了大规模的批判胡适思想运动，大批学者在结合自身与胡适思想"毒素"的关联批判中，做出了种种违心的表态与自我批判，这在心灵与思想上对他们中的许多人造成了或多或少的紧张、压抑与不安，特别是对一些擅长考据的"旧学人"影响更大。一时间学术气氛较沉闷，甚至有一股轻视考据的风气在当时史坛中滋生、蔓延。此时，郭沫若却踏实地从事着对史籍的整理工作。自 1953 年 10 月开始，他"费时整整两年"，集中精力认真对《管子》一书进行集校工作，完成了百万余字的《管子集校》。在该书的"叙录"中，他以史家强烈的责任感与使命感指出，"然欲研究中国古史，非先事资料之整理，即无从入手"，"此项工作，骤视之实觉冗繁"，"如不加以整理，则大批资料听其作为化石而埋没，殊为可惜"。④ 在《管子》集校的工作接近尾声时，他又标注整理了桓宽的《盐铁论》，并题名为《盐铁论读本》。他的这些史料整理工作，无疑有利于正确引导当时史坛中学风的走向，引起学界对史料整理工作的重视和擅长考据的"旧学人"尊重。

综上所述，至 1957 年反右派运动来临前，郭沫若在新中国成立初期的

---

① 日知：《从重农抑商的传统谈到汉代政权的本质》，《人民日报》1957 年 2 月 25 日。

② 郭沫若：《略论汉代政权的本质—答复日知先生》，《郭沫若全集·历史编》（第 3 卷），人民出版社，1984，第 210 ~ 217 页。

③ 日知：《敬答范文澜先生》，《光明日报》1957 年 7 月 4 日。

④ 郭沫若：《管子集校》（一），《郭沫若全集·历史编》（第 5 卷），人民出版社，1984，第 18 页。

史坛中发挥了先锋、示范的作用。他始终恪守"在毛泽东旗帜下长远做一名文化尖兵"的宗旨，以政治家的身份积极引导当时各界学人认清新中国政治形势，跟上时代潮流，增强对唯物史观的理论学习和对新政权的政治认同。在创设学术机制中，他不仅在主要史学研究机构中充当领导者的角色，而且以身作则，努力利用新学术机制来团结、激励各类学者进行学术研究，力求最大限度地将各类学者纳入组织化之中，为新中国史学繁荣做出了重要贡献。在激活史学研究氛围中，他不仅以学术热点问题来引导和激活当时史学的研究氛围，还以对史籍的重视与大力整理来正确引导史坛的学风走向。总之，他为促进新中国史学的繁荣做出了重要贡献。

文化
审视

郭沫若: 在文学与政治背后的医学眼光

陈　俐*

摘　要： 郭沫若有过近十年的医学留学生涯，接受了严格的医学和科学思维的训练，这为他打量社会百相、治病救国提供了独特的视角。从病理学的角度来观察疾病时，他揭示疾病的自然真相，是疾病隐喻的批判者；从文学的角度处理疾病时，他以大量疾病意象承载着情感与理性的矛盾冲突。小说中"结核美女"既是欲望的对象，又具有"禁忌"的性质。抗战时期，在其互渗思维作用下，大量的医学话语又转换成政治和军事的隐喻，伤口的"溃烂"与"治愈"成为民族死而复生的形象表达。

关键词： 郭沫若　疾病　早期小说　抗战时期

一　引言

在郭沫若评论鲁迅的大量言论中，最中肯、最精辟的莫过于他在《契诃夫在东方》一文中的见解，他特别注意到了鲁迅和契诃夫相似的医学经历：

> 他们都是研究过近代医学的人，医学家的平静镇定了他们的愤怒，解剖刀和显微镜的运用训练了他们对于病态与症结作耐心的无情的剖检。他们的剖检是一样犀利而仔细、而又蕴含着一种沉默深厚的同情，但他们却同样是只开病历而不处药方的医师。①

这大约是环境与性格都相近的缘故吧。两人同患着不可治的肺结核症而倒下去了，单只这一点也都值得我们发生同情的联想。这种病症的自

---

　*　陈俐，乐山师范学院四川郭沫若研究中心教授。
　①　郭沫若：《契诃夫在东方》，《沫若文集》（第13卷），人民文学出版社，1963，第168页。

觉，对于患者的心情，是可能发生一种同性质的观感的。内在的无可奈何尽可能投射为世界的不可救药。就这样内的投射和外界的反映，便交织成为惨淡的、虚无的、含泪而苦笑的诗。

从医学和病人的角度对鲁迅精神的概括和理解使郭沫若过滤了意气用事的杂质，避免了情感的偏见。这使我们也得到一个启示：对郭沫若的评价，是否也可作如是观呢？中国现代史上有大量被我们称作"文学家"的人，其实并不一定以文学为职业，但是因他在文学方面的成就被人称为"文学家"后，其身份似乎固定于此，其评价视角和标准也就成为定见，而本来拥有的其他身份则被遗忘。郭沫若先是弃医从文，尔后又治学，又从政，但最早因文学而成名，所以后来的评论者一直津津乐道于文学家的郭沫若，而或多或少地忽略了他的其他身份。长此以往，定见就变成偏见。

二　作为"医科学生"和"病人"的郭沫若

郭沫若曾对自己常被人称为"××家"，感到很无奈，在离开上海到日本避难之前，他在日记中写道：

> 安娜买回高畠的《资本论》二册，读《商品与价值》一章终。——内山对她说"很难懂，文学家何必搞这个"。我仍然是被人认为文学家的。[①]

显然，当时已经拿起了枪杆子的郭沫若对别人将他看成一个"笔杆子"很不以为然。虽然后来关于郭沫若是"××家"的说法又大大增加，但单纯将他简化成"××家"，确实无助于我们理解这个中国现代史上少有的奇才。在大量的头衔中，人们恰恰遮蔽了他作为医科学生的事实。从1914 年 7 月东京一高医科预科到 1923 年 3 月从九州帝国大学医科毕业，郭沫若用十年的时间，在日本学习了一系列自然科学课程，接受了严格的医学训练。郭沫若回忆道：

> 在医科开始的两年很感兴趣，那时所学的可以说是纯粹的自然科

① 郭沫若：《离泸之前》，载陈漱渝编《郭沫若日记》，山西教育出版社，1998，第 51 页。

学，人体的秘密在眼前和手底开发了。我自己解剖过八个尸体，也观察过无数片的显微镜片；细菌的实习、医化学和生理的实习，都是引人入胜的东西。①

郭沫若弃医的直接动因首先是受身体的疾病影响，而不像人们常说的完全是出于文化启蒙的宏大目标。17 岁那年，由于重症伤寒导致中耳炎，严重地损伤了他的听力。1928 年，他又一次患上很严重的斑疹伤寒，听力再一次严重受损。此病"在医学发达的国家本是容易治好的一种病态，然而因为我是生在中国，结果是成为了半聋"。② 这样的悲剧落在郭沫若这一个体身上，具有一种荒诞性：因为中国医学的不发达，而落下耳疾，又因为耳疾，使他无法以医生的身份去改变中国医学落后的状态。

其实，郭沫若放弃从医的念头，开始歧路人生并不是轻而易举的事情。医生本是一个既利己（有稳定的经济收入）又利他（能治病救人）的职业。文学创作则是一个"觉他"（启蒙国民，治病救国）的事业。弃医从文，意味着十年苦读的黄金岁月全部付之东流，意味着他将过着漂泊不定的生活，而且"物质上的生涯也就如一粒种子落在石田，完全没有生根苗叶的希望了"。因为全家人生计问题，弃医从文曾受到妻子安那的反对，但当安那认识到丈夫的耳疾终究不适合从事这一职业时，便顺从了丈夫的选择。③ 对郭沫若而言，他何尝不愿意求得稳定的收入来养活家人，但鱼和熊掌不可兼得，出于生理原因的不可抗拒的因素，他的本能爱好以及关于"治病救国"的民族想象更让他难以释怀，在那个追求崇高的时代，"扫天下"毕竟比"扫一屋"更值得付出。所以当临毕业之际，郭沫若收到国内寄来的请帖——欲以三千日元每月聘为医生，坚决予以拒绝。④ 家中寄来三百元，希望他回四川，就职于重庆一家红十字会医院，郭沫若也坚决放弃了。

---

① 郭沫若：《学生时代》，人民文学出版社，1979，第 11 页。

② 郭沫若：《赞天地之化育》，《沫若文集》（第 13 卷），人民文学出版社，1961，第 43 页。

③ 1919 年夏天，郭沫若曾和佐藤富子谈了想改入文科的想法，遭到佐藤富子的反对。佐藤富子曾回忆当时的心情："沫若当时听到苦着脸说：我的耳朵不好，用听诊器是很讨厌的！这句话一直打到我的心底，我听后顿时吃了一惊——不要坚执地反对他罢！"郭佐藤富子：《怀外子郭沫若先生》，转引自靳明全《文学家郭沫若在日本》，重庆出版社，1994，第 48 页。

④ 参见龚济民、方仁念编《郭沫若年谱》（上），天津人民出版社，1982，第 108～109 页。

当然，郭沫若对文学的强烈兴趣以及对于社会改革的强烈愿望也是他弃医从文的重要原因。在学医期间，面对着解剖室里的毫无血肉的尸体，他的幻想向"人性"和"民族性"两个向度展开：一是将想象、梦幻大量地引进小说，如最早构思的小说《骷髅》，其基本情节完全是集浪漫、惊悚、言情为一体的爱伦坡式小说；二是当时流行的关于"东亚病夫"的民族想象。外族将中国看成"东亚病夫"，中国人自身也以"恨铁不成钢"的心态，愤激地承认自己是"东亚病夫"。《孽海花》的作者曾朴干脆就将自己笔名取名为"东亚病夫"。这样的疾病隐喻刺激着郭沫若。在显微镜下，它构思了反殖民侵略小说《牧羊哀话》。在冰冷的解剖室中，他吟诵出了热血沸腾的诗歌：

解剖室中

解剖呀！解剖呀！快快解剖呀！

快把那陈腐的皮毛分开！

快把那没中用的筋骨离解！

快把那污秽了的血液驱除！

快把那死了的心肝打坏！

快把那没感觉的神经宰离！

快把腐败了的脑筋粉碎！

分开！离解！驱除！打坏！宰离！粉碎！

快！快！快！

快唱新生命的欢迎歌！

医国医人的新黄岐快要诞生了！①

虽然弃医从文，但郭沫若从心底里并不轻视医学。20 世纪 30 年代后，当冷静而客观地回顾自己的医学生涯时，他改变了早期弃医从文时痛骂医生的极端态度，认为医学"是对于人类幸福最有直接贡献的一种科学"，道出"我研究科学正想养成我一种缜密的客观性，使我的意志力渐渐坚强

---

① 郭沫若：《解剖室中》，《时事新报·学灯》1920 年 1 月 22 日。

起来。我研究医学是更想对于人类社会直接尽我一点对于悲苦的人生之爱怜"①，并很自信地说"虽然我没有行医，但我觉得我的医学知识比文学知识更有根底。我是衷心尊重医学的一个人"。而且，他尤其向往"当临床医生时，一定要专修小儿科，因为小儿是新鲜的一代，小儿的病都不能由小儿负责"。② 1940 年，郭沫若先生通过川籍著名作家沙汀先生转赠给成都市著名儿科医生陈序宾先生一幅行草单条。③ 原文无标点，内容如下：

近代医术中余最心醉于小儿科颇觉有圣者风度小儿患病非由自得而又不能详述其痛楚必须细心体贴方能究其症结儿科医中知此意者殆鲜

序宾先生

郭沫若

失之东隅，收之桑榆。他后来在多个领域的多个方面的巨大成就，都与他作为病人和医科学生的双重身份有关。耳疾对于一个文学家而言，倒不是怎样的坏事，反而助长了他的浪漫天性和直觉思维。因为耳疾，听不到外在世界的声音，少了些外在干扰，他可以直接地退回内心，捕捉思维和想象的世界。另外，他又热烈渴望着表达自己，希望别人听到自己的声音，他不仅在文章中表现出异乎寻常的激情状态，在演讲中更是充满着狂暴恣肆的呐喊。在某种程度上，身体的缺陷，导致他灵魂的迷狂。外界的无声，使他对声音充满着幻想和崇拜。他的我行我素，他的任性而为，他不在乎别人的反应，而且毫无顾忌地表达自己纯粹的感受。一如当年歌德评论拜伦"愤世到了不顾一切的程度，温柔到了优美感情的最纤细动人的地步……"

而在医学方面的严格训练，又培养了郭沫若理性思维和科学精神。在日本系统和漫长的专业训练不可能不影响郭沫若的世界观和思维方式。这

---

① 郭沫若：《论国内的评坛及我对于创作上的态度》，《沫若文集》（第 10 卷），人民文学出版社，1959，第 106 页。
② 郭沫若：《赞天地之化育》，《沫若文集》（第 13 卷），人民文学出版社，1961，第 43 页。
③ 陈序宾在新中国成立后被评为成都市特等劳动模范，曾任四川省、成都市两级政协委员。1983 年去世。其子陈先泽（原成都市科委主任）于 2001 年 6 月 11 日将真迹送去装裱，不慎丢失在出租车上，久寻未果。此幅书法作品未见公开面世，其真迹已丢失。

两者的结合，使郭沫若摆脱了"秀才造反，十年不成"的中国传统文人的弊端，成就了他敢于实践、勇于探索的品格，又使他成为向多个领域探索的"球形天才"。就是在文学领域中，我们也看到医学知识和科学思维带给他特殊的视角和特别的题材，那就是对疾病的关注。

由学医获得的专业性眼光，使郭沫若尤其注重从病理学和社会学的角度去关注疾病的发病机制及社会环境。1921年，在日留学的郭沫若接到家信，得知家中亲属病殁，郭沫若以专业的医学知识去信道：

> 三姐的凤泉侄女不料竟长到十七岁，不料长到了十七岁竟致夭折，读信不禁凄然。……凤泉侄女得的怕是肺病。我家大伯和九婶，都因肺病结核，此肺结核的微菌竟隐伏于吾家而未根绝。从前，前王氏五嫂也正是受此传染。儿想我家中各间房屋均宜消毒才行。凡大伯与九婶所住过的房舍，尤宜严行消毒。不然在我家中会遗害于无穷，真是可怕。[①]

在郭沫若的家族中，不仅有他在这封信中提及的上述亲属，还有他的幺弟郭翊昌，九婶家的女儿杨二妹，都是因肺病而死的。故郭沫若后来在《悼杨二妹》诗中有"白色蔷薇蠹在心"之说。他将杨二妹比作白色蔷薇，将结核病菌比作蠹虫，蚕食人的主要器官。郭沫若的故乡乐山沙湾多雨，四季以阴为主，而郭宅建筑又是连之以四进的四合院，每进中间留有十米见方的天井通气，终日阳光很少，家中通气、通风不够，造成病菌繁殖，以致家中多人传染患病。本来郭沫若的父亲就是一位无师自通的中医，常常为乡亲们看病，但中医与现代医疗卫生知识毕竟是两种不同的系统。碰上大规模的传染性疾病，以个体从业的中医往往束手无策。郭沫若不仅从病理学的角度非常具体地分析了亲属患病的原因，还用西医知识教家人如何消毒，以绝病菌，并交代通气和向阳是减少病患的自然方法。

不仅如此，郭沫若还从社会学的角度进一步探讨病因——在于当事人受教育的程度不高，缺乏基本的防疫和医疗知识。在《少年时代》中，提及五嫂的死因，他非常沉痛地说"无论哪一个原因，我们的五嫂是因为社会的无知而牺牲了"。他以亲属为例，说明疾病的流传与社会愚昧是联系在一起的。

---

① 郭沫若：《樱花书简·第六十三封》，四川人民出版社，1981，第168页。

19 世纪末，由于波德莱尔著名诗集《恶之花》的出版，整个将城市看作"恶之花"的诗歌意象在全球流行。郭沫若从对波德莱尔诗歌的阅读中受到启示，对中国社会病相的揭示更加频繁，社会"大病院"的意象大量地在其作品中出现。作为 20 世纪 20 年代刚从日本回来的具有洁癖的医科毕业生，对随处可见的脏、乱、差现象感受尤为强烈。哪怕一个小小的动作，也让郭沫若大跌眼镜。在出行泸、宁调查的途中，在电车上他观察到：

> 这位中年男子把头一埋便擤起鼻涕来。不幸，或者是他的大幸，他的鼻涕飞溅到姑娘的衣裳上去了。青绸羊皮袄的脚边上带了一珠，中年男子赶快把手绢拿出来替她揩了。姑娘又把左脚翘起来，绿色的绒线鞋子上又有一珠。中年男子又赶快把一只手去接着她的脚，又用手绢去替她揩了。揩了之后，——啊，完全出人意外！这位中年男子把那张乌黑的手绢立地拿到自己的鼻子下面去了！①

在小说《湖心亭》中，他叙述在湖心亭的所见之景：之字曲桥，成了"一个宏大的露天便所"！湖水更是"混浊得无言可喻的了"，面对这种情景，郭沫若愤慨地评论道：

> ——哎，颓废了的中国，堕落了的中国人，这儿不就是你的一张写照吗？古人鸿大的基业，美好的结构，被今人沦化成为混浊之场。这儿汹涌着的无限的罪恶，无限的病毒，无限的奇丑，无限的耻辱哟！②

在《孤山的梅花》中，"社会大病院"的景象在中国一节火车厢里更是得到淋漓尽致的展示，小说中艺术家的"我"怀着如火的激情将要去与想象中的爱人相会，医学的专业性眼光却让他发现自己置身在一车病人中间。枯瘦如柴的人与眼珠发黄的黄疸病人讨论着用稻草灰治病的迷信土方，"我"试图从医学知识破解这乡下医方的玄妙，最终推想不出究竟来。周围咳嗽声此起彼伏，满是疑似肺结核患者。"我"感叹道："啊，我真好象是坐在病院里一样的呀！病夫的中国，痨病的中国，这驾三等车便是缩

---

① 郭沫若：《到宜兴去》，载陈漱渝编《郭沫若日记》，山西教育出版社，1998，第 22 页。
② 郭沫若：《湖心亭》，《郭沫若全集》（第 9 卷），人民文学出版社，1985，第 412 页

小的中国！"在这样的比较中，作者用医学和社会改革的双刃剑对国民性和民族的社会病相进行了有力的解剖，诗人的浪漫和医生的冷静形成强烈的反讽。

三 早期小说中疾病意象的双重性质

肺结核作为 19 世纪末 20 世纪初全球暴发的流行性疾病，不仅在人类身体器官上留下浓厚的阴影，而且弥漫到人类灵魂，诱发了文学家们巨大的精神幻想。疾病现象一旦和情感相联系，就成为承载人的精神和情感状态的表象。曾是医科学生的郭沫若，从病理学和社会学的角度打量中国的病象和病因，以科学求实的态度来还原疾病的本相，因而在某种程度上揭穿了疾病隐喻的谜底。但当他作为政治家在批判社会病状并从文学的角度展开关于疾病的想象时，他又在制造关于疾病的隐喻。在郭沫若早期的小说中，我们常常看到作者化身为作品中的"我"，同时以文学和医学的双重视角透视疾病，形成疾病描写的悖论。

《落叶》在某种程度上是一篇具有浓烈的歌德色彩的模仿之作，少年维特的影子在主人公洪师武身上时隐时现。小说主要由两大部分构成，第一部分的中心事件是以第一人称叙述"我"的好友洪师武在日本的种种际遇，包括介绍洪师武与一位日本姑娘菊子的爱情故事的由来；另一部分是菊子姑娘写给爱人洪师武的四十一封信。洪师武在临死时将姑娘的四十一封情书转给"我"，希望我能将他的故事写成文字流传下去。于是这四十一封情书构成小说的第二部分。

人们常常将阅读的焦点放在小说的第二部分，而洪师武患病且被误诊的这一部分的重要意义常被人忽略，实际上这一部分的故事简直印证了桑塔格（美国女性文化批评家）的见解。桑塔格《疾病的隐喻》一书，把社会对疾病的喻性思考和流行观念带给人的普遍的精神伤害都做了深入分析。在我们看来司空见惯而又理所当然的现象，在桑塔格笔下成为一种令人触目惊心的精神摧残。桑塔格在书中所做的理性思考和分析，郭沫若早在 20 世纪 20 年代就已经关注到了，并用小说的形式表达出来。

《落叶》的主人公洪师武是旧制度婚姻的牺牲者，因为得不到真正的爱情，自暴自弃，以致得了花柳病，又被医生误诊为得了梅毒。这些"下半身"病往往被人们视作道德败坏的结果而加以唾弃。于是病人被判了精神的死刑。因为道德的谴责和深深的忏悔，他几次想自杀，后来才转念想以自己的残躯奉献于人，于是不怕疾病传染，勇于献身，去照顾一位肺结核患者。在这个过程中，一位看护姑娘爱上了他，而洪师武认为自己的不洁之身不配消受纯洁的爱情，所以选择逃离。这位姑娘火热的情感遭到拒绝，又不明究竟，也出走南洋。后来洪师武去学医，希望用自己的力量拯救世人。他自己成为医生后，才知道自己的病是被误诊了。这时，洪师武已经在护理病人的过程中，被传染上肺结核，且已是晚期。主人公的爱情不可得，以死亡的悲剧告终。这样的叙述安排体现了郭沫若有过的职业训练在潜意识中起到的作用。他从医学角度来看病人，并对主人公被误诊后的精神重负进行了真实的描写，看到社会对疾病的道德偏见如何扼杀了病人爱的权利，描绘了疾病的隐喻意义对人的精神的摧毁，唤起人们对主人公巨大的同情。所以作者又安排主人公后来成为医生，让主人公具备了医学知识，并了解病情真相后，解除了关于疾病的精神性负担。但是当作者希望制造更为曲折的爱情故事和更为感人的悲剧效果时，作为文学家的想象视角开始产生作用。他启动了疾病的隐喻功能。安排主人公误以为患"下半身"疾病后，开始忏悔，并以照顾传染性病人的献身之举来赎罪。不料主人公又被传染上"上半身"的疾病，成为一个三期肺结核患者。由于肺结核体现的是生命的耗散过程，人们可以明确地从病人的咳嗽、咯血等病状中看到生命的衰退，从而引发极大的同情。小说以主人公"下半身"病所得到的精神伤害，和"上半身"疾病所产生的肉体死亡，取得了双重的悲剧性效果。

《残春》同样是从医学和文学的双重视角来描写疾病。小说运用双重叙述，将贺君的病症由另一位叙述者白羊君（也是"我"的同学，三人都是留日同学，其身份具有某种共通性，其命运也就有了某种共通性）转述。它实际上写了一位医科大学生"我"与两位病人的交往，一位是从前在国内的同学贺君，在日本得了重病，主要症状就是神经性的癫症，行为不可思议，言语很怪异，但是对绘画有特别的爱好，本来很吝啬，但不惜重金搜求绘画作品。他常常任意停课，别人认为他病了，最后却发现他是关在家里画画。贺君的病直接与精神狂热有关，由于其极端的行为表现，因此被世人看作精神错乱。而"我"听了贺君的故事之后，很为世人对贺君的偏见而愤愤不平，认为"他这很像是位天才的行径呢"，并激愤地责问道：

"我们这些只晓得穿衣吃饭的自动木偶！为什么偏会把异于常人的天才，当成狂人、低能儿、怪物呢？世间为什么不多多产出一些狂人怪物来哟？"

由白羊君和看望贺君的故事，又引出了在医院中"我"与看护S姑娘的接触，白羊君对S姑娘身世的叙述，将"我"引入了梦乡。当"我"与S姑娘在梦中相会时，S姑娘自述的病状是"夜来每肯出盗汗，我身体渐渐消瘦，我时常无端地感觉倦怠，食欲又不进"，"我"听了她说的这些症候都是肺结核初期必有的。S姑娘由病引出对生命的悲叹，有生的欲望，又有宿命的苦。小说有一部分是叙述者白羊君介绍姑娘身世的导入性话语（这一部分常为人所忽略）。它提示我们注意S姑娘的孤儿身份和早熟，且又是一个肺结核患者。肺结核作为一种"优雅的"疾病，桑塔格曾分析其多重隐喻意义："大概存在着某种热情似火的情感，它引发了结核病的发作，又在结核病的发作中发泄自己。但这样激情必定是受挫的激情，这些希望必定是被毁的希望。"① 它可以是某种热情似火的情感，诱发了生命力的燃烧耗尽。它的病因也可以是一种自我惩罚的心理暗示，因为流行观念认为，病人得病的病因往往在自己，过度压抑或者过度放纵都有可能得病。同时，肺结核病意味着一种禁忌，在弗洛伊德看来："禁忌是针对人类某些强烈的欲望而由外来所强迫加入（由某些权威）的原始禁制。"② 禁忌对象最明显的特征，就是它的隔绝性，它以绝对的力量将人们所欲望的对象加以禁制，以维护某种社会秩序或道德尊严。肺结核具有强烈的传染性，且在当时的条件下无法治愈，因而具有神秘的性质，成为人类不能随便触碰的对象。因此，肺结核病患者也具有禁忌的某种特性。在郭沫若的小说中，男主人公所爱的对象基本上是肺结核患者，这些"结核美女"对于有妇之夫而言，就是承载着禁忌性质的象征体。在作者的潜意识中，她们既是爱情意欲的对象，又是情欲的禁忌。在梦境中，由于潜意识受道德谴责，主人公"我"对患肺结核的S姑娘的性欲冲动刚一产生，就有夫人的杀子行为阻止它。小说在结尾处，以红蔷薇和白菖蒲花两种意象互相映衬，红蔷薇代表被压抑的爱情或激情，白菖蒲花则代表着美好的祝福，最后是红蔷薇枯萎，而白菖蒲也凋谢了。受挫的激情和被毁的希望构成了《残春》的主调。

---

① 〔美〕桑塔格：《疾病的隐喻》，程巍译，上海译文出版社，2003，第21页。
② 〔奥〕弗洛伊德：《图腾与禁忌》，文良文化译，中央编译出版社，2005，第39页。

同理，《叶罗提之墓》与《残春》也有相同性质，"我"暗恋的对象五嫂因患肺结核而死，"我"也经历了一个死去活来的过程。五嫂和S姑娘一样，既是诱发激情的对象，也是压抑激情的禁忌对象。只不过禁忌的原因有所不同，在《残春》中是有妇之夫的道德规范，在《叶罗提之墓》中则是血亲关系的伦理禁忌。

郭沫若早期的小说带有一种神秘感，其原因在于青春的忧郁和对未来人生道路的不可知，再加之在人生的阅历和医学的实践中，有些病由于当时医疗条件和水平而无法根治，就成为人们恐惧的生命之忧。从宗教的角度，凡是不可知的事物，都会带给人们以神秘感，产生或是恐惧或是敬畏的心理。就像存在主义作家加缪的小说《鼠疫》中的描绘。当鼠疫到来并在城市扩散时，引发的社会骚乱属于社会学的范畴。但鼠疫的发病机理的不可知，人们并不知道它什么时候还会卷土重来，就使作品带上浓厚的荒诞色彩。郭沫若的小说《人力之上》描绘他的一位日本邻居本来就家境贫寒，夫妻俩又意外地遭受疾病之灾，雪上加霜，最终家破人亡。这一生活悲剧的发生，让作者感受到人力之上的命运的难以把握。在这里，人类终极关怀的怜悯意识油然而生。

四 "腐肉去尽，新肌发生"的民族隐喻

抗战时期，郭沫若成为中华民族文化的代言人。作为政治家，郭沫若要分析日本侵略者进行不义战争的"纸老虎"本质，唤起国民的自信，豪情万状地鼓动民众奋起抗日；同时，郭沫若的医学意识也使他看到，在中国倡导科学精神任重而道远，以科学意识启蒙民众，促进民族身心的强健，仍是抗战宣传的重要任务之一。因此，以医学的眼光和"手术刀"，继承五四精神，清醒解剖中华民族的病根，是郭沫若抗战时期话语系统的有机组成部分。他在《新华日报》读到一则"豆腐干"新闻，新闻简略地报道一则案例：一位医学教授做科学研究找不到尸体，不得不挖掘公墓，结果却被提起公诉。郭沫若从这条新闻引申开来，结合所学的医学知识，从科学研究无法得到解剖材料的事实说起，批判国内社会土葬厚殓的陈规陋习是"死的拖着活的"，例举国民由于科学素质的低劣，导致医学乃至科学落后的原因，并认为这引来侵略战祸的主要根源。他指出，即便是在战争状态，科学战胜迷信的搏战仍然是非常

必要且迫切的。① 医学的视角使郭沫若在政治激情的言说中多了几分客观和清醒；医学的知识在郭沫若的演讲和文章中信手拈来，运用自如；医学的意识使郭沫若在组织宣传抗战的过程中，紧紧地抓住国人的身心健康，并作为抗战胜利的根本保障和民族复兴的第一要务。

为加强抗战宣传的效果，郭沫若又充分发挥文学家的形象思维，将大量的医学话语演变成政治和军事的隐喻。由于外国的入侵，中华民族被置于死地而后生的处境，一贯持"死而复生"观念的郭沫若再次密集地使用疾病意象，用来表达在战争中如何克服国民劣根性、唤起民族自信、共同抵御外来侵略、使民族得以复兴的强烈愿望。在关于战争的比喻中，郭沫若主要以"痈"或伤口溃烂来比喻中华民族所遭受的战争创伤。因为溃疡是外部的强烈擦伤，经细菌感染后可化脓溃烂，但外部创伤是能治愈的，它不像癌症的隐喻那样，代表着死亡。因此，以"伤口"借题发挥，既指出中华民族本身生有毒瘤，战争加剧了毒瘤的溃烂，又包孕着愈合的希望。在文化抗战的宣传过程中，郭沫若在多种场合、多篇文章中反复用一个医学现象来比喻，那就是抗战的过程是一个腐肉去尽、新肌发生的过程，是一个除旧布新的过程。我们的停滞不前，好比躯体的腐肉长期积累在那儿，化了脓或有腐烂性伤口。"日本军人正是一大批贪食腐肉的蛆虫，他们满得意地替我们吃着腐肉，这正对于我们的下层的生肌，给与了顺畅地发育的机会。"② 这篇演讲稿，正如郭沫若自己所说，简直就是一篇医学讲义。

关于民族的疾病隐喻在散文《痈》中得到淋漓尽致的发挥。这篇散文由"痈"作为文思的触发点。作者从自身胸部右侧生一个小疖子说起，因为有医学经验，知道"疖"需化脓后才能痊愈，因此，为自身的"疖"老是没有化脓而惋惜。不知不觉间，作者高超的想象力来了一个巨大的跳跃，一下从病理现象引申到社会现象，由个人对疾病的抵抗联想到国民对外侮的抵抗，从"脓"的作用一下过渡到对社会时弊的议论，引出了作者对中国抵抗外侮能力的担忧。随着"疖"破脓而出，"我"的情绪又从愤懑转向欣喜："我虽然是中国人，我自己的白血球依然还有抵抗外敌的本

---

① 郭沫若：《死的拖着活的》，《沫若文集》（第 13 卷），人民文学出版社，1961，第 72 ~ 75 页。

② 郭沫若：《关于华北战局所应有的认识》，《沫若文集》（第 11 卷），人民文学出版社，1959，第 236 页。

领"，"一大群的阵亡勇士哟！你们和外来的强敌抗战了足足十日，强敌的威势减衰下来，你们的牺牲当然不会小"。这时候，作者已经不是在说自己的病情，完全是在为民众拼死抵抗侵略者的英勇精神大声叫好，大呼痛快了。散文自始至终贯穿"伤口"和"痊愈"的巧比妙喻，丰富多变的情感夹杂着巨大恢宏的思想能量，使读者从一篇一千多字的散文中，分享到思想的盛宴。

五　结语

新中国成立后，由于卫生防疫体制的完善和建立，很多传染性疾病得到有效的控制。各种传染性疾病在"天连五岭银锄落，地动山河铁臂摇"的"送瘟神"运动中似乎被驱逐干净。作为昔日的医生，郭沫若不管是开药方还是诊病因的本领都已派不上用场。而文坛上越来越多的"高、大、全"形象，也让扶风弱柳的疾病意象相形见绌。共产主义理想一定能实现的远大抱负及信心也杜绝了疾病隐喻产生的温床。这时，郭沫若作品中意气风发的主旋律彻底地驱除了疾病阴影。郭沫若审视社会的医学眼光也从此消失了。

郭沫若与日本的"近"与"远"

——郭沫若之"日本言说"再考

潘世圣*

摘　要：郭沫若是最有条件和能力，做出第一流的日本研究的人。他在日本留学、生活了二十年，他的日本体验和思索，构成了他的日本研究，触及了日本民族特性、文化传统和社会形态的方方面面。但是郭沫若对中国传统文化精神的固执，以及近代以来中日关系的特点，使他实际留下的日本研究成果是一种有"近"有"远"、有长有短的日本图景。

关键词：郭沫若　日本体验　近代日本研究

一

不论人们如何解读乃至臧否中日"同文同种"的说法，譬如"中华文化优越论"，或如"民族主义的表征"等，自古以来，中日两国的关联久远而紧密却是不争的事实。照理说，中国人最应该也最有条件、最有可能做出最优秀的日本研究，但遗憾的是，现实并非如此。早在近九十年前，戴季陶便为此种情形深感忧虑，他在著名的《日本论》（1928 年 4 月由上海民智书局初版）一书中开章宗义，专门论述了"中国人研究日本问题的必要"："中国到日本去留学的人，也就不少了。准确的数目，虽然不晓得，大概至少总应该有十万人。这十万留学生，他们对于'日本'这个题目，有什么样的研究？除了三十年前黄公度先生著了一部《日本国志》而外，我没有看见有什么专论日本的书籍。""你们试跑到日本书店去看，日本所做关于中国的书籍有多少？哲学、文学、艺术、政治、经济、社会、地理、历史各种方面，分门别类的，有几千种。""'中国'这个题目，日本人也不晓得放在解剖台上，解剖了几千百次，装在试验管里化验了几千

* 潘世圣，文学博士，华东师范大学外国语学院教授。

百次。我们中国人对于日本，只是一味地排斥反对，再不肯做研究的工夫，几乎连日本字都不愿意看，日本话都不愿意听，日本人都不愿意见，这真叫做'思想上闭关自守'、'智识上的义和团'了。"至于为什么不愿意研究日本，"大约有两种意思：一种说日本文日本话没有用处，不比得英国话回了国还是有用的。一种是说日本的本身，没有什么研究价值，他除了由中国、印度、欧洲输入的文明而外，一点什么都没有，所以不值得研究。这两种意思，我以为前者是受了'实利主义'的害，后者是受了'自大思想'的害"。① 今天，中国的日本研究有了长足发展，与近一个世纪前相比绝不可同日可语。但即便如此，出自中国人之手、真正优秀而具有世界性影响的日本研究依然踪迹难寻。因此，尽管人们可以找出本尼迪克特（Ruth Benedict）《菊与刀》的种种不足，但此书对日本民族性格的洞悉和分析，对日本文化模式的建构和阐释，不仅在当时达到了一个新的理论发现高度，为美国的对日作战以及战后改造和统治日本提供了有力支撑，而且到了21世纪的今天，其所采用的视角、搭建的理论框架，仍然具有宏阔的视野和高屋建瓴通览整体的气度，以至于人们虽然可以指责其大大小小的纰漏，但仍然没有任何一本书可以完全取代《菊与刀》。

视线转回中国，我们历数近现代以来留日出身的作家、学者、文化人，有许多人具备产出优秀日本研究业绩所需要的资源背景、知识结构以及洞察和建构能力，郭沫若无疑也是其中最具有可能性的一员。本文所谓郭沫若与日本的"近"与"远"的问题就在于此。我们先看所谓"近"，即郭沫若与日本之间的近切关联。

首先，郭沫若与日本直接交集的时间长达二十年。1914～1923年，1928～1937年，两个整整的十年。对战前的留日学生来说，要接受一个完整的学历教育，一般需要七八年的时间，具体包括：预备教育（主要指在民间学校的日语学习）半年一年不等、高等学校预科一年、高等学校本科三年、大学三年至四年。因为那时极少有人能进入大学院（研究生院）学习，大学基本上就是最高学历，因此从头到尾的完整留学的标准时间为七年或八年。鲁迅从1902年至1909年，在日本生活了七年多，但实际的留学时间仅为弘文学院的两年和仙台医专的一年半（中途退学），其后的三年多，实质上过着所谓"自由人"的生活。周作人的留学时间是1906～

---

① 戴季陶、蒋百里：《日本论日本人》，上海古籍出版社，2016，第11～12页。

1911年，正好五年。郁达夫的留学时间是九年，包括在名古屋八高时由医科转文科，多读了一年，大学毕业后没有马上回国，计划转进语言专业学习未果后归国。郭沫若的十年除了他学的是医学专业，学制比文科长出一年半以外，还要加上他就学九州大学期间曾经偕家人回到上海从事编辑和创作，最终于1924年3月毕业并回国。在此意义上，郭沫若的留学也属标准长度。至于他的第二个滞留日本的十年，性质则颇为不同，即在遭遇政治危机，受到国民政府通缉，生命安全受到威胁的特殊情况下，被迫"流亡"日本。这十年的生活状态也与留学时代迥然不同，作为一个受到本国政府通缉的"赤化"政治性人物，必然为日本警方关注和监视，因此深居简出，闭门读书和写作成为郭沫若的生活常态。总之，从青年到壮年，整整二十年的日本生活，在郭沫若的人生中具有不同凡响的重要意义。

其次，两个十年，加上中间回国的五年左右，正好是四分之一个世纪。这二十五年的生活内涵在郭沫若的人生中——无论是政治生涯还是私人生活——都极不寻常。这二十年生活的丰富性、多样性、传奇性，都很难有人与之匹敌。想起来，郭沫若对后世的一大贡献，是他留下了长达数卷的自传，既记录了他个人的生活经历，也记录了他所经历的每一个时代和社会。他的自传既是一部个人史，也是一部时代史和社会史。随着岁月流逝，我们越发体会到这一记录的珍贵价值无可替代。譬如鲁迅，几乎没有为自己的七年留日留下详细一点的记录文字，研究者们每每为此感到深深遗憾。[①] 郭沫若的日本岁月，也就是他与日本的关联富有密度和幅度。他闯出夔门来到日本，仅用半年时间便考上了东京第一高等学校特设预科，他曾在不同的场合愉快地回忆过那段经历，"我在当时实在是拚了命，拚命地学日文，拚命地补习科学，结果我终竟以半年工夫，考上第一高等学校。这在当年听说是没有比我更快的了"。[②] "考入了一高的特设预科，我立刻享受着官费，我于是仅在半年间因成绩优等而为官费生，这实在是

---

① 鲁迅历来不愿记录自己的个人生活，当青年朋友李霁野劝说鲁迅写作自传时，他回答说："我是不写自传也不热心于别人给我作传的，因为一生太平凡"，"我有许多的想头和小小的言语，时时随风而逝，固然似乎可惜。但其实，亦不过小事情而已"。（《鲁迅全集》（第14卷），人民文学出版社，2005，第95页。）这固然是鲁迅的一种信念，本无是非可言。但以研究的角度看来，这却是一个遗憾。

② 郭沫若：《我的学生时代》，《郭沫若全集·文学编》（第12卷），人民文学出版社，1992，第15页。

一件顶使人愉快不过的事。在我的一生中，仅这一时期为我处女的快乐。"① 另一位"创造社"才子郁达夫大体也是同样的情形。所不同的是，当两人同年分别进入冈山六高和名古屋八高后，当郁达夫为"弃医从文"与长兄闹得不可开交，更为青春期苦闷所萦绕以至"沉沦"时，郭沫若已在东京圣路加病院与安那（佐藤富子）一见钟情，并陷入热恋。几个月后，他便将安那从东京迎到冈山，一年后长子和生出生。和一般留学生相比，郭沫若很早就娶到美丽的日本女性为妻，除留学生活外，还必须经营有妻有子的家庭生活，进而与日本社会发生较多关系，这使他的留日生活具有了更多更复杂的内容。在这个意义上，郭沫若日本体验的深度、广度、幅度远远大于普通留学生。留学期间，他数次往来于中日之间，交替体验两种不同的生活环境，这对他的异文化体验（日本体验）极其有益。至于后十年，他主要沉浸于中国古代历史、古文字、文学史等领域的学术研究，参与一些文化学术活动，甚至常和日本警方打交道。所有这些，更为一般人所罕见。也就是说，在了解和研究日本的条件上，郭沫若具有不少他人没有的优势。

最后，从郭沫若个人的气质才能、知识结构以及学术研究能力来说，也很少有人可以与他比肩。高智商的郭沫若很注意"天才"问题，他说，"我常想天才底发展有两种 Typus，一种是直线形的发展，一种是球形的发展。直线形的发展是以他一种特殊的天才为原点，深益求深，精益求精，向着一个方向渐渐展延，展到他可以展及的地方为止：如象纯粹的哲学家，纯粹的科学家，纯粹的教育家，艺术家，文学家……都归此类。球形的发展是将他所具有的一切的天才，同时向四方八面，立体地发展了去。这类的人我只找到两个：一个便是我国底孔子，一个便是德国底哥德。"② 而郭沫若自己恰好就是人们公认的"球形天才"。他有那么多别人不具备的优势条件，又是一个才能向四面八方辐射立体发展的"天才"，他完全具有做出第一流日本研究、为中国人在这个领域里争得一席之地的实力和可能，就像他的诗歌创作、中国古代史研究和古代文字研究一样。不过，郭沫若在这一领域实际留下的日本研究成果，是一种有"近"有"远"、

---

① 郭沫若：《自然底追怀》，《时事新报·星期学灯》1934 年 3 月 4 日第 70 期。
② 郭沫若：《致宗白华》，《郭沫若全集·文学编》（第 15 卷），人民文学出版社，1992，第19 页。

有长有短的日本图景。

<h1 style="text-align:center">二</h1>

如所周知，郭沫若在许多领域里有过杰出的表现，但他有关日本的言说，并未以严格意义上的学术研究方式呈现，和他在其他领域的研究相比，其日本言说的体量不大，多以分散断片形式存在。除了抗战时期作为"抗战宣传"的部分短文之外，他主要是在自传性、回忆性记录文字和一般散文随笔或政论文等文章中论及日本。其中，大部分作品的论题也并非专门的日本研究或日本论，而是在其他论题中触及日本。除了留日书简、记叙性散文随笔，以及自传《少年时代》、《学生时代》、《创造社十年》和《创造十年续编》等作品外，以日本为主要话题的文章如下：

《同文同种辨》（1919 年 10 月）

《抵制日货之究竟》（1919 年 10 月）

《中日文化的交流——一九三五年十月五日在东京中华基督教青年会演讲》（1935 年 10 月 16 日）

《我的母国·作为日本文学课题》（1936 年 7 月）

《"刺身"》（1937 年 8 月）

《理性与兽性之战》（1937 年 9 月 1 日）

《忠告日本政治家》（1937 年 9 月 9 日）

《"侵略日本"的两种姿态》（1937 年 9 月 28 日）

《日本的过去，现在，未来》（1937 年 11 月 11 日）

《日寇残酷心理的解剖》（1938 年 4 月 2 日）

《日本民族发展概观》（1942 年 3 月 3 日）

《寄日本文化工作者》（1946 年 8 月）

以这些形式呈现的郭沫若的日本体验和思索，虽然还未进入系统、深入的学术研究境地，但得益于郭沫若体验日本的幅度、深度和思考，还是触及了日本民族特性、文化传统和社会形态的方方面面。

其中既有一般中国留学生的普遍体验，如初到日本的种种新鲜和惊喜。照郭沫若自己的记述，他是在火车旅途中，从中日火车的差异开始切身体会到中国的滞后的。1913 年底，郭沫若赴日本留学，火车途经东北，

112

在奉天（今沈阳）换乘日本人修建的"安奉线"①〔"安东"（今丹东）——
"奉天"〕火车，"我经过那儿时，铁路竣工后仅仅四五年，因此一切的设
备都还是新的，和旧了的京奉铁路比较起来，觉得中国实在是颓废得不
堪。铁路沿线的地面也是租借了给日本人，整理得秩序井然，用不着等到
'九一八'，早已经不是中国的土地了"。他吃惊于一样的火车，中国的
"车厢既旧，又污秽，而座位是光的木板。一上日本车，就象真的进了乐
园。座位是蓝色的天鹅绒绷着的，玻璃窗也明朗，地板也异常洁净，而一
车所坐的都是日本人。我疑心是把车坐错了，坐上了头等，上了车后又私
自跑下去看了一下车上写的字，依然是在腰间的一条蓝带上写着白色的
'二等'两个字"。② 留日生活的头几年，在给父母的家书中，郭沫若怀着
新奇和兴奋之情，每每向家人描述自己在日本的见闻体验，体现了感知体
验日本的正面视角。他从日本的学校教育思考到近代日本厉行维新变革，
迅速实现了"富国强兵"的目标："日本学校对于体育，非常注重。最近
高等学校学生及中小学校学生，均有赳赳武夫之概，体魄既壮，而于科学
方面，又非常进步。近数年来，竟骎骎乎有与欧美诸国并驾齐驱之势。国
无弃材，人有职守，吾国所素指为小鬼而耻不屑道者，方兴之焰正未可艾
也。"③ 他对日本社会民风习俗的印象也很好，所谓"此邦俗尚勤俭淡泊，
清洁可风"。④ 新年时节，他详细观察记述日本新年风俗中表现出来的人际
状态，不厌其烦地给家人介绍日本百姓在过年期间互致名片、贺年片，互
相庆贺节日，既是礼仪，也是密切与他人的关系、维持群体协调的方式。
观异乡新年风景，郭沫若竟不禁触景生情，省察自己过往生活中的闭塞：
"忆儿辈前在家时，竟如深闺处子，不出街坊一步，只有人来，没有我往，
实属大大失礼也。"⑤ 日本人注重礼节，讲究举止雅正，给郭沫若留下良好

① 系日本在日俄战争期间借口战时军运需要强行修筑的轻便铁路，最初由安东至苏家屯，
日俄战争取得胜后，继续修筑安东至奉天间的剩余段，1905 年 11 月清政府同日本签约，同
意将安奉线由轻便债轨铁路改为标准轨距商业性铁路，同年 12 月全线竣工通车。

② 郭沫若：《初出夔门》，《郭沫若全集·文学编》（第 11 卷），人民文学出版社，1992，第
356 页。

③ 郭沫若：《致父母（1917 年 5 月 4 日）》，载郭平英、秦川编注《敝帚集与游学家书》，中
国社会科学出版社，2012，第 244 页。

④ 郭沫若：《致父母（1914 年 2 月 13 日）》，载郭平英、秦川编注《敝帚集与游学家书》，
中国社会科学出版社，2012，第 181 页。

⑤ 郭沫若：《致父母（1917 年 1 月 19 日）》，载郭平英、秦川编注《敝帚集与游学家书》，
中国社会科学出版社，2012，第 238 页。

印象。他一再向家人推崇："日人于礼节一层，极力讲究，大非吾国近日现状所及，所谓礼失而求诸野耶？"① 在个人日常生活中，郭沫若接触的日本人大都善良平和，离开东京一高预科初到冈山留学时，"房主人系六旬老妪一人，颇为情切，衣服破烂时，均劳补缀，且常常采得鲜花饰男室间"。② 六高毕业后，郭沫若进入位于九州福冈的九州帝国大学医学部。他在家信中照例报告了当地令人感到亲切的风土人情，"近处有一家小菜店子，是男时常照顾的。日本商人对于顾主，到了年底，多而不少总要送点东西的。此店主人于除日便送男米饼三十多个，大有小儿时得吃油炒枕头靶之乐"。③

另外，从逻辑上说，郭沫若这一代年轻学子留学日本，在一个全新的环境中学习近代科学文化，体验维新所带来的近代文明的物态成果，时而沐浴岛国清丽山水，时而感受异邦民间的淳朴人情。他们与日本是一种近乎施惠与受惠的关系。郭沫若在理性层面上感念日本，钦佩日本近代化的成功和飞速进步，认同日本民族的不少优秀品质，但在20世纪初充满弱肉强食逻辑的帝国主义时代，即便在个人和小家的层面，感受到来自个体的人间交往和温情，但最终无法摆脱来自强者与弱者关系结构的苦痛紧张，因而留下深刻的时代体验和集体记忆。作为一个富有诗人气质、感觉敏锐、感情丰富的热血男儿，郭沫若为来自国族差异的轻蔑侮辱而激愤，始终未能轻松地融入日本社会和日本人，极少在人类一家的情境中体味号称"同文同种"的中日民族的平等。他的对日心态被不同体验撕裂，呈现为两重情感状态。在1913年末赴日留学途中，郭沫若未出国门，便已尝到弱国子民的尴尬和屈辱。在火车上，同车的日本人讨厌有"支那人"一起旅行。④ 到日本后，屈辱体验更是无处不在。日本人听到"支那人"三个字就会鄙夷三分，仿佛中国人是不祥之物。即使是自己三岁的孩子，"一出门便要受邻近的儿童们欺侮，骂他是'中国佬'，要拿棍棒或投石块来打

---

① 郭沫若：《致父母（1917年4月11日）》，载郭平英、秦川编注《敝帚集与游学家书》，中国社会科学出版社，2012，第243页。

② 郭沫若：《致父母（1915年10月11日）》，载郭平英、秦川编注《敝帚集与游学家书》，中国社会科学出版社，2012，第243页。

③ 郭沫若：《六十致父母（1919年1月2日）》，载郭平英、秦川编注《敝帚集与游学家书》，中国社会科学出版社，2012，第254页。

④ 郭沫若《初出夔门》，《郭沫若全集·文学编》（第11卷），人民文学出版社，1992，第357页。

他：可怜才满三岁的一个小儿，他柔弱的神经系统，已经深受了一种不可疗治的创痍"。① 这种充满分裂和紧张关系的情态，是郭沫若一代人无可回避的困境，在郭沫若的日本感知中留下了一道浓厚的阴影。

关于日本近代化问题的见解，是郭沫若谈论较多的部分。他的不少看法直击问题要害，自成一家之言，以至于现代学者在探讨该问题时，郑重地将郭沫若列为自梁启超以来的十三家之一。② 近代日本对中国的最大诱惑，就是它自明治维新始，力求变革，大胆、积极、全面地学习西方近代文明，多层次变革社会结构，在短短几十年间，完成了由封建社会向资本主义社会的转换，成功实现了民族近代化，创造了"东方的奇迹"。郭沫若以极大热情探讨日本近代化这一课题，试图准确把握两种文明转化的契机，找到适应于中国的普遍经验，以益于中华民族复兴。

郭沫若高度评价日本近代化的成功，赞扬近代化给日本带来了巨大历史进步，视之为文明的飞跃。初到日本时，他亲眼见证了维新变革所带来的新气象；1928 年第二次旅居日本后，他继续深入思索，用更加明晰的语言表述见解。他说："最近半世纪的日本，从封建制度脱胎了出来的资本制度下的日本。其进步之速真真有点惊人。欧美演进了两三百年间的历史，她在五十年间便赶上了。要说是飞跃，的确是值得称之为飞跃"，是"后来者居上"。③ 日本的剧变，改变了东方世界的格局，改变了中日两国千余年来稳定持续的关系图式。郭沫若沉痛地描述了这种逆转：

> 资本主义以前的文化，是从中国流到日本，资本主义以来的文化，是从日本流到中国。从中国流到日本的资本主义以前的文化，在日本收到了很大的成功。
>
> 从日本流到中国的资本主义以来的文化，结果没有十分的表现，似乎是失败了。④

---

① 郭沫若《未央》，《郭沫若全集·文学编》（第 9 卷），人民文学出版社，1992，第 36 页。

② 参见吕万和《明治维新与中国》，日本六兴出版，1988。

③ 郭沫若：《〈日本短篇小说集〉序》，《郭沫若集外序跋集》，四川人民出版社，1983，第309 页。

④ 郭沫若：《中日文化的交流——一九三五年十月五日在东京中华基督教青年会演讲》，《郭沫若全集·文学编》（第 18 卷），人民文学出版社，1992，第 80 页。

郭沫若的描述，反映了他对近代化问题的关切，其关键就是如何使中国重新走向世界。为此，他屡次思索和论述，深入探讨"日本为什么成功"这一关键性问题。郭沫若认为，实现历史进步，不可能单纯依赖和等待历史自然进化，社会自然演递，必须充分发挥人作为精神主体的作用，既要顺应历史又要超越历史，人对历史的欲望要求、选择和行动，常常推动、校正历史演变的方向和结构。说到底，有什么样的人，有什么样的精神，就有什么样的历史。郭沫若说，一种落后的社会形态、落后的社会制度，"一种现象，听其自然的发展了去，总是旷日弥久，要走多少转路，而且难保得一定成功，但如一加以人为的企图，将护，鞭策，便于短期间之内，取着直线之进行而稳定的达到目标"。他以生物学中的优生实验为形象比喻，得出结论：靠着强烈的变革和进步意识，通过人为的强有力实践，"日本人在'日本'这个实验室中，委实是把资本主义实验成功了"。① 反观历史，日本民族在抉择民族历史命运的关头，以积极的主动意识紧跟人类文明发展的大趋势，用虔诚和力量打碎旧的自我，终于赢得新日本的诞生。郭沫若之言，可谓至诚至深。

日本近代化源于西方，在传统和现代之间，日本人用自然求变的心理支配选择和行动，果断迅速地转换方向，借助新的思想文化、新的政治制度，扫除封建落后，建立起新型国家。郭沫若非常重视文化心理的作用，他指出，日本人对待传统文化不像中国人那样忠贞不贰，较少顽冥文化的心理障碍，"负担没有中国那样重"，善于"以满腔的热情来接受"新的异质文化、社会制度以及科学技术，把不同文化中的"好的东西""保存下来"，"经过选择而近于精醇"。文化心理和行为方式也为社会变革提供了良好准备。而在中国，情形却截然不同。郭沫若认为，传统文化的惰性作用，民族文化心理上的恋旧倾向，是中国近代化举步维艰的深层原因之一。他说，中国人往往"对过去的文化怀着憧憬，对新的文化发生抵触，往往视欧美为夷狄之邦"，动不动就陶醉于往昔的光荣中，"要以孔孟之道来救国平天下"，结果使得中华民族大大落伍。面对现实，怀念汉唐时代中华民族在文化上的宏大气魄和高度适应力，渴望我们"接受外来文化很

---

① 郭沫若：《〈日本短篇小说集〉序》，《郭沫若集外序跋集》，四川人民出版社，1983，第309 页。

有弹性，无论什么文化都能接受，都能把它消化，把它同化"。① 他在两个民族不同文化心理的比照中，真正揭示了历史进步的精神动因，确立了有利于社会发展的文化品格。

郭沫若不仅在精神心理的层面洞悉日本近代化的成因，还在行为实现的角度上，解析日本近代变革的政治特点及结构方式，概括出其由国家政权统领，"自上而下"实施近代化的基本格式。在日本明治维新领导集团中，大部分成员具有较高文化素养，深入考察和了解过近代西方，热衷于西方近代文化，精明强干，充满变革锐气，确属一批"政治精英"，如伊藤博文、木户孝允、大久保利通和岩仓具视等。他们制定了一套完整方案，身体力行，特别是利用最高政治权力及行政决策，全方位引进西方近代文明，自上而下驱动推行和调适近代化，取得事半功倍的效果。而在中国，自近代以来，用血和生命呼唤维新变法的，只是极少数先觉者（主要是知识分子），他们人单势孤，或被统治集团扼杀，或被沉闷不化的社会吞没，最后仍是腐朽和昏暗主宰中国。郭沫若一针见血地指出："在日本，革新是由皇室的力量来推动，反革新者便是叛臣；而在我们，则革新是由人民的力量来推动，言革新者就是乱党。""有了这样形势的相异，自然也就生出了不同的结果。日本是很顺畅地走上了革新的道路，而我们为铲除障碍和荆棘，竟费了几十年的流血的革命苦斗"②，"因为有这一落后便陷入于半殖民地的运命，而身受国际资本主义的万箭的簇射"。③ 郭沫若从政治文化角度所揭示的两国差异，确是两个民族坠入不同命运的重要根源。

郭沫若关于日本近代化的论述，以文化理性为先导，分别在文化、历史和政治层次上透视了日本成功的原因以及特征，他的许多见解在今天依然有效。在近代以来对近代化的思考脉络中，郭沫若的论述具有其独特意义。

三

然而，郭沫若的日本论主要体现在两个方面：一是数量不多呈碎片化

① 郭沫若《中日文化的交流——一九三五年十月五日在东京中华基督教青年会演讲》，《郭沫若全集·文学编》（第 18 卷），人民文学出版社，1992，第 81～88 页。

② 郭沫若：《日本民族发展概观》，《郭沫若全集·文学编》（第 19 卷），人民文学出版社，1992，第 167 页。

③ 郭沫若：《日本的过去，现在，未来》，《郭沫若全集·文学编》（第 18 卷），人民文学出版社，1992，第 204 页。

的日本观感见闻和体验记；二是抗战时期以"文化抗战"为根本目的的时局政论文中的日本言说。这两部分构成了郭沫若日本言说的基本内容。而原本最有可能做出创造性工作和贡献的学术性日本研究，却由于各种原因未能实现。对于近现代中国的日本研究来说，这是一件憾事。这也就是郭沫若与日本的"远"。郭沫若的留日前辈、现代中国早期知日派的戴季陶一直对中国日本研究领域不尽人意的现状耿耿于怀，包含着自我反省的意味。戴季陶非常诚恳地说道："我十几年来，总抱着一个希望，想要把'日本'这一个题目，从历史的研究上，把他的哲学、文学、宗教、政治、风俗以及构成这种种东西的动力材料，用我的思索评判的能力，在中国人的面前，清清楚楚地解剖开来，再一丝不乱地装置起来。但是我心有余而力不足。"① 比较起来，郭沫若确实是具备这项研究所需诸项条件的最佳人选。当年成仿吾在评论郭沫若《中国文化之传统精神》（1923）一文时，有这样一席话，"在这样混沌的学界，能摆脱一切无谓的信条，本科学的精神，据批评的态度而独创一线的光明，照彻一个常新的境地的，以我所知，只有沫若数年以来的研究"。② 这番话原本完全可以适用于郭沫若与日本研究。但遗憾的是，他的"球形天才"的发展，终于仅仅是很有限地将其小小根须延伸在日本叙事这个领地，没能灌注他更多的注目和气力。形成这种局面的因素有很多，必然的和偶然的，主要的和次要的，复杂地交织在一起。其中一些在近代中日相互交涉对接和博弈对抗中具有普遍意义的因素，尤其值得深入考究。

第一，这个问题与郭沫若对中国传统文化精神的固执，也就是高度的民族文明、民族文化的自卫意识和尊严感紧密相关。说起来或许有些唐突，我以为，在郭沫若的思想和精神世界中，一直存在着一个微妙的两元结构。一方面，他是一个浪漫的诗人，是一个二十出头便踏出国门浪迹东瀛的弄潮儿，他读日文书、英文书、德文书，他亲近泛神论泰戈尔，甚至甘冒祖宗道德之大忌，未入大学便娶了日本女子佐藤富子，让她辞去东京的护士工作，来到乡下冈山生活并生子。在这个结构——包括知识受容、个人情感气质、言行和生活样式等——中，他大胆激进，足可称得上时代

---

① 戴季陶、蒋百里：《日本论日本人》，上海古籍出版社，2016，第 11 页。
② 成仿吾：《附识》，载王锦厚等编《郭沫若佚文集（1906～1949）》（上），四川大学出版社，1988，第 103 页。

弄潮儿和传统叛逆者。可另一方面，在精神和心灵世界的深层，他又是一个完全而典型的"中国人"。他生长于四川乡村的士绅阶层，饱受"四书五经"的传统文化教化，更有来自日常生活的道德和人生浸润的导引，形成了他稳定的传统文化精神结构。因此，即使在"五四"那样一个以打碎旧文化为天降大任的狂飙时代，尽管郭沫若要"爆炸"，要吃掉"月亮"，要掀翻"一切的一切"，但从未喊过打到传统、"打倒孔家店"的口号。可以看到的是他对中国传统精神失坠的危机感："我们现在是应该把我们的传统精神恢复的时候，尤其是我们从事于文艺的人，应该极力唤醒固有的精神，以与国外的世界主义者相呼应。""我们的传统精神已经淹没久了，但是我们国人都有好古的倾向，我以为这是对于真理的一种潜意识的追慕，我们正当善于爱护这种追慕的感情，极力阐发我们固有的精神，使我们中国得早一日成为世界主义的新国。"① 而在更早些时候，身在日本留学的郭沫若在家书中谆谆叮嘱弟弟："元弟在家不可虚耍。新学问自是无从下手，然吾国旧书不可不多读也。一国文学为一国之精神，物质文明固不可缺少，而自国精神终不可使失坠也。"② 对本国传统文化精神的自豪感及其意义的发现，在郭沫若那里随处可见："我们的这种传统精神——在万有皆神的想念之下，玩成自己之净化与自己之充实至于无限，伟大而慈爱如神，努力四海同胞与世界国家之实现的我们这种二而一中国固有的传统精神，是要为我们将来的第二的时代之两片子叶的嫩苗而伸长起来的。"③ 郭沫若对民族传统文化精神的高度认同和自豪感，处于一种安定稳固的状态，他坚定认为"在东西各国，传统精神与世界主义，是冰炭之不相容；而在我们中国，我们的传统精神便是世界主义"。④ 我们要使这具有普世性的文化精神重生，以再建中国的新文化。

可以说，在具有世界主义者这一侧面的同时，郭沫若又具有根本的传统文化主义者或曰国学主义者的侧面。这个侧面通常会有意无意、多多少

---

① 郭沫若：《国家的与超国家的》，《郭沫若全集·文学编》（第 15 卷），人民文学出版社，1990，第 184 页。

② 郭沫若：《致父母（1915 年 3 月 17 日）》，载郭平英、秦川编注《敝帚集与游学家书》，中国社会科学出版社，2012，第 208 页。

③ 郭沫若：《中国文化之传统精神》，载王锦厚等编《郭沫若佚文集（1906～1949）》（上），四川大学出版社，1988，第 102 页。

④ 郭沫若：《国家的与超国家的》，《郭沫若全集·文学编》（第 15 卷），人民文学出版社，1990，第 184 页。

少地呈现"中华主义"的情绪，特别是在民族主义强势或高涨的情形下，这一流变摇摆得会更加明显。其表征主要是小觑日本的独立价值，往往以为日本古代是中国的派生物，而尽管近代成功完成了维新，成为一等强国，但亦不过是近代西洋的派生物。郭沫若强调，"日本是一个后起的民族，七十年前对于我国不仅是文化上的附庸，而且有一个时期是政治上的附庸"。① 他在《中日文化的交流——一九三五年十月五日在东京中华基督教青年会演讲》中提出了对中日文化关联及其各自特性的思考框架。他指出，在中日文化交流中，中国流入日本的成功了，反之日本流入中国的资本主义文化却失败了。与历史事实相对应，郭沫若举出众多中国文化对日本的教化和影响："资本主义以前的中国旧文化流入日本是很透彻的。当然，日本文化也有固有的成分，但说到动机和方法上来，都是从中国学来的。日本的风俗习惯都与从前的中国相同"。如日本用的席子，下女送饭时的举案齐眉，吃茶的茶具，日本人用的裈，生鱼片'刺身'等，都可以在中国文化中找到源头。那么"日本与欧美一接触却收到了很大的成功"的原因在哪里呢？"第一，是中国地大物博。""第二，是中国周边的民族（例如南洋、越南、暹罗、缅甸、西藏、蒙古、朝鲜）的文化比中国低，生活要求也低，不能促进中国生产力的发展。""第三，是中国固有文化的负担太重了。"第四，"是满洲人入关，用中国的旧文化来统治中国，用明朝的办法来治理中国人。考试制度继续维持了二百六十年"。反之，日本明治维新成功的原因就是，"第一，日本的范围小"，"第二，中国民族的要求足以促进日本生产发展。第三，日本虽然有他的固有文化，有中国传来的文化，但过细的说起来，日本的负担没有中国那样重，所以便走得快。第四，是日本在变革时代产生了明治天皇，在他下面的为政者如西乡隆盛、大久保利通、木户孝允、伊藤博文等，对文化的指导都很合理"。② 这些固然都是曾经存在的历史现象，除了这一层面的事实和原因之外，还存在第二、第三层面的诸多内容。很遗憾，这一不足实质上与戴季陶所观察的中国日本研究的问题即"自大思想"——"是说日本的本身，没有什么研究价值，他除了由中国、印度、欧洲输入的文明外，一点什么都没

---

① 郭沫若：《日本的过去，现在，未来》，《郭沫若全集·文学编》（第 18 卷），人民文学出版社，1992，第 202 页。

② 郭沫若：《中日文化的交流——一九三五年十月五日在东京中华基督教青年会演讲》，《郭沫若全集·文学编》（第 18 卷），人民文学出版社，1992，第 79 ~ 90 页。

有，所以不值得研究"——有着近似的逻辑关联。类似的例子在郭沫若抗战期间的"日本言说"中有着集中体现。

第二个重要因素，存在于近代中日关系中的强弱凌辱、奴役支配和血肉屠杀的悲剧历史中。这一点关乎道义道德和国族存亡，影响力很大。抗战时期自不必说，其前的晚清和中华民国时代前二十余年，帝国主义丛林法则给予中国人民的巨大压迫和屈辱，郭沫若均有大大小小的切身感受。他曾在书信中向好友宗白华倾诉："我们在日本留学，读的是西洋书，受的是东洋气。我真背时，真倒霉！我近来很想奋飞，很想逃到西洋去。"① 抗战中的文章则更多了几分愤怒色彩："日本人的教育，尤其是军事教育，是以轻侮中国为它的大原则的。他们平时不屑于称我们为中华民国或中国，一定要称为'支那'。从日本人口中说出的'支那人'径直可以说不是人。因为它蓄意要亡我们的国家，灭我们的种族，故尔总要把我们说得来非常'劣等'。"② 我们完全可以想象，这样一种充满纠结郁闷和屈辱悲愤的空间氛围，与平和稳妥精确的科学研究之间有太大的失衡，难免会对研究产生种种影响。在这一点上，不能过分要求郭沫若超越时代，这里需要了解时代的现场，了解个人在时代脉络中、在各种力量的博弈和平衡中能够到达和不能到达的边界，这样才能合乎情理、合乎逻辑地做出正当的判断，我们所呈现的同情的理解也才会是正当的。

不过在上述两个因素中，后者相对直白，易于理解。对郭沫若的日本论、日本研究来说，第一个因素的制约至关重要。这个因素涉及文化的、学术的一些本质问题。在漫长的历史过程中，中国文化曾经一直处于优势的输出地位，由此形成的类似于文化优越论的心理和情结一直存在并发挥着机能。在曾经最浪漫、最豪放、最创造的郭沫若那里，也同样如此。即便是今天，在中日之间，这种意识惯性地存在着，并且随时可能把它的主体们引向不同的方向。

---

① 郭沫若：《致宗白华》，《郭沫若全集·文学编》（第 15 卷），人民文学出版社，1990，第 143 页。
② 郭沫若：《纪念台儿庄》，《郭沫若全集·文学编》（第 18 卷），人民文学出版社，1992，第 243 页。

生平
思想

作《郭沫若年谱长编》札记

蔡　震[*]

摘　要：编撰《郭沫若年谱长编》是一个全面考察、解读、思考、评说郭沫若生平活动的写作过程。首先需要对大量文献史料进行发掘整理，以及重新做考订、辨证的工作，然后要准确解读、选择、使用文献史料，最后写成谱文。在这一编撰过程中，遇到了不同类型的问题，本文以札记形式记述了这些问题及其解决之道，同时对年谱学的一些问题做学术思考。

关键词：郭沫若　年谱长编　文献史料

《郭沫若年谱长编》已经交付出版了。在编撰这部"年谱长编"的过程中，随手做过一些笔记，记下随时遇到的问题和思考。问题多出自对一条谱文的考订、撰写，思考则由此旁及"年谱长编"遇同一类问题如何解决。选出几则。内容有属于编撰技术层面的，有关于谱主生平的历史解读，也有对于编撰"年谱长编"本身的学术思考。

一

（1892 年 11 月）"16 日（阴历九月二十七日）午时，出生于四川省乐山县观峨乡沙湾镇（今乐山市沙湾区），名开贞。"迄今为止，所有郭沫若年谱、传记的第一条谱文或传主生辰，都是这样记述的，只是表述文字略有不同。其依据的史料是郭沫若所作自传《我的幼年》和《五十年简谱》。但是，另外几则文献史料记载了郭沫若生辰的两个不同日期。

其一，"光绪十八年壬辰九月二十九日"，即 1892 年 11 月 18 日。

---

[*]　蔡震，中国社会科学院郭沫若纪念馆研究员。

这一日期见于谱主 1918 年进入日本九州帝国大学医科大学时亲笔填写的入学履历表，以及校学籍簿上登记的出生日期。

其二，（1892 年）"十一月十七日"。

这一日期见于郭沫若"亲自校正"日本小蜂王亲所作《郭沫若年谱》（载日本《法政大学教养部研究报告》1963 年 6 月第 7 号）时，亲笔校正的文字。

当年在涉及生辰日期的时候，郭沫若需要用两种纪年方式（日本已用公历纪年，对家人则仍讲阴历）。时间一长，既有可能把阳历的时间搞错了，也有可能把阴历的日期记错了。事实上，郭沫若在留学时期所写的家书中就时不时有阴历、阳历日期并用的情形，而且不止一次出了差错。譬如，他在 1915 年 10 月 21 日、1916 年 2 月 19 日所写的两封家书，均于公历日期下署有旧历日期，但旧历日期都有误。像这样的事情，在郭沫若那一时代的人们中间并非鲜见。

没有直接的文献资料，如出生证、户籍登记册做依据，记述谱主的生辰。三个不同日期，又均出自谱主笔下，应该如何取舍？

显然确定的标准，并不能依据对于其所谓准确性的判断，因为实际上我们还不能排除这样的可能：这三个日期也并非最准确的日期。所以采用一直沿用的日期，即 1892 年 11 月 16 日最为恰当。当然，在编订郭沫若的年谱时，对于另外两个不同日期均应存录并予以说明。

二

1926 年 3 月，郭沫若应邀赴广东大学任教。这是他在大革命时期经历的开始。对于郭沫若的这一段经历，现有的年谱及传记，基本是这样来描述的：经瞿秋白推荐，应陈公博邀请赴广东大学任教；在广东结识周恩来、毛泽东；由共产党人安排，担任国民革命军总司令部政治部宣传科长，随军北伐。也就是说，对郭沫若的这段人生经历，是围绕他与中共的政治关系记述的。但史实并非如此。

瞿秋白推荐是间接的史料（只在郭沫若的文章中讲到，并且是听说）。时任广东大学校长的陈公博是国民党中央执行委员会委员，他邀请郭沫若是国民党左派革新广东大学校务的举措之一，因为当时的广东大学非一般大学，是为国民党培养人才，充分党（国民党）化了的大学。被邀请的也不是郭沫若一人，陈公博邀请信的抬头是郭沫若、田汉两个人的名字。国民党人把活跃在上海文坛的创造社作家视为思想先进、有革命性的知识分子，希望他们"全集中到这边来，做革命青年的领导"。① 所以郭沫若到广东大学后，郁达夫、成仿吾、王独清等创造社作家也一起应聘到广东大学。郭沫若执掌广东大学文科后立刻施行了几项革新措施，尽管遭到保守派抵制，但得到国民党广东大学特别党部的全力支持，并在给国民党中央执行委员会的报告中给以高度评价。郭沫若也在此期间加入国民党。他随后进入国民革命军总司令部政治部任宣传科长，这当然是因为其国民党党员的政治身份。也就是说，从在广东大学任教，参加北伐，直至1927年南昌起义，活动在大革命这一时期的郭沫若，是一个国民党左派人物。

其实上述史料在研究者一开始描述郭沫若这段人生经历时，就在人们视野之内，只是有的被割裂为部分使用，有的被有选择性的忽视甚至遮蔽了。不能因为郭沫若去世后对于他在政治上的盖棺定论，就将他在大革命时期的经历都框定在与中共的关系之内。他结识林伯渠、毛泽东、周恩来，并发生工作上的关系，并非因为至少主要不是因为他们是中国共产党人。在国共合作的背景下，林伯渠当时是国民党中央执行委员会常务委员、农民部部长，毛泽东代理国民党中宣部部长，周恩来是黄埔军校政治部主任。诸如此类的文献史料，如果在考察、解读和使用时，不能保有史料的完整性和历史内涵的准确性，由此而描述的历史，势必被模糊，甚至会改变历史真实性。

谱文的撰写是在记述历史，而非评说历史。

三

与胡适的关系，是郭沫若人际交往中很重要的内容。查阅胡适1923年的日记，有这样几则（不是全部）记到其与郭沫若往来之事：

（5月25日）"出门，访郭沫若、郁达夫、成仿吾。结束了一场小小的笔墨官司。"

（5月27日）"下午，郭沫若、郁达夫、成仿吾来。"

① 《陈公博函催郭沫若等南归》，《广州民国日报》1926年2月18日。

（10 月 11 日）"饭后与志摩、经农到我旅馆中小谈。又同去民厚里 692 访郭沫若。沫若的生活似甚苦。"

（10 月 13 日）"沫若来谈。前夜我作的诗，有两句，我觉得不好，志摩也觉得不好，今天沫若也觉得不好。此可见我们三个人对诗的主张虽不同，然自有同处。""沫若邀吃饭，有田汉、成仿吾、何公敢、志摩、楼□□（日记手稿如此，据徐志摩日记，应为石庵——笔者注），共七人，沫若劝酒甚殷勤，我因为他们和我和解之后这是第一次杯酒相见，故勉强破戒，喝酒不少，几乎醉了。是夜沫若、志摩、田汉都醉了。我说起我从前要评《女神》，曾取《女神》读了五日。沫若大喜，竟抱住我，和我接吻。"

（10 月 15 日）"与志摩同请沫若、仿吾等吃夜饭。田寿昌和他的夫人易漱瑜女士同来。叔永夫妇也来。"［据本日徐志摩日记载，夜饭间"大谈神话"。（林漓编《徐志摩文集》，海天出版社，2000）］

（10 月 18 日）"到郑振铎家中吃饭。同席的有梦旦、志摩、沫若等。这大概是文学研究会和创造社'埋斧'的筵席了。"①

1923 年 4 月下旬，胡适从北京来到上海，5 月 15 日给郭沫若、郁达夫写了一封长信，并请亚东书局差人送去。这是他为双方因翻译问题所起的论争而写的一封休战示好的信。郭沫若接信的第二天就回复一信，接受胡适的诚意，并对胡适表达了恰如其分的谦恭和希望。这几则"胡适日记"记述的就是两人握手言和后相互交往的情形。可以说真实地反映了当时胡、郭关系的状况：虽然尚未能成为胡适所希望的"净友"，还是可以称作文友之交的。

这与文学史所描述的胡适、郭沫若的关系显然是不同的。文学史在记录了双方那场笔战之后便没了下文。再加上 20 世纪 30 年代之后两人在学术观点上多有相左，更因为政治上的分野做了不同选择，终成势不两立。所以，对立便成了描述两人关系的关键词。

这些日记资料记入长编中，应该有助于纠正人们在解读郭沫若与胡适交往关系中以偏概全的认识。一些貌似琐碎的史料，连缀在一起，可以更好地呈现历史的真实，所以不要忽视一些看似无足轻重的历史细节。当

---

① 曹伯言整理《胡适日记全编》，安徽教育出版社，2001。

然，如果史料的遗漏，是因为对文献史料在取舍之间所表现出的主观随意，那可能表现出的就是一种学术偏见，甚至是政治偏见。

曾为我参阅，且为一些学人称道的胡颂平的《胡适之先生年谱长编初稿》，在记录了胡适与创造社的笔墨之争后，也记到胡适 1923 年在沪期间与郭沫若的往来，但对胡适 5 月 15 日给郭沫若、郁达夫写有长信一事只字未提（该长编对于胡适的许多书信是全文录入的）。此书关于胡适与郭沫若等人的往来是这样记述的：

> （10 月 11 日）张东荪借张君劢处请客。饭后，先生同徐志摩、朱经农去民厚里 121 号访郭沫若。成仿吾亦在座，主客之间甚枯窘。
> （10 月 13 日）郭沫若请先生与徐志摩、楼石菴等吃饭。
> （10 月 15 日）先生与徐志摩回请郭沫若，有田汉夫妇、任鸿隽夫妇及徐新六等人。①

该长编没有以胡适日记为史料依据，称"以上三条均见《徐志摩全集》第 1 集"。事实上，徐志摩日记关于胡、郭几次往来的情况也记述得很详细，但胡颂平并未真正以之为史料依据，他只是自己撰写了三条貌似简洁、客观的叙述谱文。胡适日记、徐志摩日记中包含的关于胡、郭往来的缘由，交往内容的历史信息，全被隐去了。

编撰一个人物的年谱长编，编撰者对于谱主可以也应该有自己在学术上的思考、认知、评判，并且借谱文的撰写表达出来。以个人之力编撰一部年谱长编可能会更注重这一点。但一个基本的原则需要遵循，那就是要完整、真实地记述历史的存在。借用克罗齐的理论：编年史是死的，历史是活的。编年史是由文献史料书写的历史，是不应被随意取舍的。在此基础上，所谓"活"的历史，才能是有真知灼见的历史认知。

四

所谓口述历史的史料不可尽信。

1937 年 7 月 27 日，流亡日本的郭沫若秘密乘船回国，投身抗战。谁去码头接船，有两则史料：一记为时任国民政府行政院政务处处长何廉；

---

① 胡颂平：《胡适之先生年谱长编初稿》，台湾联经出版事业公司，1984。

二记为潘汉年委派的黄慕兰。接船人为谁，虽然只是个历史细节，但实际上是与谁策划了郭沫若秘密归国一事相关联的。

前一则史料出自根据何廉口述回忆录（现藏美国哥伦比亚大学）翻译出版的《何廉回忆录》（中国文史出版社，1988）。后一则史料出自另一部口述历史：《黄慕兰自传》（中国大百科全书出版社，2004）。黄慕兰在书中说：是"我党秘密地把郭沫若接回国来"。郭沫若乘船抵达上海的那天，她受潘汉年委派去码头接船，并将郭沫若送至下榻的沧州饭店。

何廉回忆到的去码头迎接郭沫若一事，在殷尘的《郭沫若归国秘记》（言行社，1945）、郭沫若的《在轰炸中来去》中亦有记述。更重要的是，何廉的回忆与郭沫若归国一事策划进行过程中的其他史料，可以完整地衔接起来，所以应系史实。而《黄慕兰自传》中的记述，只是她晚年口述史事时所说，没有任何其他史料可为佐证，显然属于误记。

《蔡文姬》剧本的创作，源于周恩来在一次宴席上给郭沫若的提议："写一个剧本替曹操翻案"。关于这次宴请，曾担任郭沫若秘书的王廷芳先生在一篇回忆文章中写道：1958 年 3 月，周恩来在鸿宾楼设宴欢迎从朝鲜战场胜利归来的杨勇、王平等人。《郭沫若年谱》即据此编撰了谱文。笔者根据相关背景资料对此条谱文产生了质疑，因为周恩来 1958 年 3 月几乎都是在国外访问，杨勇、王平 3 月时尚在平壤，他们于当年 10 月才回到北京。于是，笔者联系了王廷芳先生，很快得到了回复。他说在撰写文章时把该次宴请的时间记错了，查看了工作笔记，时间应在 1958 年 11 月 28 日。

当事人的回忆，无论口述或笔忆，都是重要的史料，但我们使用时，应以相关资料去佐证。无征不信，孤证不立。

五

郭沫若的旧体诗词多有未刊出者，常常只见于他为亲友或他人的题诗、题字中。郭家一位姻亲的后人写过一篇文章，记述了郭沫若给其伯父的一幅题字：一首七绝。诗被视为佚作，但题字原件早已遗失，文字是撰文者凭记忆写出的。

查考该文所言之事，这首七绝应该是郭沫若书录王国维的《嘲杜鹃》："去国千年万事非，蜀山回首梦依稀。自家惯作他乡客，犹自朝朝劝客归。"该文所记诗文仅一字之差，即"去国千年"，该文作"去国十年"。这显然是将郭沫若手书的"千"字释读为"十"，"十年"又恰好是郭沫若海外流亡的时间。

事实上，郭沫若最初抄录王国维《嘲杜鹃》的诗是两首。当年，王国维新婚之后却不得不客居他乡，故而听到杜鹃啼叫，引出许多感触，写下两首绝句，题为《嘲杜鹃》，实亦有自嘲之意。郭沫若觉得王国维诗"饶有意趣"，抄录了两首诗。但为诗中对于杜鹃的嘲讽感到不平，认为杜鹃应该"有以自解"，遂以杜鹃的口吻，步王国维诗原韵，作"替杜鹃解嘲"二首，这才是郭沫若的佚作。郭沫若将这些书录在一幅题字中，赠给同在东京的一位朋友。其原件仍在。

然而，前面该文所误记的王国维《嘲杜鹃》诗，仍被收录在近时出版的《〈郭沫若全集〉集外散佚诗词考释》（浙江大学出版社，2014）一书中。无论编制年谱还是整理谱主的作品，将他人诗作误以为谱主之作，都得说是硬伤，拿不准的宁可先做存疑处理。但这一事例对于确认和整理郭沫若旧体诗词，提出了一个需要解决的原则性问题，即是不是应该以有无手迹为标准来确定郭沫若未曾刊出的旧体诗词作品？这实际上关乎两个方面的考虑：一是确认诗作的真实性，二是确保文本的准确性（对郭沫若手迹的释读，错识并不鲜见）。

六

《四用寺字韵》《六用寺字韵题嘉定苏子楼》《题苏子楼》《咏东坡楼》《重游大佛寺》，这五个篇题，其实是谱主的一首旧体诗作在若干文献资料记载中所分别出现的篇题。该诗是谱主1939年9月用寺字韵作的一首七言诗。

郭沫若的旧体诗多有无题者，其已经发表或收入集子的，有若干首就用了《无题》作篇题。但其集外未发表的诗作，没有篇题的数量较多，自然不能都以《无题》为篇题，所以，如何为这些诗作订定一个篇题，就是需要审慎考虑的。

郭沫若在留学日本之初的一个新年之际，曾写下几首诗抄录在家书中，后有整理者将其篇题定作《春节纪实》。显然整理者不知道日本在明治维新后已经改用公历纪年，不过农历的节日。谱主诗中吟咏的新年是指元旦，而非中国的春节。这个篇题是题不对文。郭沫若流亡日本期间曾为傅抱石的一幅画作题诗赠吴履逊。诗无题，画亦无题。后《郭沫若题画诗存》（山西教育出版社，1997）在将该诗收入书中时，冠以《题傅抱石画"苍山渊深"赠吴履逊》的篇题，显然因为诗中有句"独对苍山看不厌，渊深默默走惊雷"。诗、画皆因是为题。然而，该诗在一年后郭沫若题赠增田涉时，有了修改的文本，其中"苍山"句，改作"独对寒山转苍翠，渊深默默走惊雷"。《郭沫若题画诗存》的编者大概没有见到这一文本，对篇题的订定是草率了。

郭沫若旧体诗作篇题的订定，要在完整地了解其创作的来龙去脉，包括何时何地，因何而作，为谁而作，有无不同文本，以及对诗文要有准确的解读之后，审慎地拟定。既不要出现一诗多题的"乱象"，也不要搞得文题不符。

七

郭沫若的书信在作为史料使用时，有两种情况需要注意：一种是经由他人抄录而披露出来的信函，另一种是保留为底稿、抄稿的信函。前者与没有手迹的旧体佚诗词的情况类似，存在真伪的问题，存在文字、内容是否完整准确的问题，需要考辨。辨真或是证伪。

作伪的书信已经有陈明远作伪一案所涉数量不少的信函，也发现有将原信删去部分内容（连原信手迹也做了裁剪）抄录刊出的情况。后者的问题在于难以判定该信函是已经发出的，除非在收信人那里找到该信的原件。

郭沫若纪念馆保存有郭沫若在 1937 年 6 月下旬草拟的一封书信，是写给"德谟"，即李民治（一氓）的。信是为回复之前先后两次收到李民治从陕北辗转寄来的信函而作。这一纸书信草稿本身及其内容，以及李民治从陕北两次来信联系一事，都是郭沫若流亡日本期间非常重要的文献史料。然而，这封信写好后，郭沫若"继又踌躇，未寄"（几天后的日记中所写）。所以，它还不能称作一封信函，只能算一纸拟作书信手稿。不过其具有的文献史料价值还是毋庸置疑的。这是郭沫若自己记录了该书信写成又搁置的情形。那些我们尚无从得知究竟的郭沫若书信手稿、抄稿呢？

八

郭沫若的年谱和传记，都记载郭沫若在北伐期间，因为反对蒋介石的反革命行径被开除国民党党籍的史实，但没有郭沫若加入国民党的记述。仅有一部年谱在一条谱主参加某次会议的谱文叙述中，根据谱主一篇文章中"那时候我还是一个国民党党员"一句话，模糊地提及了他加入国民党的史事，但已经是他加入国民党之后的叙事。这是一个很大的疏漏，究其原因在于没有找到关于郭沫若加入国民党的史料。事实上，文字史料还是有的，在谱主的自传中，只是由于文章版本的易动，相关史实的文字被删掉了。

在发表于 1927 年 5 月的《脱离蒋介石以后》一文中，郭沫若这样写道："说我投机呢，我的确是个投机派；我是去年五月中旬才加入国民党的，而且介绍我入党的还是我们褚公民谊。"① 然而，这篇文章在编入《革命春秋》② 时，这段文字被删去了。

郭沫若的自传是我们编撰其年谱长编的重要文献史料，但如果不阅读最初的版本，了解其版本易动中文本删削修改的情况，我们可能就会遗失一些重要的史实。同样，记述郭沫若的文学作品，譬如《女神》中的许多诗篇，记述郭沫若作品集的编辑出版，譬如《文艺论集》，我们都需要注意版本、文本变化的情况，否则谱文的叙述可能会与历史的时序脱节。

九

作《郭沫若年谱长编》，有大量的史料是学人已经在征引、参考的，对这部分史料仍然有必要再做仔细的查考，因为其中总是会有一些疏漏，需要重新考订、正误。殷尘的《郭沫若归国秘记》是现有《郭沫若年谱》许多条谱文的史料依据，但书中所记史事是有史误的。郭沫若自己的传记，也有一些史误，而且不是无关紧要的细枝末节。创造社成立的时间，在郭沫若的《创造十年》中记为"一九二一年七月初旬"。但根据《赵南

---

① 郭沫若：《脱离蒋介石以后》，《中央日报·中央副刊》1927 年 5 月 23 日。
② 郭沫若：《革命春秋》，《沫若文集》（第 8 卷），人民文学出版社，1958。

公日记》（藏国家图书馆）、《郑伯奇日记》（藏郭沫若纪念馆）的相关记载可知，应是在 1921 年 6 月 8 日。抗战之初，郭沫若就任国民政府军事委员会政治部第三厅厅长，他在《抗战回忆录》里将 1938 年 2 月 6 日陈诚的一次宴请，错记为政治部成立的第一次部务会议。根据《军事委员会改组》档案（现藏台湾）、《军委会政治部部务会报》（藏中国第二历史档案馆）所记，政治部于 2 月 11 日正式成立，2 月 19 日召开第一次部务会议。

　　"二月六日"是郭沫若在《抗战回忆录》里特别强调的一个日期。郭沫若甚至用它做了一节的标题，以至一些今人编撰的文献资料也以之作为政治部成立的日期，譬如《周恩来年谱》（中央文献出版社，2007）、《中华民国大事记》（韩信夫、姜克夫主编，中国文史出版社，1997），尽管他们并没有注明资料出处。由此，笔者想到在订定长编编撰体例时的一条规定：每一条谱文的文献史料依据都要有出处，并逐一注明，实在是非常有必要的。如果不是专门考订过上述史实，查阅《周恩来年谱》和《中华民国大事记》时，就无从知道他们记述此一桩史实的错误，而会直接作为史料引用，那必然以讹传讹。

　　年谱长编是一种重要的学术资料，学者们查阅时不会停止在简洁的谱文叙述上，而会以之为索引去进一步查阅完整详尽的文献史料，所以原始资料的出处很重要。坊间大量的年谱类著作，对于谱文撰写所依据的史料不注出处，至少在学术上是十分不严谨的。

　　编撰《郭沫若年谱长编》的过程，是一个全面、完整地了解谱主生平活动的过程。但回过头来看，做这部"长编"，或者说做任何一个历史人物的"年谱长编"，如果对于谱主没有相当程度的学术研究，是很难从历史的进程中去精准地把握谱主的人生，并且把这段历史书写下来的。

20世纪30年代郭沫若的另一解读[*]

——以郭沫若流亡日本十年翻译活动为例

张　勇[**]

摘　要：郭沫若在流亡日本十年期间翻译了十四种十五部国外作品。这些作品体裁广泛，题材多样。这期间的翻译活动不仅仅为郭沫若的学术活动提供了经济支持，更为重要的是通过这些作品的翻译使郭沫若在学术研究方法上获得了提高，构建起自己独特的历史观和方法论，从而完成了《中国古代社会研究》等一系列的学术专著。他在此期间通过翻译作品继续保持了对现实社会的持续关注，延续了此前积极入世的文化心态。另外，郭沫若通过翻译、研究和创作的实践完成了复杂和丰富的文化个体的建构。

关键词：郭沫若　流亡十年　翻译　研究

目前，对于郭沫若的翻译研究，多翻译作品本体的研究，少翻译活动的关注；多五四新文学运动时期翻译的研究，少流亡日本十年翻译的论述；多文学翻译手法的研究，少翻译与其他方面关联的阐释。郭沫若从事翻译活动时间之早，翻译作品涉及面之广，翻译成果之丰富，在现代文化领域中都是屈指可数的，特别是他在流亡日本十年的翻译活动，更是一个丰富多彩的阐释空间，可惜目前对此研究还是一片空白。

一　翻译了什么：郭沫若流亡日本十年翻译活动概观

郭沫若于 1928 年 2 月 24 日从上海出发，化名为南昌大学教授吴诚前

---

[*] 此文为国家社科基金项目"郭沫若翻译作品版本演变研究及语料库建设"（16WBB018）的阶段性成果，也是中国社会科学院创新工程项目——《郭沫若全集·补编》的阶段性研究成果。

[**] 张勇，博士，中国社会科学院郭沫若纪念馆副研究员。

往日本避难，开始了他长达十年之久的流亡生涯。如果从身份上来看，这是流亡，那么从郭沫若的创作和学术研究上来讲，却是黄金的十年。郭沫若在这十年期间，撰写了著名的《中国古代社会研究》《甲骨文字研究》《殷商青铜器铭文研究》等十四部学术著作。而我们以往关注最多的也是有关他的历史研究、甲骨文字研究和考古研究。

但郭沫若在流亡日本的十年期间，除了进行中国古代社会方面的研究之外，最大的成就应该是他的翻译活动了。其间，无论是翻译作品的数量还是翻译作品的质量，无论是翻译作品体裁的范围还是题材的选择，都较之于前一阶段有了明显的改变。如果说在日本留学的第一个十年是郭沫若翻译活动的肇始阶段的话，那么第二个流亡日本的十年是郭沫若翻译活动的成熟时期，由此也奠定了他的翻译家、历史学家和古文字家的地位。

1. "多"：五彩斑斓的翻译世界

郭沫若在流亡日本十年所翻译的作品不仅数量众多，而且题材多样。在数量上，他除了继续翻译以前的文学类作品，还翻译了大量科学著作和马克思主义理论著作。郭沫若在流亡日本的十年间共完成了十四种十五部关于文学、自然科学和社会科学类作品的翻译工作。这些作品不仅数量众多，而且体裁多样，构成了丰富多彩的译作世界。这些作品大致来讲主要有以下几种体裁。

（1）文学类体裁作品翻译

文学类体裁作品的翻译是这一时期郭沫若翻译的重点，主要有小说：《石炭王》、《屠场》、《煤油》、《战争与和平》（第一分册）、《日本短篇小说集》，诗歌：《新俄诗选》，诗剧：《华伦斯坦》和《赫曼与窦绿苔》八部作品，占了这一时期翻译作品的二分之一还要多。这也延续了郭沫若以文学家的身份登上"五四"历史舞台的独特性。

（2）自然科学类体裁作品翻译

自然科学类体裁翻译作品主要是《生命之科学》。《生命之科学》是郭沫若翻译的所有著作中工程量最为浩大的一部。1931 年 3 月开始着手翻译，到 1932 年译至一半近 60 万字时，手稿在商务印书馆编译馆中被"一·二八"事变的战火焚毁。1934 年又重新翻译并于同年 10 月陆续出版，至1949 年 11 月才最终完成，前后历经近 19 年的时间。① 这部作品翻译的完

---

① 郭沫若：《生命之科学·译后》，广西师范大学出版社，2003，第 1685 页。

成，充分显示了郭沫若广博的学识和严谨的科学素养。

（3）社会理论体裁作品翻译

由于国内社会局势的不断变化，如何清晰地辨别中国未来社会发展的方向成为学者们最为急迫的任务。因此，翻译马克思主义经典著作便成了郭沫若流亡日本十年的翻译活动的重点。

他利用这十年的时间完成了马克思主义经典作品《经济学方法论》《政治经济学批判》《德意志意识形态》《艺术作品之真实性》《美术考古一世纪》《隋唐燕乐调研究》六部理论著作。

对这些不同类别体裁作品的翻译，不仅反映出了郭沫若作为"五四"一代知识分子所独有的学术眼光和文化素养，而且折射出他们那一代文化人所具有的强烈的社会责任感和历史使命感，同时也是郭沫若不断走向新的未知领域、具有开拓创新精神的集中展现。

2. "专"：具有鲜明的社会现实意义题材

郭沫若在流亡日本十年所翻译的作品不仅数量众多，体裁多样，而且还具有十分鲜明的特征，即具有明确的社会现实意义和实际的社会功效作用。

就文学类作品而言，郭沫若在流亡日本十年所选择的翻译内容基本都是具有尖锐社会冲突和下层民众反抗意识觉醒的作品。《石炭王》主要描写的就是在资本主义制度下美国矿工被剥削压迫的艰难生活，着力刻画了资本家通过各种手段压迫工人，工人在这种悲惨生活下所萌发出的具有反抗意识的社会主义思想。《屠场》也是借助于大型肉制品厂内恶劣的工作环境，描述了童工们幼小心灵的创伤和资本家对工人骇人听闻的剥削行为，从而反映了资本主义社会惨绝人寰的社会现实和尖锐的社会矛盾。

即使是《生命之科学》这样自然科学类的作品，郭沫若在流亡日本期间之所以翻译它，主要也是看重了这部作品大众化的特色。因为"原书在主题《生命之科学》下有一个副目，即 *A Summary of congtemporary knowledge about life and it's possibilities*（《关于生命及其诸多可能性上的现代学识之集萃》），由这个副目我们便可以知道原作者之志趣是想把生物学和与生物学有关联的各种近代的智识作一综合化。但这个综合化是以大众化为其目标，以文学化为其手段的。因此这部书在科学知识上的渊博与正确，在文字构成上的流丽与巧妙，是从来以大众为对象的科学书籍所罕见。"① 《生命之科学》这部作品共 150 多万字，虽然容量较大，但是郭沫若看中了原作者所使用的深入浅出的文艺笔法来探讨的有关自然界中生命起源、生物进化分类、人类生理和心理现象，而且整个作品不仅仅是文字的叙述，也配有 1000 多幅图片，这也使读者能够在图文并茂的情况下完成对这部作品的学习和阅读。这对正处于社会转型期的中国民众科学知识的增长和对世界的全面认识无疑将起到重要的作用。

就理论类作品而言，郭沫若在流亡日本十年所翻译的此类作品也同样是着眼于鲜明突出的社会政治性倾向。《政治经济学批判》实现了价值理论和货币理论上的变革革命，同样也标志着马克思主义政治经济学创立的一个重要阶段。对《政治经济学批判》这类相关书籍的翻译，郭沫若认为"在目前我们中国正当货币价值大动荡的时候，这部书的关于货币理论的一部分，当然更可以供给我们以了解现实的钥匙"。②

由此可见，郭沫若在流亡日本十年的时间内所翻译的作品的题材，已经由前期注重文学性、艺术性和审美性转为更加注重社会性、现实性和实用性。

罗列如此众多的郭沫若流亡日本十年期间所翻译的作品，并不仅仅只是简单地说明郭沫若在此期间完成了这么一件事情，而是要通过对这些翻译作品的解读去找寻它们背后所隐含的郭沫若研究中的密码。

二　翻译为了什么：
作家郭沫若向学者郭沫若的成功转型

毫无疑问，"流亡日本的十年，是成就了郭沫若作为一个历史学家和古文字学家辉煌的十年"。③ 郭沫若在流亡日本的十年间共完成了十四种关于中国古代社会史和金文、甲骨文研究的论著。这些成就的取得与他客观的生活状态、学术积淀等原因有直接关系。对于这些原因已经有过很多论述，也得到了多数人的认可，但是在这些阐释的背后却忽略了翻译活动与郭沫若流亡日本十年学术建构的关联。

---

① 郭沫若：《生命之科学·译者弁言》，商务印书馆，1934，第 1 页。
② 郭沫若：《政治经济学批判·序》，上海群益出版社，1947，第 3～4 页。
③ 蔡震：《"去国十年余泪血"——郭沫若流亡日本的心理历程》（上），《郭沫若学刊》2006 年第 3 期。

1. 郭沫若流亡日本十年翻译活动和学术研究成果的同步性

查阅郭沫若流亡日本十年的资料，再联系上文中有关的阐述，我们便能够清晰地看出郭沫若在此期间主要的文化活动基本上就是学术研究和翻译。上文仅仅只是阐明了郭沫若在流亡日本期间曾经翻译过大量海外的资料这一个史实。郭沫若在流亡期间所从事的学术研究和翻译这两件最主要的文化活动之间是否有密切的关联呢？如果有关联，那么二者之间的关系仅仅只是共存这么简单吗？

经过资料的详细比较之后，我们便可以进一步发现一个不同寻常却是非常明显的现象就是，其间郭沫若所完成的翻译和学术研究成果在完成时间上基本是交替出现的，也就是先有一些翻译成果，然后完成一些学术研究成果，接着再出现一些翻译成果，然后又完成一部学术研究成果。如，1929 年郭沫若译《美术考古一世纪》后，1930 年完成并出版《中国古代社会研究》并于同年译《煤油》；1931 年译完《政治经济学批判》，接着便完成并出版《甲骨文字研究》《殷周青铜器铭文研究》《两周金文辞大系》；1931～1936 年开始译《生命之科学》，1932 年作《金文丛考》，1933 年作《卜辞通纂》《金文余释之余》《古代铭刻汇考》，1934 年作《两周金文辞大系考释》《先秦天道观之演进》《屈原研究》；1935 年翻译《日本短篇小说集》，1936 年翻译《隋唐燕乐调研究》和《华伦斯太》后，于 1937 年归国前作《殷契粹编》。

郭沫若的这种翻译和学术研究的交替出现与同步完成的现象，是他有意而为之的，还是受到客观环境和条件的影响？这种现象是否意味着他的翻译活动和学术研究之间有着某种内在的关联呢？诸如此类的疑问随着相关史料的丰富和完善也可以给予合理的解答，这对于研究郭沫若这一段历史将具有十分重要的意义和价值。

2. 郭沫若流亡日本十年翻译活动对学术研究的经济支撑

很多学者提到了郭沫若在流亡日本的十年间"沉浸在书海与资料中默默耕耘的生活状况"① 的史事，但是郭沫若在此期间若要潜心于学术研究，摆在他面前最大的困难并不是资料的匮乏和被动监视的束缚，而是一家人的生计问题。刚流亡到日本时，虽然由于身份的原因不能出外谋职，但是"创造社每个月寄给他 100 元钱，在当时的条件下基本上可以保证一家人

---

① 蔡震：《郭沫若画传》，江西人民出版社，2011，第 99 页。

的衣食无虞"。① 然而，1929 年创造社被国民党查封，就此解散，成员也各奔东西自谋生路去了，每个月给郭沫若的 100 元钱肯定也就此中断了。"在最艰难的时候，郭沫若连每天工作离不开的笔砚都差点成了问题，毛笔写秃了，将就着用，砚台坏了，找块青石砖代替凑合着使。"② 如果仅仅是自己没有笔砚这样的困难还是可以克服的，最多也就是暂时不写作了，但是一家人的吃饭问题以及最大的两个孩子上学费用的问题却是一刻也不能拖延的。面对这种窘境，郭沫若也清醒地认识到"对于古代的研究不能再专搞下去了。在研究之外，我总得顾及到生活"。③ 在当时连自己真实姓名也不敢让外人得知的情况下④，郭沫若和安娜肯定不可能以外出工作换取一家人生活费用的途径解决生计问题。对郭沫若这样的知识分子来讲，只有卖文这种最好的方式了。学术研究不可能立刻完成，即便是完成了销量能有多少也是不可预估的。文学创作应该是个不错的方式。在五四时期，郭沫若便是依靠文学创作换取生活费用的。但是考虑到当时郭沫若的处境，恐怕他也很难能够有足够的心境来写诗卖文了，即使是创作出来，恐怕也不敢公开署名发表的。他自己也曾无奈地认为："我目前很抱歉，没有适当的环境来写我所想写的东西，而我所已经写出的东西也没有地方可以发表。"⑤ 在这样的情形下，翻译便是换取生活所需费用最便捷的途径了。

郭沫若在此期间所翻译的作品的序、跋或译后等处，不断提及以翻译来赚钱养家的事情，这种表述也仅仅在此时期的翻译作品中出现过。如"于是我便把我的力量又移到了别种文字的写作和翻译。我写了《我的幼年》和《反正前后》，我翻译了辛克莱的《石炭王》、《屠场》，稍后的《煤油》，以及米海里司的《美术考古学发现史》。而这些书都靠着国内的朋友，主要也就是一氓，替我奔走，介绍，把它们推销掉了。那收入倒是

---

① 蔡震：《"去国十年余泪血"——郭沫若流亡日本的心理历程（上）》，《郭沫若学刊》2006 年第 3 期。
② 蔡震：《郭沫若画传》，江西人民出版社，2011，第 100 页。
③ 郭沫若：《沫若文集》（第 8 卷），人民文学出版社，1958，第 348 页。
④ 据蔡震先生在《郭沫若画传》中记载，"郭沫若和安娜的孩子在日本一直都用安娜娘家的姓氏佐藤。郭沫若在市川安顿下来后，从国内寄来的信，都写其长子的名字'佐藤和夫收'，他后来也使用过一个日本名字：佐藤贞次"。参见蔡震《郭沫若画传》，江西人民出版社，2011，第 98 页。
⑤ 郭沫若：《沫若自选集·序》，上海乐华图书出版公司，1934，第 2 页。

相当可观的，平均起来，我比创造社存在时所得，每月差不多要增加一倍。这样也就把饿死的威胁免掉了"。① 初次的尝试便得到了丰厚的回报，郭沫若当然不会放过这样一种机会。

为了解决生计问题，即使是连自己所不熟悉语种的国外作品也不得不接下来进行翻译，如在翻译"托尔斯泰的《战争与和平》，我着手翻译已经是八九年前的事了。那时我寄居在日本，上海的一家书店托人向我交涉，要我翻译这部书，我主要的为要解决生活，也就答应了。但认真说来，我实在不是本书的适当的译者，因为我不懂俄文，并不能从原文中把这部伟大的著作介绍过来"。②

也因为要生活，所以翻译的很多方面不是自己能够做主的，"这个集子所选的不能够说都是日本现代文坛的代表作。因为在选这个集子上有字数的限制，选译者在这个严格的限制的范围内，想要多介绍几个作家，多介绍几篇作品，因此便不免要赶各个作家的短的作品选择，无形之中便又来了一个愈短愈好的限制"。③

"寄身在外邦时时有朝不保夕之慨。生活的压迫几乎屡屡使人窒气。记得一家七口有专靠本书的预支办税月六七十元而过活者，因译述之进行时有阻碍，即此月六七十元之数亦不能按月必保。"④ 因此，对于《生命之科学》的"译述，因为图求食粮之接济……译得一部分便寄出一部分以预支一部分的印税来维持生活"。⑤

这种以翻译来勉强糊口的流亡日子，对郭沫若的影响是非常明显的，以至于"抗战完结以后又回到上海，承神州国光社以本书的纸版交付，作为版税的两抵，我乐于接受了"。⑥

郭沫若通过翻译作品获得了养活一家人的经济收入，更为重要的是也为他专心于学术研究解除了后顾之忧，使他能够在翻译活动之余安心于有关中国古代社会、历史等方面的学术思考。试想如果没有这些翻译的版税的话，郭沫若还能够如此平静地阅读相关研究资料，进而取得如此丰硕的

---

① 郭沫若：《沫若文集》（第 8 卷），人民文学出版社，1958，第 348 页。
② 郭沫若：《序〈战争与和平〉》，《郭沫若集外序跋集》，四川人民出版社，1982，第 343 ~ 344 页。
③ 郭沫若：《日本短篇小说集·序》，上海商务印书馆，1935，第 3 页。
④ 郭沫若：《生命之科学·译后》，广西师范大学出版社，2003，第 1685 页。
⑤ 郭沫若：《生命之科学·译后》，广西师范大学出版社，2003，第 1686 页。
⑥ 郭沫若：《政治经济学批判·序》，上海群益出版社，1947，第 2 页。

学术研究成果吗？

3. 郭沫若流亡日本十年翻译活动对学术研究的学理支撑

如果我们认为郭沫若流亡日本十年的翻译活动仅仅只是解决了他从事学术研究的经济顾虑的话，还是有些过于简单化和表面化，从而遮蔽了郭沫若翻译和学术研究内在的互通性和关联性。因为"选择哪些对象来翻译，在什么时候翻译，动因十分复杂。其中诚然有市场原因，也有译者个人的审美趣味与随机性，但市场的需求与个人的选择每每同时代思潮密切相关，所以，就其大端而言，可以说是时代思潮的影响"。[①]

经过1928年之后短暂的蛰伏期，1929年郭沫若迎来了自己学术研究的高峰期，相继完成并出版了《中国古代社会研究》和《甲骨文字研究》[②] 等一批历史、古文字的学术研究著作。以此为开端，在随后的十五年里郭沫若的学术研究进入到了"黄金时期"，也奠定了他作为现代中国不可或缺的历史学家的学术地位。我们对郭沫若在历史学、古文字学等方面研究的爆发，大多归结为他利用了十年的流亡时期，远离了国内的纷争获得了充裕的时间，也有的把它归结为郭沫若特有的学术素养，还有的把它归结为郭沫若在日本获得了国内少有的第一手资料。但仅仅只有这些原因，我觉得还是不完全的。我们忽略了郭沫若同一时期的翻译活动对于他学术研究的重要影响。周恩来就认识到郭沫若"精研古代社会，甲骨文字，殷商青铜器铭文，两周金文以及古代铭刻等等，用科学的方法，发现了许多真实"。[③] 周恩来所说的"科学的方法"究竟指的是哪种具体的方法呢？如果我们仔细考究史料便会发现，他的所有有关历史、古文字方面专著的出现和相关论断的提出，都是在他翻译《美术考古学发现史》[④] 这本考古学著作之后。究竟这本书对郭沫若学术研究有何影响呢？

郭沫若翻译《美术考古学发现史》是具有很强的现实目的性的。他开宗明义地指出："去年年初我在研究中国的古代社会的时候，我感觉到要

---

① 秦弓：《二十世纪中国翻译文学史·五四时期卷》，百花文艺出版社，2009，第23页。

② 这一批学术研究著作主要有：《中国古代社会研究》（1930年3月20日由上海联合书店初版发行），《甲骨文字研究》（1931年5月由上海大东书局影印本初版发行），《殷周青铜器铭文研究》（1931年6月由上海大东书局初版发行），《金文丛考》（1932年8月由日本文求堂书店影印）等。

③ 周恩来：《我要说的话》，《新华日报》1941年11月16日。

④ 此书最初在1929年7月由上海乐群书店初版发行，在1948年8月改由上海群益出版社出版时，书名改为《美术考古一世纪》。

处理这个问题，关于考古学上的准备智识是不可缺少，我便选读了这部书。"① 这也就非常鲜明地指出，翻译这本书就是为研究中国古代社会历史服务的，而且"为了要想弄清中国社会的史的发展，我开始了古代社会的研究，除了要把先秦的典籍作为资料之外，不能不涉历到殷墟卜辞和殷周两代的青铜器铭刻。就这样我就感觉了有关考古学上的智识的必要。……这就是使我选择了这部书的动机"。② 这一选择的产生自然与他当时正着手进行的考古学研究有极大的关系，更直接的原因在他后来的考古学著作中有所显示。

事实证明郭沫若的判断是正确的，《美术考古学发现史》一书记录了19 世纪欧洲美术考古的进展，尤其是希腊罗马时代遗存的发现状况，其中对于希腊美术考古介绍最多，同时在该论著中也兼而论及了非欧洲地区的美术考古。"这书实在是一本好书，它把十九世纪欧洲方面的考古学上的发掘成绩叙述的头头是道。因为站在美术考古的立场，令人读起来只是感觉兴趣，而一点也不感觉枯燥。"③ 最重要的是，米海里司在书中的"发现与学术"一章中论及了19 世纪美术考古的发现与学术之间的密切关系。在西方，19 世纪考古学恰巧处于由 17 世纪下半叶至 18 世纪搜集古代艺术品向系统化的科学研究转变的时刻。近代考古学所运用的地层学和器物类型学正形成于此时。《美术考古学发现史》就是对这种考古学方法的集中介绍和论述。

郭沫若即使在十八年之后该书再版时，还不断表达着"受这书的教益太大"，并且"我的关于殷墟卜辞和青铜器铭文的研究，主要是这部书把方法告诉了我，因而我的关于古代社会的研究，如果多少有些成绩的话，也多是本书赐给我的。……最要紧的是它对于历史研究的方法，真是勤勤恳恳地说的非常动人。作者不惜辞句地教人要注意历史的发展，要实事求是地作科学的观察，要精细地分析考证而且留心着全体……假如我没有译过这本书，我一定没有本领把殷墟卜辞和殷周青铜器整理得出一个头绪来，因而我的古代社会研究也就会成为砂上的楼台的"。④

可以说郭沫若恰恰因对这本书的翻译，清醒地认识了当时中国考古的

---

① 郭沫若：《美术考古学发现史·译者序》，上海湖风书店，1931，第 1 页。
② 郭沫若：《美术考古一世纪·译者前言》，新文艺出版社，1952，第 1 页。
③ 郭沫若：《美术考古一世纪·译者前言》，新文艺出版社，1952，第 3 页。
④ 郭沫若：《美术考古一世纪·译者前言》，新文艺出版社，1952，第 3 页。

弊病所在。20 世纪中国考古学出现了非常重要的三大发现：甲骨文字、敦煌文书、周口店北京猿人遗址。这也直接促使中国考古科学开始出现并发展起来。但在郭沫若《美术考古学发现史》译介之前，中国国内考古学的知识还处于传统金石学附庸的地位。如罗振玉、王国维等大师关于古文字的研究著作不绝，对国外学术也有所借鉴，但是还未能彻底形成一套完整而又系统的考古学学科知识。真正的田野考古学发掘在 1928 年中央研究院历史语言研究所对安阳殷墟发掘之前始终也还是由外国人领导的。

郭沫若迫切要求系统地厘清古代社会，厘清古代文字，为自己的相关研究开辟一片新的天地。《美术考古学发现史》的翻译完成是最为重要和及时的了。

因此，郭沫若在流亡日本十年期间所完成的相关翻译作品，对他的古代社会研究、甲骨文字研究等提供了方法论上的启示，也为他独特学术研究理论体系的形成奠定了基础。

三 翻译隐喻了什么：过往郭沫若研究未解之谜解析

对于郭沫若流亡日本的十年，周恩来是这么评价的，"他不但在革命高潮时挺身而出，站在革命行列的前头，他还懂得在革命退潮时怎样保存活力，埋头研究，补充自己，也就是为革命作了新贡献，准备了新的力量。他的海外十年，充分证明了这一真理"。[①] 透过这简短的评价，我们不难看出，郭沫若流亡日本的十年是他人生历程中不可或缺的部分。然而，我们今天对这一时间段的研究恰恰是非常薄弱的，至少对这一阶段的认识是不全面的。

1. "球形天才"是这样形成的

郭沫若被界定为"追求多方位自我实现的'球形天才'"[②]，那么所谓"球形天才"是何时形成的呢？另外，我们以往都知道这样一个常识——郭沫若流亡日本十年"成为著名的历史学家、古文字学家、人文社科学研究的通才"[③]，那么郭沫若的"通才"是如何实现的呢？要

---

① 周恩来：《我要说的话》，《新华日报》1941 年 11 月 16 日。
② 魏建编《现代中国文学读本》（上），齐鲁书社，2003，第 181 页。
③ 魏建编《现代中国文学读本》（上），齐鲁书社，2003，第 180 页。

回答这一问题，笔者认为郭沫若流亡日本十年的翻译活动起到了至关重要的作用。

对于近现代社会"作家的养成、读者审美趣味的熏陶、文学表现领域的开拓、文体范型与创作方法创作技巧的示范和引导、现代文学语言的成熟，乃至整个现代文学的迅速萌生与茁壮成长，翻译文学都起到了难以估量的巨大作用"。① 那么具体到个体来讲，译者的翻译活动对他自己一定也会起到非常重要的作用。作为翻译了 500 多万字，共有 30 多部译作的译者，郭沫若的翻译活动在他的文化体系中占有特别重要的地位，特别是他流亡日本的"十年内，他的译著之富，人所难及"。②

郭沫若从狂飙突进的五四新文化运动走到了"科学的春天"，见证了中国现代文化发展蜕变的艰辛和前进的曲折。他每一次人生的抉择也绝不仅是自我个体的事情，更多地代表了现代中国文化人的道路抉择和价值判断，显露了现代中国知识分子文化心态的变迁和更迭。对从革命高潮期退守日本继而又重新回到国内社会斗争的舞台的郭沫若来讲，流亡日本十年的重要价值是不言而喻的，而这期间的翻译活动更是我们应该研究的对象。

郭沫若流亡日本所走过的道路，已经不同于五四时期他和同时代的文化人所经历的轨迹。五四时期他们绝大多数是以实业救国的心态奔赴国外，经历过心灵的阵痛之后，毅然而然地走上了文学创作的道路。这条道路在鲁迅和郭沫若身上最为明显，因而他们两人对中国现代文化发展的影响是毋庸置疑的。如果说鲁迅是以"专"和"深"来构建自己的文化体系的话，那么郭沫若就是以"全"和"广"来实现自己改造社会的目标。郭沫若的"全"和"广"实现的关键期便是流亡日本的十年。

郭沫若在流亡日本十年期间文化活动的轨迹便是先翻译、再研究、后创作。"翻译、研究和创作"成为他在日本流亡十年生活的三极构成，这三极有效地建构了他对世界和文化的最初认知，同时也影响了他今后人生的抉择。忽略了任何一极的存在都很难对他做出客观公正的历史评价。在这种思维方式的支配下，郭沫若已经从单一创作型的作家转变为对多元丰

---

① 秦弓：《二十世纪中国翻译文学史·五四时期卷》，百花文艺出版社，2009，第 2 页。

② 周恩来：《我要说的话》，《新华日报》1941 年 11 月 16 日。

富学识探究的学者，成为一个名副其实的"球形天才"，他的译作中除了文艺类型作品之外也有多部自然科学类、社会科学类作品。这些现象的出现如果仅仅用创作理论或用翻译知识很难给出一个圆满的解答，但是如果把他翻译实践的经历、研究知识体系的建构以及多元创作三方面结合起来思考，很多疑问便会迎刃而解了。其中，翻译架起了研究和创作的桥梁；由翻译形成了郭沫若独具特色的有关中国古代历史和甲骨文研究的方法；翻译也推动了郭沫若 1937 年归国前后又一次创作的高潮。因此，作为中介和桥梁的翻译活动，有效地搭建了郭沫若探究知识的学术平台，完善了他的学术体系，同时也完成了创作与研究的交流和转换，从而也促进了他多方面"通才"的成型。

1927 年 4 月大革命失败后，流亡日本的中国知识分子不在少数。在这些知识分子的人生道路选择和生活方式上，郭沫若无疑最具标本的价值。他在从事历史文化研究之初便开始进行外国文学作品的译介，以自己独有的翻译理念向国人展示了西方文化和社会现状的独有魅力。他1936 年翻译完成《华伦斯坦》和《赫曼与窦绿苔》后又一次喷涌出了新的文学创作的欲望，并由此完成了如《甘愿做炮灰》和《棠棣之花》等新编历史剧。更为重要的是，翻译、创作和研究三者已经融会为一种潜在的思维理念并影响了郭沫若的一生。郭沫若以后的甲骨文研究、历史研究等无不与这一时期的思维训练有着密切的关联。郭沫若的标本价值可以进一步印证一个道理，那就是中国现代文学的发生是多元的。我们不能仅仅只是追溯白话文学自身历史的演变，还应该去考虑创作者的学科背景、留学经历、翻译实践等多方面的因素，这样的文学史才是真实、生动、可感的。

2. 郭沫若流亡日本十年文化心态的重新释读

流亡日本的十年对郭沫若的影响是巨大的，不仅使他蜕变成为学者型的"球形天才"，而且促使他文化心态趋向成熟。这与翻译活动的影响是密不可分的。翻译"从对象的选择到翻译的完成及成果的发表，从巨大的文学市场占有量到对创作、批评与接受的广泛而深刻的影响，都作为走上前台的重要角色，直接参与了现代文学历史的建构和民族审美心理风尚的发展，对此应该给予足够的重视"。① 翻译活动对译者心理的影响同样是非

---

① 秦弓：《二十世纪中国翻译文学史·五四时期卷》，百花文艺出版社，2009，第 2～3 页。

常重要的。有关郭沫若流亡日本时期的心理，蔡震先生在其论文《"去国十年余泪血"——郭沫若流亡日本的心理历程（上）》中已经有了非常详尽的表述，并提出了"往观郭沫若的一生，大都与激情澎湃、呐喊高歌、轰轰烈烈联系在一起，只有流亡日本的 30 年代初期这段时间算个例外。如果说在他的一生经历中确曾有过入世、出世的不同，这段时期应该称作他出世的时期，至少在生活方式上是如此"① 的观点。如果仅仅从郭沫若的学术研究及表面生活的方式来讲，这可以说是对郭沫若在流亡日本期间心理的一种归纳。但是如果联系郭沫若流亡日本之前、之后的文化心理以及社会行为活动来看，"出世"的提法还显得略有简单。如果把郭沫若流亡日本十年的心理简单归结为"出世"的话，就会与郭沫若流亡日本之前那种奋不顾身投入实际的社会革命运动之中的积极心态，以及流亡日本之后毅然决然别妇抛雏回国救亡参战的迫切需求不太相符，中间明显缺乏了一种合理过渡的缓冲心理。

如果要联系郭沫若流亡日本十年期间的翻译活动来看，郭沫若此时的文化心理应该呈现"出世"与"入世"并存的状态。有关"出世"，蔡震先生已经论述得非常详细，就不再冗述。郭沫若在流亡日本期间所翻译的作品基本上都与现实社会斗争有直接的关系。他不仅直接翻译有关社会发展的理论作品，而且就连翻译的自然科学类的作品也极具社会现实价值。郭沫若通过翻译活动，延续了他对社会现实问题的持续关注，保持了他一贯"入世"的心态。如他能够从 1931 年 3 月到 1949 年 11 月坚持了十九年将《生命之科学》翻译完成的最重要原因就是他以"大众化为其目标，以文学化为其手段"实现了"科学的中国化"② 的目的。

虽然这种"入世"心态相对于郭沫若在 1928 年之前和 1938 年之后那种直接参与实际社会斗争的心态在外在表现形式上有所不同，但是他通过翻译活动所展现的对于国内局势和社会现实的或隐或显的持续关注，便是他"入世"心态的延续，同时也是他 1938 年后继续投身于中国革命现实社会的动力。透过郭沫若流亡日本十年的翻译活动和学术研究活动，他在这期间既"入世"又"出世"的心态便展现无遗。这也是传统知识分子

---

① 蔡震：《"去国十年余泪血"——郭沫若流亡日本的心理历程（上）》，《郭沫若学刊》2006 年第 3 期。

② 郭沫若：《郭沫若集外序跋集》，四川人民出版社，1982，第 315～316 页。

"儒道互补"文化观念的典型体现。

流亡日本十年是郭沫若一生中最重要的时期。但是，由于资料等方面的原因，目前的研究很少涉及这一时期，其中翻译活动更是无人涉足。翻译、研究和创作是郭沫若流亡日本十年所走过的人生轨迹，翻译更是对他的创作和研究起到了桥梁和纽带的作用，也构建了他的完整的现代文化体系。

创造社
研究

《创造》季刊与创造社的"异军突起"

李跃力*

摘　要：《创造》季刊是创造社编辑的第一份正式刊物。它的出刊与发行，事实上标志着作为同人社团的创造社正式出现于中国现代文坛。《创造》季刊于 1922 年 3 月 15 日出版第一卷第一期，由泰东书局发行，于 1924 年 2 月 28 日出版第二卷第二期后停刊，共出版六期。《创造》季刊的作者群，除了创造社同人之外，还有徐志摩、张友鸾、张定璜、冯至、淦女士等人。它所刊载的作品，体裁多样，包括小说、戏剧、诗歌、散文、评论等，充分显示出新文化运动之后中国现代作家的创作活力。《创造》季刊持续的时间虽短，但含量丰富。尤为重要的是，它是创造社文学理念的践行者。作为一份"纯文学季刊"的《创造》季刊不仅展示了创造社同人的创作实力，奠定了郭沫若、郁达夫、成仿吾、张资平等创造社元老在文坛的地位，也与文学研究会的创作实践形成了鲜明的对照，丰富了中国现代文学的发展风貌。

关键词：创造社　《创造》季刊　郁达夫　郭沫若

一　创刊：蓄积的愤懑

1921 年 9 月 29 日的《时事新报》登出了"纯文学季刊《创造》出版预告"："自新文化运动发生后，我国新文艺为一二偶像所垄断，以致艺术之新兴气运，澌灭将近。创造社同人奋然兴起打破社会因袭，主张艺术独立，愿与天下之无名作家共兴起而造成中国未来之国民文学。"② 这则出自郁达夫之手的广告，义愤填膺、锋芒十足，他似乎借此发泄压抑已久的怨

---

　*　李跃力，陕西师范大学文学院副教授。

　②　郁达夫：《纯文学季刊〈创造〉出版预告》，《时事新报》1921 年 9 月 29～30 日。

气。这篇小文蕴含着诸多可供细细品味的信息，包含了创造社的"主张艺术独立"的艺术追求，也就是创造社后来大力提倡的"为艺术而艺术"的文学倾向；它还显示出创造社以"无名作家"的代言人自居的弱者身份认同，以及打破偶像、颠覆权威的反抗精神。

《创造》季刊不同凡响的亮相背后实际上隐藏着诸多意气之争与人事纠纷，预告中的"一二偶像"指的就是文学研究会诸君。这场纠纷的起源与创造社创办刊物的曲折和艰难有关。早在创造社成立之前，在日本留学的郭沫若就曾与张资平谈论起国内的文化状态，并对国内的刊物表示不屑："我那时最感不平的是商务印书馆所出版的《东方杂志》和《小说月报》，那是中国有数的两大杂志，但里面所收的文章，不是政谈，便是连篇累牍的翻译。而且是不值一读的翻译，小说也是一样，就偶尔有些创作，也不外是旧式的才子佳人的章回体。""中国真没有一部可读的杂志。"① 于是，他们萌生了要创办一种刊物的念头："其实我早就在这样想，我们找几个人来出一种纯粹的文学杂志，采取同人杂志的形式，专门收集文学上的作品。不用文言，用白话。"② 他们似乎是未经世事，将创办刊物想得太简单："我想就只有四个人，同人杂志也是可出的。我们每个人从每月的官费里面抽出四五块钱来，不是便可以做印费吗?"③ 这项计划虽未立即付诸实践，但为两年后创造社筹办刊物奠定了基础，办刊理念在此时已初露端倪。

其间，创造社同人也曾自己印制了一份名叫 Green 的刊物，在同人的小圈子中传播，但只出了两期便夭折了。对创造社同人而言，这份刊物意义重大，但因缺少读者和市场，刊物几乎没有什么生命力。失败的经历使这帮年轻人认识到，寻找出版社出版正规的面向社会发行的刊物方为正道。

他们首先委托田汉在国内寻找出版机构，田汉又通过在中华书局任编辑的左舜生代为找寻，但各大书局均不肯为这帮初出茅庐的年轻人印行这份看上去并没有任何经济前景的文学刊物。"我也奔走了几家。中华书局不肯印，亚东也不肯印；大约商务也怕是不肯印的。"④ 与当时文坛风头正

---

① 郭沫若：《创造十年》，上海现代书局，1932，第 40~41 页。
② 郭沫若：《创造十年》，上海现代书局，1932，第 43 页。
③ 郭沫若：《创造十年》，上海现代书局，1932，第 46 页。
④ 郭沫若：《创造十年》，上海现代书局，1932，第 136 页。

健且拥有《小说月报》的文学研究会相比,这样的闭门羹自会使胸怀壮志的创造社同人愤懑不已,但又无可奈何。可无论怎样,历史的机缘终于使他们与上海的一家小出版社泰东书局产生了联系,最终催生了《创造》季刊,也使泰东书局成了"创造社的摇篮"。①

1922年3月,《创造》季刊第1卷第1期终于面世。其离《时事新报》刊登的"出版预告"已相隔半年有余。无论是否遭受泰东书局不公正的盘剥,与泰东书局的合作终于促成了《创造》季刊的面世与"创造丛书"的刊行,也使得创造社能够浮出水面,发出真正属于自己的声音。作为现代文坛的一代新人,他们在"出道"之前所遭受的种种磨难一方面自然会转换成奋斗的动力,另一方面也必然会转换成怨气而发泄出来。郁达夫的那则"出版预告"可能仅仅是发泄的开始。郭沫若在信中坦陈心迹:"《创造》预告我昨日在《时事新报》上看见了。同人们都在希望我们的杂志早出版……我见了预告之后,于感得快意的里面,同时增添了无限的责任心,我们旗鼓既张,当然要奋斗到底。……我们今后一方面创作,一方面批评,当负完全的责任:不要匿名,不要怕事,不要顾情面,不要放暗箭。我们要大胆虚心佛情铁面,堂堂正正地作个投炸弹的健儿!"②

在《创造》季刊第1卷第1期上,郁达夫的愤激立场与"出版预告"一般无二,他在《艺文私见》中近乎破口大骂:"目下中国,青黄未接。新旧文艺闹做了一团,鬼怪横行,无奇不有。在这混沌的苦闷时代,若有一个批评大家出来叱咤叱咤,那些恶鬼,怕同见了太阳的毒雾一般,都要抱头逃命去呢!""Mathew Arnold 也好,Walter Pater 也好,Thomas Carlyle,H. A. Taine,G. E. Lessing,Belinsky,Georg Brandes,等无论那一个,能生一个在我们目下的中国,我恐怕现在那些在新闻杂志上主持文艺的假批评家,都要到清水粪坑里去和蛆虫争食物去。那些被他们压下的天才,都要从地狱里升到子午白羊宫里去呢!"③ 这种立场固然是创造社同人备受压制的心理的反弹,但终究不是正当的文学论争的态度,这无疑是想靠"骂"以及"回骂"形成轰动效应。创造社的新生力量似乎要采取这样激进的方式成长起来。

---

① 创造社与泰东书局合作的来龙去脉,刘纳有甚为详细的梳理,此不赘述。参见刘纳《创造社与泰东图书局》,广西教育出版社,1999,第79~111页。
② 郭沫若:《海外归鸿》(三封信),《创造》季刊第1卷第1期,1922年3月15日。
③ 郁达夫:《艺文私见》,《创造》季刊第1卷第1期,1922年3月15日。

　　中国的现代文坛自"五四"之后缓慢发展，文坛的格局逐渐清晰。郁达夫所谓的文坛"偶像"也已形成。文坛的格局越是界限分明，新生的力量就越是难以介入。这些"文坛偶像"就是那些拥有文坛声名的作家。这些作家拥有社会资本（声望），也就很容易获得文化资本（话语权），因为出版机构看中的恰恰是社会资本（名望）所能换来的经济资本。社会名望越高，其著作和所编刊物就越畅销也就越有经济利润，出版社自然乐意给他们提供平台。而对于默默无名的"新进作家"而言，比如创造社，唯利是图的出版商当然不愿意在他们身上产生投资的想法，因为投资便意味着折本。① 由此，创造社遭受的冷遇也在情理之中，泰东书局的赵南公若不是看中郭沫若的声名与潜质，就不会有《创造》季刊的诞生。面对文坛"偶像"和文坛的资本运作机制，新兴的势力往往采用两种姿态来进入文坛，一种是跟随"偶像"，另一种是对抗"偶像"。跟随"偶像"，是服膺于文坛强势力量的文学旗帜之下，静等新旧更迭之日，或者待到自己声名渐隆，才与之脱离并另立山头；对抗"偶像"，则是一开始就采取激进的先锋姿态，与现有文坛"偶像"对立，利用手中的文化资本，对"偶像"进行批判与攻击，从而获得文学场的通行证。以"天才"自居的创造社同人，很自然地采取了与"偶像"对立的决绝姿态，出刊的艰难更强化了他们对现有文学秩序的怨恨。因此，一旦他们获得言语的平台，这平台就注定被他们当作向文坛"偶像"冲击的阵地。

二　"骂人"：进入文坛的方式

　　对刚刚进入现代文坛的创造社诸君而言，文坛的"偶像"十分清楚。大名鼎鼎的胡适先生，实力强大的文学研究会都处在文坛的中心，拥有丰厚的社会资本和文化资本。因此，《创造》季刊的锋芒所向，自是二者无疑。其间矛盾纠葛，笔战连连，多数是意气之争，是"行帮意识"，少数是文学观念的冲突，正如郭沫若所言："文学研究会和创造社并没有根本的不同，所谓人生派与艺术派都只是斗争上使用的幌子。"②

---

① 布尔迪厄对资本以及各种资本形式之间的转换问题曾有精当的论述，可为参照。包亚明主编《文化资本与社会炼金术——布尔迪厄访谈录》，包亚明译，上海人民出版社，1997，第 189～211 页。

② 郭沫若：《创造十年》，上海现代书局，1932，第 195 页。

在《创造》季刊的首期上，郁达夫就宣称"真的天才，和那些假批评家假文学家是冰炭不相容的"①，其暗指十分明显；张资平的《出版物道德》则指出《小说月报》第12卷第8号《近代德国文学的主潮》和《大战与德国国民性及其文化》二文是抄译本年3月号《中央文学》"独逸文化号"，但《小说月报》却只注明原作者姓名，不把被译的书名及出版日期注明，这分明是不讲出版物道德；张资平的《"创作"》一文还是针对《小说月报》，它对《小说月报》所刊载的《遗音》和《换巢鸾凤》进行了简短的评论，前者有"非科学的描写"，后者更是让人"不觉其真"，"……实写程度，怕够不上20%"。② 这些文章的矛头全部指向文学研究会。创造社同人以《创造》季刊为依托，一方面全面展示他们在文学创作上的实力与成绩，另一方面展开了与文学研究会和胡适的笔战。

郁达夫的《艺文私见》首先引起了文学研究会的回应，沈雁冰以"郎损"之名在《文学旬刊》上发表了《〈创造〉给我的印象》一文。与创造社对文学研究会的态度相似，沈雁冰对《创造》季刊首期的作品进行了近乎苛刻的批评，无论是张资平、田汉，还是成仿吾、郁达夫，作品中都有或多或少的缺陷，因此，"创造社诸君的著作恐怕也不能竟说可与世界不朽的作品比肩罢"。在沈雁冰看来，现在与其多批评别人，"不如自己多努力"，"更望把天才两字写出在纸上，不要挂在嘴上"。③

这些"酷评"自不为创造社同人所认同，在他们看来，是文学研究会首先对他们发难，对他们进行压制和排挤。其原因在于文学研究会在发起时曾邀请田汉和郭沫若加入而遭到他们的拒绝。郭沫若后来回忆道："原来振铎他们在要发起文学研究会的时候，有一封信寄到东京田寿昌处，约他和我加入。这封信寿昌没有转寄给我，同时也没有答复，就在这儿种下了一个与文学研究会未曾合作的因子。"④他在《创造十年》中详细剖析文学研究会处处与他们为敌的主要原因，除了拉拢他们入会没有得逞外，"《创造季刊》出预告时又由达夫暗射了他们'垄断文坛'的话，于是乎在不知不觉之间便结起了仇怨。《文学旬刊》上早就有好些文章在嘲骂我们，例如骂颓废派的'肉欲描写者'便是指郁达夫；骂'盲目的翻译者'

---

① 郁达夫：《艺文私见》，《创造》季刊第1卷第1期，1922年3月15日。
② 张资平：《"创作"》，《创造》季刊第1卷第1期，1922年3月15日。
③ 郎损（沈雁冰）：《〈创造〉给我的印象》，《文学旬刊》第39期，1922年6月1日。
④ 郭沫若：《创造十年》，上海现代书局，1932，第127页。

便是指我和寿昌。《创造季刊》出版之后更蒙沈雁冰以郎损的笔名加了一次酷评，所谓文学研究会是人生派，创造社是艺术派，颓废派，便一时甚嚣且尘上了起来"。① 对郭沫若而言，沈雁冰化名为"郎损"进行的评判，恰恰印证了他的"鸡鸣狗盗式的批评家"的论断，"既是要做一个批评家，便当堂堂正正地布出论阵来，何必要学那种怀抱琵琶半遮面的丑态呢！要说就说得一个痛快，要骂就骂得一个淋漓，何必要那样吞吞吐吐，只徒挑剔别人的字句，把捉人的话头，在那里白描空吠呢！"②

在《创造》季刊第1卷第4期上，成仿吾干脆写了《创造社与文学研究会》来总结两个社团之间的恩恩怨怨。在他看来，文学研究会与创造社不合的最主要的原因"不在起初不大接近，而在起初他们来拉人时，有了这么一个不幸的 prologue，也可以知道因为有了这么一个不幸的 prologue，文学研究会对于我们才不惜他们种种无聊的军事行动。他们对于我们多怀着的敌忾心，完全是发源于这一点"。"文学研究会的那一部分人，所以碰死碰命地与我们打架的原因，一是因为田寿昌没有理他们，所以疑及我们的全体，二是因为文学研究会成立的时候，气焰正盛一见我们没有理会他们，很觉得我们是一些大胆的狂徒，无聊闯入者就想只等我们把头现出来，要加我们以凶狠的猛击。"③

创造社不断强调的有两点：其一，文学研究会向创造社发难在先；其二，发难的原因在于文学研究会想拉拢田汉、郭沫若入会未果而恼羞成怒。这无疑是一种斗争的策略，郑振铎曾邀约田汉、郭沫若加入文学研究会是事实，但文学研究会对创造社的批评主要还是对创造社火药味浓厚的攻击的回应。作为文坛的新生力量，创造社需要获得自己的支持者和读者群，这就迫使他们不得不树立起自己的假想敌，亮出自己的旗号。文学研究会提倡"为人生而艺术"，创造社就高举"为艺术而艺术"。唯有如此，才能使创造社自身的鲜明特色显现出来，也才能更容易使其在文坛中凸显出来。正如郭沫若后来所说的，"所以在我们现在看来，那时候的无聊对立只是封建社会下培养成的旧式的文人气习之相轻，更具体的说，便是行帮意识的表现而已"。④ 郭沫若所言自有其道理，但更为重要的是，创造社

---

① 郭沫若：《创造十年》，上海现代书局，1932，第194页。

② 郭沫若：《批判意门湖译本及其他》，《创造》季刊第1卷第2期，1922年8月25日。

③ 成仿吾：《创造社与文学研究会》，《创造》季刊第1卷第4期，1923年2月1日。

④ 郭沫若：《创造十年》，上海现代书局，1932，第196页。

对文学研究会的主动"开战"是创造社采取的文坛姿态和斗争策略,他们往往以受欺辱的弱者自居,以此来凸显自己,赢得读者的认同。

除去创作,翻译也是创造社显示自己才华的领域。在中国新文学的起步阶段,西方文学的思想内容与创作经验是新文学发展、完善自身的重要资源,而翻译无疑是这种资源的最重要的传输渠道。因此,中国现代作家一向以创作与翻译并重。不可否认的是,翻译也是一项创造性劳动,想做好并非易事。尤其是出于功利目的匆匆译就,译文自然难以经得起推敲。因此,翻译界似乎永远不缺少粗制滥造的译本。郁达夫在《夕阳楼日记》中指出了余家菊所译的《人生之意义与价值》的诸多错谬之处,并给出了自己的译文。此举却引起了胡适的注意,他在《努力周报》第20号(9月17日)上的《编辑余谈》中指出郁达夫的改译"句句是大错"。胡适对郁达夫批评的主要原因实际上并不在于郁达夫对余家菊译文的指责,而在于郁达夫含沙射影的一番话:"我们中国的新闻杂志界的人物,都同清水粪坑里的蛆虫一样身体虽然肥胖得很,胸中却一点儿学问也没有。有几个人将外国书坊的书目录来誊写几张,译来对去的瞎说一场,便算博学了。有几个人,跟了外国的新人物,跑来跑去的跑几次,把他们几个外国的粗浅的言说,糊糊涂涂的翻译翻译,便算新思想家了。"① 所谓的"几个人",明显包括胡适。这种尖酸刻薄的讽刺激起胡适的愤怒回击也是必然的。面对胡适的批判,郭沫若和成仿吾的"行帮意识"就体现了出来。就在随后的《创造》季刊第1卷第3期上,郭沫若发表了《反响之反响》,指出胡适改译的"这五句译文中除第一句和第五句无甚可议之外,其余的三句才'句句是大错'并且还有'全不通'的地方"。他详细剖析语法和句式,以及单词的意思,并以德文原文为参照,指出胡适的错讹。② 成仿吾则直指胡适的态度和这种态度可能产生的流弊:"胡先生教人莫骂人,他自己骂人没有?郁达夫是骂人骂昏了头的,他的'蛆虫''肥胖得很'确是不对,谁也不能说他好。可是胡先生的'浅薄无聊的创作',不也是跟着感情这头恶狗,走到斜路上去了吗?……胡先生抹杀了他人的论旨……胡先生压迫了他人的言论……胡先生忘记了将来的流弊。"他还将胡适、余家菊、郁达夫的译文都抄下来,三者相互对照,发现郁达夫只译错了两个词

---

① 郁达夫:《夕阳楼日记》,《创造》季刊第1卷第2期,1922年8月25日。

② 郭沫若:《反响之反响》,《创造》季刊第1卷第3期,1922年11月25日。

语，而胡适则有好几处"大错特错"的地方。① 一人受到攻击，多人为之辩护，这体现了创造社的团体意识。但尤为重要的是，他们在与文化名人胡适关于翻译的论战中占了上风，显示出了他们极好的翻译才能，这才是创造社同人最需要的。

三　"开放"：同人色彩的淡化

创造社的诸君自然明白，单单倚仗"打架"只能"杀开一条血路"，而要持久、踏实地走下去则需要创作上的实力做支撑。《创造》季刊本身是以"文艺季刊"为定位的刊物，也只有展示自己在创作上的"天才"，才能赢得读者的青睐和文坛的认可，才能真正在文坛上占有一席之地。因此，每期《创造》季刊的主打栏目都是"创作"。与另外的两个栏目"评论"与"杂录"相比，"创作"的分量要占到一份刊物的一多半，由此足见创造社对创作实践的看重。

就"创作"一栏而言，刊发了体裁多样的文学作品，以小说为主，包括诗歌、戏剧等，如郭沫若的《棠棣之花》、郁达夫的《茫茫夜》和《采石矶》、张资平的《上帝的儿女们》等。这些创作大都继承了"五四"个性解放的余音，抒发个体内心的苦闷和对爱情的渴求。但应该注意的是，刊物对作家而言一方面意味着展示自我的平台，另一方面也对作家形成了限制。作为一份同人刊物，《创造》季刊成为创造社诸君的文化资本，使他们能够获得社会资本和经济资本，显示了创造社在文学上所取得的成就。但《创造》季刊又仅仅是个平台，它需要诸位同人的作品来实现。因此，为了能使《创造》季刊顺利印出，散处四方的诸位需要及时供给稿件。但一部作品问世的时间并不是作家本人所能控制的，若只是出于应付出刊的需要而创作，作品的价值就难以保证。《创造》季刊常常愆期的原因固然有郭沫若所言的"我们同人都是散处四方，集起稿来很费周折，所以杂志的出版，每每不能如期"②，但更为重要的原因恐怕还是很多预定的稿件不能及时供给。

---

① 成仿吾：《学者的态度——胡适之先生的"骂人"的批评》，《创造》季刊第 1 卷第 3 期，1922 年 11 月 25 日。

② 郭沫若：《编辑余谈》，《创造》季刊第 1 卷第 2 期，1922 年 8 月 25 日。

这样，《创造》季刊若要坚持同人色彩就面临挑战。同人刊物的定位可能一开始给《创造》季刊打上了鲜明的特色，但也与刊物的编辑意图时时形成冲突。因为时间、地点的限制，《创造》季刊采用的是个人编辑。作为同人刊物当然要尽量刊发同人的作品，这就必然带来许多问题。同人的文章质量不高或者不符合本期刊物的整体意图怎么办？现有的同人的文章不能支撑起一份刊物怎么办？更为重要的是，仅仅刊登创造社同人的文章的刊物不是明显地想和读者隔绝且带有强烈的"行帮意识"吗？这样的刊物怎能获得读者和青年作家的青睐？种种限制与悖论迫使《创造》季刊不可能长久走同人刊物的路线，只能是以同人为主，兼纳其他作家，由自我走向公众，由封闭走向开放。

首先需要做的是削减创造社的团体色彩，这样才能使创造社不再是一个封闭的社团，而是面向广大青年的开放的文学组织。在《创造》季刊第1卷第2期的《编辑余谈》中，郭沫若说道："……我们这个小社，并没有固定的组织，我们没有章程，没有机关，也没有划一的主义。我们是由几个朋友合拢来的。我们的主义，我们的思想，并不相同，也并不强求相同。我们所相同的，只是本着我们内心的要求，从事于文艺的活动罢了。"同时，他呼吁道："朋友们！你们如是赞同我们这种活动，那就请来，请来我们手儿携着手儿走罢！我们也不要甚么介绍，也不经甚么评议，朋友们的优秀的作品，便是朋友超飞过时空之限的黄金翅儿，你们飞来，飞来同我们一块儿翱翔罢！"① 如此热情的邀约，赢得一般文学青年的支持与拥戴自是顺理成章。成仿吾也强调说："关于我们这个小社，沫若在第二期中，已经说得很明显。我们是没有何等的制限的。朋友们！请说：这是我们大家的公有。……我们也欢迎各界同胞的有益的批评与优秀的作品。"② 既然创造社不是一个封闭的社团，而是"大家的公有"，那么《创造》季刊也要成为"大家的公有"。于是在《创造》季刊第1卷第4期上，就登出了《创造社启事一》："我们都是一些被压迫的无名的作者，所以我们极愿意为全国的青年朋友们，把我们的小庭园——我们这些无产阶级者的唯一的财产，也实行开放，请他们来自由地栽种。"③ 这样，一些非创造社作家如徐志

① 郭沫若：《编辑余谈》，《创造》季刊第1卷第2期，1922年8月25日。
② 成仿吾：《编辑余谈》，《创造》季刊第1卷第3期，1922年11月25日。
③ 《创造社启事一》，《创造》季刊第1卷第4期，1923年2月1日。

摩、淦女士、冯至、黄慎之等的作品也得以在《创造》季刊上出版。强化《创造》季刊的公共色彩的益处是多重的：首先，解决了稿件的来源问题；其次，可以提升刊物的质量；最后，可以赢得文学青年的拥护。再加上创造社以文学新人自居的态势和弱者的身份认同，天然地和广大青年站在了一起，创造社的"异军苍头突起"与《创造》季刊的编辑策略密不可分。

在中国现代文学史上，创作与批评的紧密互动是悠久而良好的传统。文学批评不仅仅具有推荐、鉴赏的作用，还是创作进入接受环节的最重要的一维。它不仅对作家起着推动的作用，也给读者以指导。《创造》季刊虽以"创作"为主，但也不断强调文学批评。创造社同人一直十分重视文学批评的功用。郁达夫在首期就说："这一次本来打算在评论坛里，大大的做一篇中国创作界批评，因为没有工夫读新出的各杂志和日报上的小说，所以竟流产了。""第二期的评论坛里，打算再来补偿前过，好好的来批评一下。我们所欢迎的是外来的对于各种创作的批评稿子……"① 成仿吾也感叹说："现在我们文学界最可伤心的事，第一是没有几多好的作品，第二是没有几多真的批评。我在本志第二卷里，想竭力怂恿朋友们多做一些介绍与研究，或竟出一个'文艺原理研究号'与一个'文艺批评研究号'。"② 《创造》季刊第2卷第2期还刊出了成仿吾的《批评的建设》和郑伯奇的《批评之拥护》来阐述文学批评的基本原理。创造社对文学批评的强调大致有两层用意：一是推介自己的作品；二是批判他人的作品。虽然他们一再强调批评的态度和道德，也有不少精到的评论，但意气之争使他们的评论带上了很强的主观色彩，显得片面有余，公正不足。文学批评行为本身就是一种权力，创造社对此的强调和实践显示了他们的文学自信，也以此排斥和打击了异己的力量。

作为创造社第一份公开刊物的《创造》季刊，对创造社文坛地位的确立非比寻常。这些初出茅庐的年轻人，正是以《创造》季刊为话语平台，在试图推倒旧有文学"偶像"的基础上，凭借自己的文学实力，开拓出属于自己的文学领地。但是，意气使然和"行帮意识"使得《创造》季刊带上了诸多非文学的因素。诸多言过其实的无由之论和人身攻击或许也构成了《创造》季刊的一大特色。

---

① T. D. Y.（郁达夫）：《编辑余谈》，《创造》季刊第1卷第1期，1922年3月15日。

② 成仿吾：《编辑余谈》，《创造》季刊第1卷第4期，1923年2月1日。

田汉参加和脱离创造社具体时间之考辨

咸立强[*]

摘　要： 所有关于田汉文学活动的论著都会谈及田汉与创造社的关系，而最重要的关系便是田汉参加与脱离创造社的时间。目前学界关于这两个问题的表述多有谬误。借鉴学界关于创造社成立时间的考证成果，可以确定田汉参加创造社的具体时间为 1921 年 6 月 8 日。但各种学术论著关于田汉脱离创造社时间的具体表述不尽相同的根源在于田汉的自述。田汉在自述中说他自己是《创造》季刊第 1 卷第 4 期（1923 年 2 月）"脱退"了创造社的。这种说法不确。田汉"脱退"创造社的具体时间应该为 1923 年 10 月或 1923 年下半年。

关键词： 田汉　创造社　参加　脱离

田汉是创造社的发起人之一，在前期创造社发展中曾经发挥了非常重要的作用。凡述及田汉全面文学活动的论著，不能不谈创造社；凡勾勒创造社发展历程的论著，亦不能不提到田汉。田汉虽然并不像郭沫若、成仿吾、郁达夫那般在创造社里具有举足轻重的地位，但早期创造社的许多事情都和田汉有关：浪漫的田汉以自身的才情刺激着郭沫若、郁达夫、郑伯奇等留日学生小团体，他们碰撞出异常灿烂的火花，最后也因浪漫的个性与创造社分道扬镳。鲁迅曾经说过："文学团体不是豆荚，包含在里面的，始终都是豆。大约集成时本已各个不同，后来更各有种种的变化。"① 集成、变化（包括离散）是社团人事最值得注意的问题。社团成员间聚合离散的过程最能彰显出现代知识分子的个性气质及精神追求。就田汉与创造社而言，相关学术论著都注意到了田汉和创造社的关系，但是在两个最为

---

* 咸立强，华南师范大学文学院教授。

① 鲁迅：《导言》，《中国新文学大系·小说二集》，上海良友图书印刷公司，1935，第 16 页。

要紧的问题上的表述却不尽如人意，即田汉参加创造社的具体时间和田汉脱离创造社的具体时间。迄今为止，相关论著在上述问题上的表述大都缺乏对所使用的史料的甄别分析，有些表述更是人云亦云，缺乏学术的严谨性。田汉参加和脱离创造社的具体时间，是田汉研究和创造社研究都必须要解决的问题。深入细致地探究田汉参加和脱离创造社的具体时间，首先有利于澄清并解决现有学术论著在这个问题上表述的种种缺漏，以免谬说继续流传、误导读者；其次，可以由此进一步探讨这样的学术话题：人们谈论某个人参加或脱离某个现代文学社团时，其依据是什么，所依据的史料是否确切可靠？所依据的史料如果确凿，那么所依据的史料是否充分，对史料的解读是否令人信服？

一　田汉参加创造社的具体时间

早在创造社成立前，田汉"已经成了新文坛的活动分子"①，后来更是现代文坛上著名的剧作家。这些都是文学史上的一些常识。可是对于田汉何时参加的创造社这样一个简单的问题，国内许多论著的相关表述却出现了令人啼笑皆非的谬误。《档案天地》2007 年第 1 期发表了黄禹康的《郭沫若与田汉的战斗情谊》一文，谈到田汉与创造社的关系时说，"在 1927年 3 月，田汉便参加了创造社，为创造社的创始人之一"。② 黄禹康在《文史天地》2005 年第 11 期曾经发表《郭沫若与田汉》一文，与前面所引文字基本相同，只是将参加创造社的日期标示为"1921 年 3 月"，而非"1927 年 3 月"。令人奇怪的是，在 2005 年第 9 期《文史精华》发表的《郭沫若与田汉的友情》一文中，上述那段文字几乎不变样地再次出现，而田汉参加创造社的时间又出现了令人不可思议的变化——田汉参加创造社的时间变成了"1922 年 3 月"。上述这三篇文章都发表在笔者博士论文完成之后，甫一读到的时候很是吃了一惊，总以为新的时间点意味着新史料的发现或新的观点。然而，笔者读完全篇，发现它只是一个新的时间点而已，没有新史料，没有新论证。这让我想起多年前看到的《零陵师专学报》1994 年第 4 期上刊发的杜方智的文章《披肝沥胆，情长谊深——郭沫

---

① 郑伯奇：《二十年代的一面》，《沙上足迹》，黑龙江人民出版社，1999，第 176 页。
② 黄禹康：《郭沫若与田汉的战斗情谊》，《档案天地》2007 年第 1 期，第 10 页。

若与田汉的友谊》。其中，就有这样一段文字，"早在 1927 年 7 月，田汉便参加了创造社，为创造社元老之一"。① 读这篇文章的时候，正在写博士论文，当时径直忽略了"1927 年 7 月"这个时间点，以为只是排印错误或作者笔误而已。然而，谬误反复出现，说明这个问题很有进一步辨明和重申的必要。

田汉何时参加了创造社之所以曾经是、现在依然是一个需要探讨的学术问题，乃是因为这个问题的解决有一个前提，即首先需要确定创造社成立的具体时间。先有创造社，然后才会有创造社的成员。作为创造社最初的发起人之一，自创造社成立之日起，田汉便是其中的一员，即"参加了"创造社，这一点早就为郭沫若和田汉等诸多当事人指出。在创造社正式成立之前，郭沫若、张资平、郁达夫和田汉等只能说是"参与筹建"或"参与发起了"创造社，而不能径直说是"参加了"创造社。如果只是模糊性地表述田汉参加创造社的事实，不涉及具体日期，就不是严肃的学术性的表述，可是一旦想要明确地表述田汉是哪一个具体的时间点"参加了"创造社，就必须确定创造社成立的具体日期。只有确定了创造社成立的具体日期，才能确定田汉"参加"创造社的具体的时间点。创造社存在一个具体的成立日期，但是因为各种原因使这一具体的日期被遮蔽了，因此就需要进行考证辨析，换句话说，便是要确定郭沫若等人在郁达夫寓所内聚会的具体时间。

明确创造社成立的具体时间，然后讨论田汉参加创造社的时间节点问题，还有利于解决一些史料中出现的与事实不相符合的说法。在《创造社与文学研究会》一文中，成仿吾曾经说，当初他曾在田汉那里看到文学研究会里的一个人给田汉的两封信。"一封是求他转约沫若同人文学研究会的，一封是骂他为什么不回信的。"他继而解释说："田君没有写回信，我想大约是因为他已经入了创造社的缘故。"这里明确地提及"入了创造社"，似乎也可以作为田汉早于 1921 年 6 月便"参加了"创造社的依据。但是，倘若注意到成仿吾的这篇文章另有一段话，"馥泉君说：'创造社后起，'这确是错的。沫若与我，想约几个同志来出一种文艺上的东西，已经是三四年以前的事。那时候胡适之才着手提倡国语的文学，文学研究会

---

① 杜方智：《披肝沥胆，情长谊深——郭沫若与田汉的友谊》，《零陵师专学报》1994 年第 4 期，第 87 页。

这团体还没有出世。我们进行得很缓，然一直等我们渐次积极进行的时候，文学研究会才如春笋一般，钻出了土"。① 照成仿吾话里的意思看，他并不将 1921 年 6 月郁达夫寓所里的聚会视为创造社的起点，而是将其追溯到很久以前。如此一来，自然可以说田汉是早就"入了创造社"的。但是现今的学术界，皆将郁达夫东京寓所里的聚会视为创造社正式成立的标志，那么，成仿吾说的此前"入了创造社"的说法便需要斟酌对待，最好将成仿吾所说的"入了创造社"视为是田汉参与了创造社的发起活动（即正式成立前的各种准备工作）。此时，田汉是郭沫若、成仿吾等人组成的文学小圈子中的一员。只是这个小圈子当时还没有被命名为创造社罢了。

创造社到底是什么时候正式成立的？对此，学界目前约有六种说法。第一种说法是郭沫若自己说的，7 月初旬去日本，并于旬内成立创造社。第二种说法仍然出自郭沫若的说法，认为是 6 月中旬成立创造社。卢正言据此推断郭沫若离沪去日时间在 6 月 10 日前后。第三种说法是郭沫若 6 月 13 日离沪去日，6 月 21 日创造社成立。这一时间的提出者是朱寿桐。② 第四种说法是 6 月下旬去日本并于旬内成立创造社。持此说者为王继权、童炜钢。此说见于王继权、童炜钢所编的《郭沫若年谱》，仅有叙述，未见具体考证，故不知所据。第五种说法是根据郑伯奇 1921 年 6 月 4 日的日记，"沫若六时许外出赴大津。是夜沫若由大津起身赴东京去矣"。《郭沫若全集》的注释者由此推算，郭沫若"当于六月五日晨达东京，即往医院探望郁达夫；六月六日与田汉同游；六月七日在郁达夫寓所与张资平、何畏等聚会；第四天晨返回福冈。故创造社成立日期应在六月七日"。③ 第六种说法是郭沫若 5 月 27 日离沪去日，6 月 8 日创造社成立。这一时间的提出者是陈福康和郑延顺。据赵南公日记 5 月"廿七日，十一时起。到店阅报。晴。一时，松泉来，知沫若已去"，陈福康教授认为郭沫若离开上海的确切日期是 5 月 27 日，抵达日本的时间是在 5 月底。又根据郁达夫小说《友情和胃病》提供的信息，推断在郁达夫房间聚谈的日子应该是 6 月 8 日。"如果为了更保险起见，说创造社正式成立于 1921 年 6 月上旬，是不

---

① 成仿吾：《创造社与文学研究会》，《创造》季刊 1923 年第 1 卷第 4 期，第 15～16 页。
② 朱寿桐：《日本博多湾风物与郭沫若研究的几个问题》，《新文学史料》2000 年第 3 期，第 184～188 页。
③ 郭沫若：《郭沫若全集·文学编》（第 12 卷），人民文学出版社，1992，第 119 页。

会错的。"① 据郑伯奇 1921 年日记，郑延顺断定郭沫若于 6 月 1 日到京都，6 月 4 日晚坐火车离开京都到东京，"六月五日郭老到东京，开始了在东京第一天的活动。在东京的第四天下午，在郁达夫的房间里，便有了创造社成立的那个会。推算一下，郭老在东京的第四天，正是六月八日。那么，创造社成立于一九二一年六月八日，当是不会错的"。②

在现有的关于创造社成立日期的六种说法中，前两种都是根据郭沫若的说法而来的，但郭沫若的回忆带有很强的主观色彩，因时间流逝等原因，所叙与事实颇有出入，大多有待进一步的考证；中间两种是学者综合多种因素的推断；后两种是根据当时的相关者的日记。在六种说法中，最为可信的当属第六种，即根据当时相关者的日记所做出的判断。至于朱寿桐教授指出的 6 月 13 日，其立论的基点在于郭沫若看到《文学旬刊》第 4 号的时间、地点，他认为 6 月 14 日在日本恐怕很难看到 6 月 10 日在上海出版的这份报纸。这个假定还有待进一步确证，因为有两个问题朱寿桐教授其实并没有解决。首先，就是为何如此肯定如果郭沫若 14 日在日本就看不到 10 日在上海出版的《文学旬刊》？其次，就是当时的文学刊物的实际出版日期与出版物上所署的出版日期往往不一致，而《文学旬刊》更是屡屡出现出版日期与印刷时间不一致的情况，以未经考证的《文学旬刊》出版日期为准进行推论并不十分可靠。根据赵南公与郑伯奇两人的日记，研究者们推算出来的创造社成立日期相同，两个人的日记所叙内容不同，而在所显示的事件上却能相互印证，在不能对赵南公与郑伯奇两人的日记证伪之前，6 月 8 日这个成立日期显然更为可信。

确定了创造社的成立日期之后，对于田汉参加创造社这个问题，可以接受的表述起码应该有下面这样几种情况。

（1）无具体时间的表述：田汉是创造社的发起人之一或田汉是创造社最早的成员之一。

（2）时间宽泛化的表述：田汉在 1921 年参加了创造社。

（3）时间具体化的表述：田汉在 1921 年 6 月 8 日参加了创造社。

（4）不说"参加了创造社"，而说"参与了创造社的筹建"的表述：

① 陈福康：《创造社元老与泰东图书局——关于赵南公 1921 年日记的研究报告》，《中华文学史料》1990 年第 1 期，第 35 页。

② 郑延顺：《创造社成立的准确时间》，《新文学史料》1995 年第 3 期，第 12 页。

田汉在 1921 年 6 月之前就已经参与了创造社的发起（筹备、组建等）活动，或田汉很早就参与了创造社的筹建活动。

各种表述虽然都正确，但没有具体时间的表述显然是学术偷懒的行为。在创造社成立时间庶几可以落定的当下，只有"田汉在 1921 年 6 月 8 日参加了创造社"才是严肃的学术论著应该采用的表述方式。

二　田汉脱离创造社的具体时间

关于田汉脱离创造社的具体时间，现有论著的大部分观点基本相同。吴孟铿在《田汉年表》中指出，"1923 年春，因《蔷薇之路》受成仿吾批评，脱离创造社"。① 杜方智和黄禹康不仅观点相同，令人惊异的是，他们文章中具体字句的表述也完全一致。"1923 年春天，因个人意见不和，田汉与成仿吾分道扬镳，脱离了创造社。"② "1923 年春天，因个人意见不和，田汉与成仿吾分道扬镳，脱离了创造社。"③ 相似的语句，难免有抄袭之嫌。董健谈到田汉脱离创造社时说，"到《创造季刊》第四期出版时（1923 年 2 月），他也就彻底离开了创造社"。④ 秦川在叙述田汉与创造社的关系时说，"由于田汉的精力主要放在了《南国》上，与创造社渐渐地疏远了。后来又因与成仿吾在处理发表稿件上意见相左闹得不愉快，于是到《创造》季刊第 4 期时便脱离了创造社"。⑤ 上述几家，对田汉脱离创造社的因由叙述略有差异，但在具体时间方面的判断都趋于一致。

上述各家关于田汉脱离创造社具体时间的判断，究其根源，都来自田汉自己的自述。因此，要想弄清楚上述各家在这个问题上的表述是否正确，首先就需要回到田汉自己的说法上来，对其进行一番考证。田汉在《我们的自己批判》一文中说，"在季刊一、二、三期也曾鼓动着'黄金的（？）翅儿'同他们翱翔。但如沫若所说我们既不是以一种'划一的主义'结合起来的，结果自然理智比感情轻，我因着与成仿吾个人的关系到第四

---

① 吴孟铿：《田汉年表》，《广西大学学报》（哲学社会科学版）1984 年第 2 期，第 91 页。

② 杜方智：《交相辉映两巨星——郭沫若与田汉的友谊》，《湖南党史》1995 年第 3 期，第 33 页。

③ 黄禹康：《郭沫若与田汉的战斗情谊》，《档案天地》2007 年第 1 期，第 10 页。

④ 董健：《田汉传》，十月文艺出版社，1996，第 199 页。

⑤ 秦川：《中国的席勒与歌德——田汉与郭沫若半世纪交往（上）》，《郭沫若学刊》1997 年第 4 期，第 82 页。

期便脱退了"。① 在田汉的表述里，有两点被后来的学者们注意并进行了转述。第一，就是"脱退"创造社的原因和成仿吾有关；第二，"脱退"的时间是《创造》季刊第 1 卷第 4 期的时候。《创造》季刊②第 4 期出版于 1923 年 2 月上旬，因此，1923 年春、1923 年 2 月、《创造》季刊第 4 期出版时，这几种说法没有什么本质区别。上述表述中使用"《创造》季刊第 4 期"作为标志点的，是尊重田汉的原话；上述表述中使用"1923 年 2 月"作为标志点的，估计是为了避免重复而采用的变通说法；至于"1923 年春"的说法其实是泛化了前两种具体的时间点，如果不是为了避免因袭而进行的变通，则是觉得宽泛的时间远比具体的时间描述田汉离开创造社这一事件更为契合。

田汉在自述中给出的脱离创造社的因由和时间，可与郭沫若的《创造十年》中的记叙相互印证。郭沫若回忆说："《创造》季刊二期出版之后，仿吾由长沙写了一封信给我，这是在季刊三号上发表的。信中批评了第二期里面的作品，批评了达夫、资平和我。中间有一笔带说到寿昌的《蔷薇之路》。仿吾说他不知道寿昌为甚么要把那样的文字来出版，他对于他的前途真是绝望了。这封信我留在上海，留给仿吾编入第三期，是用红笔把那两句勾了的。寿昌和仿吾起初自然是时相过从，不幸有一次寿昌在仿吾的抽屉中看见了那封信，自然也就看见了那用红笔勾了的两句。那使寿昌感觉着很大的不愉快，中间虽也经过我的通信调解，但两人终于决裂了。"③ 郭沫若虽然叙述了田汉脱离创造社的原因，却没有说出田汉脱离创造社的具体时间。另外，郭沫若的回忆与事实也有相左之处。首先，是成仿吾写信的日期。郭沫若说是"《创造》季刊二期出版之后"，实际上应该在《创造》季刊第 2 期出版之前。成仿吾信中有这样的话："《创造》的第二期，想不久就要出版了。"④ 成仿吾的信落款时间是"六月五日"，即 1922 年 6 月 5 日。《创造》季刊第 2 期出版时间为 1922 年 9 月上旬。无论如何，成仿吾 6 月份从长沙寄出的信，9 月上旬郭沫若都应该可以收到了。

---

① 田汉：《我们的自己批批》，《南国》（月刊）1930 年第 2 卷第 1 期，第 2 页。
② 上述引文中有《创造季刊》和《创造》季刊两种用法，关于《创造》季刊的刊名问题，具体请参见魏建《〈创造〉季刊的正本清源》一文，《文学评论》2014 年第 4 期，第 132～133 页。
③ 《郭沫若全集·文学编》（第 12 卷），人民文学出版社，1992，第 165 页。
④ 成仿吾：《通信（二）》，《创造》季刊 1923 年第 1 卷第 3 期，第 51 页。

因此，无论是成仿吾的写信日期还是郭沫若的收信日期，都应该在《创造》季刊第 2 期出版之前。郭沫若负责编辑的《创造》季刊第 1 卷第 2 期《编辑余谈》所署日期为"十一年七月十一日夜"，里面所收文字的所署日期最晚的是郁达夫的《风铃》（署"一九二二年七月改作"）和郭沫若附在成仿吾《诗二首》后面的诗和文字（署"十一年七月十日"）。虽然收到成仿吾信的日期应该早于《创造》季刊第 1 卷第 2 期的出版，却没有急匆匆地插入早就编好了的第 2 期中，这也和被编入《创造》季刊第 1 卷第 3 期中的其他几封信的情况类似。其次，是成仿吾信的内容。郭沫若说成仿吾"信中批评了第二期里面的作品"，也不确。成仿吾在信中批评了郁达夫的小说集《沉沦》和张资平的长篇小说《冲积期化石》，而在《创造》季刊第 2 期上郁达夫发表的是小说《风铃》和评论《夕阳楼日记》，张资平发表的是小说《木马》，田汉发表的是戏剧《午饭之前》及评传《可怜的离侣雁》。上述两点回忆与事实虽不符，却构成自身内在的逻辑。在郭沫若模糊的印象中，既然是编入第 3 期中的信，自然是批评第 2 期的内容，信也应该是第 2 期之后的事情，这样才更为合理。郭沫若回忆中的这种合理化处理，在自圆其说的同时也模糊了历史的真实面目。不过，除此之外，郭沫若的回忆和田汉的自述比较吻合，如成仿吾和田汉两人失和的缘起等。由郭沫若和田汉两人的说法相互参照，关于田汉离开创造社源于成仿吾一封信的表述应该比较可信。

按照郭沫若所说，田汉是他离开上海后才在成仿吾那里看到此信的。郭沫若于 9 月 3 日离开上海去日本，田汉应该是在此之后才看到成仿吾的这封信的。有一点特别需要注意，田汉是在成仿吾的抽屉中看到这封信，因而感到不愉快，却不是如邹平在《田汉：中国话剧的奠基人》中所说，"因第三期上发表的成仿吾的一封信而终于和创造社断了关系"。[①] 之所以强调这一点，是因为刊载于《创造》季刊第 1 卷第 3 期上的成仿吾的信和原信不同。若事实如郭沫若所说，田汉和成仿吾是因为成仿吾的一封信而产生了龃龉，那这一封信应该是原件而不是刊物上发表出来的信。郭沫若说在打算将信件编入第 3 期时，他已经将成仿吾批评田汉的两句话用红笔勾去了。查《创造》季刊第 1 卷第 3 期，共发表信件四封，分别是：①郑伯奇致王独清（附郭沫若致王独清的两句话）；②成仿吾致郭沫若；③李

---

① 邹平：《田汉：中国话剧的奠基人》，上海教育出版社，1999，第 10 页。

苦致郭沫若；④郭沫若致郁达夫。仔细检阅成仿吾致郭沫若信，可以找到成仿吾对郭沫若、郁达夫和张资平的批评，全信却只字未提田汉和他的创作。如果郭沫若回忆属实，那么事实就正如郭沫若所叙述的，刊载出来的信件已经删除了让田汉恼火的句子。成仿吾信中谈及郭沫若，都是肯定的言辞，只是谈到郁达夫和张资平的小说时才有批评。以田汉和郁达夫、张资平的关系论，田汉应该不会因为成仿吾批评了郁达夫和张资平而与成仿吾交恶。按照田汉自己的叙述，如果说他的确是因为自己和成仿吾的关系而离开创造社，那么导致两人关系破裂的似乎也就只有郭沫若提及的这封信。这封信指的应该是成仿吾致郭沫若的原信，不能与《创造》季刊上发表出来的信混为一谈。凡是将二者简单混为一谈的，便是轻易采信了田汉和郭沫若的说法，未核对《创造》季刊第1卷第3期上所刊信件文字，这种怠惰的学术态度，结果必然会导致历史的真实面目逐渐模糊。

田汉著文回忆自己在《创造》季刊"第四期便脱退了"创造社的时候，和郭沫若写《创造十年》的时间很接近。郭沫若的《创造十年》中所叙时间与事实颇有不符之处。田汉的这一回忆在具体时间方面是否存在偏差？如何才能确定田汉这一说法的正确？目前，笔者尚没有看到在这一方面的努力。迄今，所有关于田汉脱离创造社具体时间的表述都根源于田汉《我们的自己批判》一文。这是一个孤证。在严谨的学术研究中，孤证并没有足够的说服力。然而，在没有更多的确凿证据，又不能对田汉的说法证伪的情况下，不妨接受田汉自己的说法，然后沿着田汉的思路对这个问题展开深入的思考。笔者以为，接受田汉的说法之后，有两个问题随之出现，需要给予解决。第一，为什么田汉认定的时间是《创造》季刊第4期？第二，为什么田汉认为自己在这个时候从创造社中"脱退了"？第一个问题之所以成为问题，就在于田汉没有说清楚他所谓的"脱退"是《创造》季刊第4期出版之时，还是编纂之时？这之间的时间跨度有好几个月。笔者估计这也是许多研究者将田汉"脱退"创造社的时间定为"1923年春"这一有点儿模糊的时间点的原因之一。相对于一些学者明确地将田汉"脱退"创造社的时间定为《创造》季刊第4期出版之时，笔者觉得未免有些太拘泥于田汉的说法。田汉强调了《创造》季刊第1卷第4期，就意味着这一期对他来说可能具有特别的意义，故给予了特别的注意。但是从客观上看，笔者找不到这一期对田汉的特别价值和意义，因此更愿意相信是误记或表述上出现的某种偏差。对于第二个问题，田汉所谓的"脱退"，指的是不和其他创造社同人交往，还是不参加创造社的文学活动，抑或只是不为《创造》季刊提供稿件？又或者什么外在的因素都不作数，只是自己内心如此认为而已？若是最后这个原因，我们对这个问题也就没有穷究的必要，毕竟个人内心的体认和外在的表现尽可以不一致；但若是其他方面的原因，这个问题还是很值得查考一番。

对于中国现代文学社团来说，现有各种文学史论著关注的都是成立时间、核心成员、文学主张、期刊与丛书等。至于社团成员的离散，极少被叙述。在各种文学社团中，决绝地离开社团的成员并不多。像郁达夫公开登报声明脱离创造社，左联发文开除周全平等成员，这样的情况并非现代文学社团的常态。像田汉这样自述"脱退"了创造社，并在各种学术专著中反复被叙述，但实际上除了当事人的自我表述，并没有什么公开的声明和文件可供考证的情况，在现代文学社团中也并不常见。但是与郁达夫之于创造社、周全平之于左联相比，田汉"脱退"创造社的问题更有值得探讨的学术价值。因为通过讨论田汉"脱退"创造社的问题，可以探究一个社团成员和一个文学社团究竟在什么层次和什么意义上是其成员，反之则不是。一般来说，一个社团成员和社团之间发生的关系，无非这样两种：同人间的相互交往；参与文学社团活动（主要是参与编辑或投稿）。田汉自己说他"脱退了"创造社，到底是在什么意义上谈论"脱退"这件事情的？除了田汉个人主观的认定之外，我们是否可以试图从客观上梳理田汉与创造社的关系，进而探究"脱退"的具体时间问题？

田汉自言在《创造》季刊第 4 期"便脱退了"创造社，可是此后他仍然和创造社同人交往密切。1923 年 3 月 22 日，村松梢风从日本长崎坐船来到上海，几天后找到田汉供职的中华书局，两人相见甚欢。又过了几天，田汉邀请村松梢风到他家吃晚饭。村松梢风回忆说，"在这次湖南风的家宴上，他认识了郭沫若、成灏、林祖涵等一批创造社的同人"。① 这次家宴之后，又过了两三天，郭沫若与田汉、成灏一同去靶子路，看望了住在那里的村松梢风，然后又一起去"美丽酒家"吃了四川菜。后来，郁达夫也来了，大家尽兴而散。田汉创办南国社，郭沫若等人也曾给他提供稿件。提及此事，并不是说笔者认为不是一个社团的成员就不应该在一起活

---

① 徐静波：《日本作家村松梢风与田汉、郭沫若交往考》，《新文学史料》2013 年第 1 期，第 152 页。

动，当时，很多作家都在不止一个文学社团内进行活动，相互之间也不一定就构成激烈冲突。徐静波在这篇文章中叙述的是村松梢风认识了"一批创造社的同人"。无论当时村松梢风有没有意识到在座的是"一批创造社的同人"，事实上这次宴会都是一次同人聚会，而不是普通的招待宴饮。这次宴会成仿吾也出席了，既然大家都尽兴而散，就意味着田汉和成仿吾之间并非有你没我的矛盾关系。起码，从这次的宴会可以知道田汉与其他创造社同人之间的交往活动依然很正常。这种文学界的宴会交往虽然不能证明田汉"脱退"创造社之说与事实不符，却也说明田汉所说的"第四期便脱退了"并非意味着相互之间社会活动的隔绝。先前的小团体依然在一起活动，无论主观态度如何，这些人一同出面招待客人，在客观上给人带来的印象就是"一批创造社的同人"。笔者以为，在郁达夫离沪北上之前，从社会活动的角度来看，田汉"脱退"创造社的痕迹很不明显。

田汉之于创造社的各项活动，本就不甚积极。创造社正式成立后，他参与创造社活动的主要表现就是给创造社的刊物供稿。供给稿件，这在20世纪20年代就足以被视为某个文学社团的成员了。就在田汉自称"脱退"了创造社之后，田汉仍然在创造社的刊物上发表了两篇文字。1923年10月14日（原刊排成了"十月十日四发行"）发行的《创造周报》第23号上面就有田汉的《艺术与社会》。此文在末尾处注明：写于"十月十日之夜十二时"。也就是说，此文并非创作于田汉所说的自己"脱退"创造社的时间之前，也就不存在是"脱退"之前写成的稿然后供稿，结果一直拖到"脱退"之后才刊发的问题。"脱退"创造社之后而依然供给稿件，也可以视为友情赞助，但是如前所说，对于一个以友谊为基础的文学社团来说，仅凭这一点有时候也足以继续被视为社团中的一员。郭沫若在《创造》季刊第1卷第2期的《编辑余谈》中谈到有朋友写信要求加入创造社时说："我们也不要甚么介绍，也不经甚么评议，朋友们的优秀的作品，便是朋友超飞过时空之限的黄金翅儿。"① 除了相互之间的友谊，创造社对成员要求和看重的，主要的便是"优秀的作品"。当然，在这个问题上还需要考虑田汉的态度。《艺术与社会》一文开篇就说："记得《创造》第一期出版时便有人写信给我说，闻我和几位朋友发行这个杂志提倡为艺术的艺术与《小说月报》之为人生的艺术相对……在我们创作艺术时的态度

---

① 郭沫若：《编辑余谈》，《创造》季刊1922年第1卷第2期，第21页。

言之，当然只能像时花好鸟一样开其所不能不开，鸣其所不得不鸣，初不必管其种艺术品成后，将来会发生什么社会的价值。"① 田汉在这段文字中，谈到的是《创造》季刊刚问世时候的事情，使用的称呼是"我们"，仍然是以创造社的一员这个身份发言的。另外，值得注意的是，这一期《创造周报》共刊发四篇文章：《太戈儿来华的我见（感想）》（沫若）、《艺术与社会（论说）》（田汉）、《创造者之路（尼采原著）》（沫若）和《东京（杂记）》（仿吾）。田汉和成仿吾两个人的文字落款日期都是 10 月 10 日，田汉的文字又排在成仿吾的前面，这些虽然与"脱退"问题并没有直接关联，但是仅从这些文字上来看，同样也说明田汉所说的"脱退"对他们的文学活动似乎没有直接的决定性的影响。除此之外，1923 年 10 月出版的《创造日》第 84 号（原刊误为第 83 号）还发表了田汉的《曹锟篡国与艺术家的态度》。在田汉自称的"脱退了"创造社之后，他还有上述两篇文字发表，虽然看起来两篇短论似乎也没有什么，但是若考虑到田汉在前期创造社的刊物上一共就发表过五篇文字，就可以明了这两篇亦不可等闲视之。也就是说，从文学活动上来说，田汉一直到 1923 年的 10 月还保持着和创造社比较"密切"的关系，而不是"脱退"。

　　既然《创造》季刊第 4 期之后，田汉依然参与创造社同人之间的活动，还给刊物提供稿件，就没有理由认为田汉已经脱离了创造社。至于田汉自己说的"在季刊一、二、三期也曾鼓动着'黄金的（？）翅儿'同他们翱翔。但如沫若所说我们既不是以一种'划一的主义'结合起来的，结果自然理智比感情轻，我因着与成仿吾个人的关系到第四期便脱退了"，其实也很值得思量。在《创造》季刊第 1 卷第 3 期上发表的信，为何却要说"第四期便脱退了"？田汉从来没有真正地参与过《创造》季刊或其他创造社刊物的编辑工作，他与《创造》季刊的关系，其实也就只限于供给稿件。因此，《创造》季刊第 4 期这个时间点之于田汉和创造社关系的意义，也就是供给稿件这一个方面。田汉这句话中"黄金的（？）翅儿"来自郭沫若《创造》季刊《编辑余谈》中的话，指的也就是创作（稿件）。值得注意的问题是，田汉回忆中所说的"在季刊一、二、三期也曾鼓动着'黄金的（？）翅儿'同他们翱翔"，其实与事实也有所出入，因为在《创造》季刊第 3 期上根本看不到田汉的身影——没有他的任何稿件。从发表

---

① 田汉：《艺术与社会》，《创造周报》1922 年第 23 号，第 21 页。

文字的角度看，自《创造》季刊第 1 卷第 3 期（包含第 3 期）之后，《创造》季刊上便不再有田汉的文字出现。就此而言，若以《创造》季刊发表文字来判断田汉脱离创造社的时间，无疑第 1 卷第 3 期要比田汉自己说的第 4 期更合适。另外，若言田汉所说"脱离"创造社的着眼点是同人与同人刊物间的关系，《创造》季刊在前期创造社刊物中的地位再重要，也还不足以成为判定成员身份的唯一标识。在向刊物投稿并发表稿件这个问题上，单取《创造》季刊，却对《创造周报》和《创造日》视而不见，是没有任何道理的。考虑到田汉在《创造》季刊第 4 期出版后仍然在《创造周报》和《创造日》上发表的文字，笔者以为若是从刊物（在上面发表文字）的角度谈论田汉脱离创造社的具体时间，这个时间应该是 1923 年 10 月。因此，从同人间的交往活动和为同人刊物供给稿件两个角度来看，笔者以为，田汉真正"脱退"创造社的时间比较准确或者说更为适当的说法应该是 1923 年 10 月。刊物的出版是一个点，"脱离"可能是一个持续完成的过程。为了表述更为准确起见，不妨说田汉"脱退"创造社大约是在 1923 年底或 1923 年下半年。以这样的一个时间点表述田汉与创造社的分道扬镳，还有一个好处便是和初期创造社发展的历史轨迹相吻合。1923 年 10 月《创造日》停刊，由此创造社初期辉煌的文学事业开始走下坡路，郁达夫、成仿吾等初期同人也开始走上了离散的道路。田汉"脱退"创造社既是根源于田汉与成仿吾的龃龉，同时也与初期创造社最终走向离散的整体发展趋势密切相关。

海外
研究

关于 1920 年 3 月田汉访问博多的时间问题[*]

〔日〕岩佐昌暲[**]

一 问题的所在

郭沫若 1920 年 3 月 30 日给宗白华写信说，3 月 19 日田汉从东京来福冈，3 月 24 日晚上回东京。此信收录在《三叶集》里。[①] 信里非常详细地写了田汉在博多期间的行动和他们之间的对话内容。后人根据此信编写年谱叙述他们 3 月 19～24 日的行动，比如龚济民、方仁念编的《郭沫若年谱》。[②]

但是《三叶集》同时收录了这期间田汉写给宗白华的两封信。一封没有日期（根据内容可推测是刚到郭沫若寓居不久的），另一封写着 3 月 23 日。[③] 内容如下：

白华：昨天同沫若去游了太宰府[④]（中略）/今日下午预备搭四点十九分的汽车回东京去，因为东京有很多事情要做，而且郑伯奇兄安排到东京去，我是要接他的。（下略）田汉　九，三，二十三日。

而郭沫若却这么写着：

古人刚日读经，柔日读史；我们则刚日读山，柔日读市。昨天游

---

* 本文写完后在汉语表达方面承蒙武继平（日本福冈县立大学）、杨玉英（乐山师范学院）两位教授的帮助而修改。在此表示谢意。

** 岩佐昌暲，九州大学名誉教授，日本郭沫若研究会会长。

① 《三叶集》（郭沫若致宗白华），《郭沫若全集·文学编》（第 15 卷），人民文学出版社，1990，第 110～140 页。本文所用"郭沫若信"的引用文都根据此文。不另写页数。
② 龚济民、方仁念编《郭沫若年谱》（上），天津人民出版社，1992，第 81～82 页。
③ 《三叶集》（田汉致宗白华），《郭沫若全集·文学编》（第 15 卷），人民文学出版社，1990，第 108 页。
④ 下线是由笔者所画。

了一天山；今晨（二十四）寿昌兄起来，说要回东京。早饭过后，忙引他到市南的西公园去玩儿。（中略）寿昌是坐八点二十分钟的车回东京去了。（中略）<u>寿昌已去了六日</u>。（中略）沫若　九，三，三十。

根据郭函，田汉离开博多的日期为 3 月 24 日。两人去游太宰府是 23 日。可根据田汉的信，他于 23 日离开博多，22 日跟郭沫若一起去游了太宰府。郭沫若和田汉的回忆，哪个日期是对的呢？对此问题，龚济民和方仁念的《郭沫若年谱》采取了折中方案。他们在 3 月 22 日部分写"与田寿昌同游梅花的名胜第太宰府"，24 日部分写"晚，送别田寿昌"。

另外，两人去游太宰府赏梅时，郭沫若即兴口占赋得《梅花树下醉歌》一首。对此诗的写作日期①，《郭沫若年谱》当然定为 22 日。上海图书馆编注的《中国当代文学研究资料：郭沫若专集·著译系年目录、解放前部分》虽定为"3 月 22 日作"，有注释写"根据二个当事人不同记载，此诗可定为 1920 年 3 月 22 日写，也可定为 3 月 23 日写"。② 由此可见，此问题终归是郭沫若、田汉两位当事人的记载时间谁的正确的问题。笔者的报告即是对该问题的一个看法。

二　方　法

讨论这个问题，笔者参照了 1920 年 3 月 19～24 日福冈地方的气象观测资料来探讨郭沫若 3 月 30 日信的内容。气象观测资料是客观的科学资料，可以修正主观的认定和错误的记忆等。这里使用的是 1920 年 3 月 1～31 日设置在福冈县住吉（sumiyoshi）村春吉（haruyoshi）的福冈县立一等测候所观测记录的气象数据。住吉村春吉现在是福冈市中央区春吉地区。该地区离郭沫若居住的福冈市东部箱崎神社附近直线距离大约有 4 公里。

---

① 讨论此诗的写作日期的专论有陈永志《一日之辨——〈梅花树下醉歌〉写于哪一天》（陈永志校释《〈女神〉校释》，华东师范大学出版社，2008，第 254～255 页）。陈氏与笔者考证的方法不同，结论也不一样（陈论定为 3 月 23 日）。笔者也曾经用与陈氏不同的视角考察写作日期，得到同一个结论（顾雯、岩佐昌暲《〈三叶集〉其 4～2〈郭沫若致宗白华信〉（翻译与解说）》，《东海大学经营学部纪要》2015 年第 2 号，第 76～79 页）。现以本报告撤销该文的结论。

② 上海图书馆编注《中国当代文学研究资料：郭沫若专集·著译系年目录、解放前部分》，四川人民出版社，1984，第 28～29 页。

这个观测资料的数据也可以适用于郭沫若寓居的气象现象。但是箱崎一带是临海的松原,很可能气温稍微低,风力稍大些。

三 实际气象数据与郭沫若信里的气象记述

1. 3 月 19～24 日福冈市的气象数据

3 月 19～24 日福冈市的气象数据见表 1:

表 1 3 月 19～24 日福冈市的气象数据

	19 日	20 日	21 日	22 日	23 日	24 日
天气情况	晴	阴	小雨	晴	阴	雨
最高气温（℃）	17.4	21.8	14.7	20.9	12.8	9.8
最低气温（℃）	1.4	5.0	10.7	8.2	9.7	7.6
平均气温（℃）	8.9	13.8	12.8	13.9	10.9	8.9
雨量（mm）	—	—	4.0	—	0.6	7.6

注:具体数据根据福冈管区气象台编《福冈の気象百年》(日本气象协会福冈本部,1990 年 1 月),气温、雨量数据根据《福冈県の気象》(西日本气象协会,1960 年 10 月)。

2. 郭沫若信里的气象记述

在郭沫若的信中有气象记述的是 21 日、22 日、23 日和 24 日四天。下面是摘录下来的这四天的有关气象的记述:

3 月 21 日:"21 日天晴——连日来天气都好,正好畅游,而我终病不能。"

3 月 22 日:"22 日。雨。寿昌把信稿整理好了,叫我想个名字,我连想到昨天的三叶草上来。"

3 月 23 日:"我们现在正在火车当中呀!我们是要往太宰府去的。(中略)今日天气甚好。(下略)"

3 月 24 日:"今晨(24 日)寿昌兄起来,说午后要回东京。早饭过后,忙引他到市南的西公园去游玩儿。园址颇高,俯瞰博多湾。是日微有风,湾中波浪汹涌。海鸥飞扬上下。"

3. 信里的气象记述与实际气象数据的对照与分析

我们把上面的气象记述与测候所的观测数据(下面只写"数据")对照时,发现种种不一致的地方。下面是对不一致地方的分析。

第一，3 月 21 日郭沫若信中写道："**天晴——连日来天气都好，正好畅游**"，数据却是 4 毫米的"小雨"。① 据福冈气象台"天气询问处"的解释，4 毫米小雨可以说是"しとしと雨"（淅淅沥沥地下的雨）。在日语语言环境中是典型的"春雨"。如果这样的小雨短时间内集中地下会怎么样呢？网上②有以 5 毫米举例的解释说："要到走路 3 分钟的方便店去买东西，下 5 毫米的雨，带伞也踌躇出门。较大的雨。从我们普通人的感觉来说，5 毫米的雨是明显的大雨。打塑料伞感觉没有依靠的雨。"

3 月 21 日下的是这样的雨。这天除了下雨之外气温也比较冷。最高气温只有 14.7 度，比前一天降了 7.1 度。把下雨与气温下降这样的天气写成"天晴，正好畅游"，我觉得有些奇怪。这个记述作为 3 月 20 日的气候描写更合适。

第二，3 月 22 日，郭沫若信中写道"雨"。测候所的记录是"晴"。这天最高气温 20.9 度，平均气温 13.9 度。这天的气温是其逗留期间最高的。雨一点也没下。真是一个"正好畅游"的好天。

第三，3 月 23 日，是郭沫若写"往太宰府去"，"今日天气甚好"的那一天。据郭沫若信，他们打算先坐火车到二日市，下车后再到太宰府去。可是中途在杂饷隈车站停车时，郭沫若的车票掉到窗外了。他下车去找车票时火车已经开走了。赶不上火车的郭沫若，干脆走到了二日市去。关于这路上的风景，郭沫若这样描写道："我边行着边吟着哥德底'风光明媚的地方'，（中略）真好象在光海中浮泛着的一样"，大有"徒步开怀，我走上这坦坦大道（下略）之概"。到了二日市的郭沫若，与等着他到来的田汉再会，又走路到太宰府去。下面描写的是两人当时的心情："我们自二日市步行至太宰府途中，光明灿烂的自然供给了我们无限的诗料，（中略）沿路行者，澄空中时有很浏亮的鸟声，闻声而不见影。"仿佛使读者看到两个青年在天气明朗、空气澄明的自然中愉快地走的样子。到了太宰府后他们登了太宰府天满宫后边的山。下山途中"回在松林丛中草席上休息着。（中略）两人皆乏，侧身而睡，我竟入梦"。

从这些记述中可以推测出当天天气很好，山中的草干燥得可以坐下，

① 据数据 21 日之前福冈市天气连续 5 天都好。16 日晴，17 日晴，18 日晴，19 日晴，20 日阴。
② http：//detail. chiebukuro. yahoo. co. jp/qa/question ~ detail/q1212783802。

气温也不低，适宜到侧身而睡的程度。那么 23 日的实际天气怎么样呢？

数据告诉我们 23 日是阴天，最高气温 12.8 度，平均气温 10.9 度。福冈市内有 0.6 毫米的小量降雨。笔者觉得这样的天气与郭沫若写的"今日天气甚好"有些不符。郭沫若的天气描写更适合 22 日的天气。从这一点上来看，关于太宰府之行的日期，田汉的信记载的 3 月 22 日更合适，更接近真实。

第四，3 月 24 日是田汉逗留博多的最后一天。这天郭沫若陪田汉先去西公园看博多湾的情景，然后去参观正在福冈举办的大规模的工业展览会。3 月 20 日，展览会刚刚开幕，会场有两个。西公园下面正好是第二会场。他们看了第二会场后，继续参观了离福冈市中心不远的须崎町第一会场。看完全部展览后"天色已经晚了"，田汉坐当天晚上 8 点 20 分的夜行列车回东京去了。

郭沫若在信里介绍了参观展览馆的情况。在介绍中，24 日的天气除了"微有风"外比较稳定，没有太大的问题。可是按照数据，这天最高气温 9.8 度，最低气温 7.6 度，平均气温 8.9 度，是与 3 月初旬一样的寒冷的一天。再加上有 7.6 毫米的小雨，走路应该需要打伞。在下着雨的寒冷的会场里，打着伞一个一个逛独立排列的展览馆，这对于参观展览会来说绝不是一个很合适的天气。

从气象的角度来读郭沫若这天的记述，不由得会产生一种不协调的感觉。那就是郭沫若为什么没写这天的坏天气。他们在寒冷下雨的天气里从早到晚几乎逛了一整天的展览会场。21 日以后他每天写当天的天气情况。24 日是田汉逗留博多期间天气条件最坏的一天。郭沫若对此却一字也没写。这是为什么呢？笔者认为那是因为他们参观展览会不是 24 日，而是天气不冷也不热，适合观光的另外一天，即 3 月 23 日。

四 气象数据之外的郭沫若信的疑问点

郭沫若的这封信除了上面所说的气象上的问题之外，还有一个在写作逻辑上不好理解的地方。下面我们将对此问题进行考察。

郭沫若的信结尾写的日期是 3 月 30 日。信从田汉来的 3 月 19 日开始一直到他回东京的那天为止，每天的行动、对话的内容等逐日写下来。而从写法来看采用的是当天发生的事当天晚上记录的日记式的写法。但是，

3月22日和23日的记述有些不同。

　　郭沫若22日的记录以"雨。寿昌把信稿整理好了，叫我想个名字，我连想到昨天的三叶草上来"这句话开始写，但是后边的文章里一字也没有写22日两个人的具体行动，只写从《少年韦尔特之烦恼》引起的梦想。最后他写"我写到此处时，鸡在叫了。我待明天再写罢——最好是采用这种方法呢"。之后他记起来了20日的晚上他们"在松原中的谈话"，把它（"结婚之后，恋爱能否保持？"的讨论内容）记录下来。然后他突然开始写了这样一句话："我们现在正在火车当中呀！我们是要往太宰府去的。"接着他非常详细地记述了这一天太宰府之行的经过。它不是简单的旅游记录，而是在这小旅行中激荡他们精神的文学记录。这一天的记述跟其他日期不同的地方是没写日期和突然开始坐火车的场面，仿佛一篇小说的开头式的写法。这意味着什么呢？

　　笔者认为，这封信很可能是郭沫若在田汉回东京后，接近3月30日的几天内一下子写的。信的最后是"鸡怕又要叫了，我要睡了。再谈"。信的日期也错写成"九、三、三"。我推测，这几天他一直在回忆田汉来后自己和田汉每天的行动。这时气象情况肯定起了重要的作用。当只靠记忆回想过去的日子时，气象情况成为让人想起过去事情的催化剂。当某一天发生的事情与那天的气象的记忆相结合时，我们往往会想起忘记了的其他事情。气象情况可以帮助我们恢复那天发生的事情的全体面貌。郭沫若也会靠着气象情况想起当天的事情。可是依靠气象错误地记忆特定的日期，会导致另外的错误发生。

　　对郭沫若的信，笔者的看法如下：田汉回东京后，郭沫若依靠回忆，回想起3月19日以后两个人的行动。在此过程中，他把21日错以为22日。21日有雨，天气没那么好，而且比前两天寒冷，所以他们没出去。田汉在家里整理《三叶集》的稿子。郭沫若把此事误以为是22日发生的事情，所以想不起来这天他们是怎么过的。其实，他们是如郭沫若21日写的那样，"午前通读海涅诗"，午后去海滨谈话、去澡堂洗澡等活动，度过了这一天。

　　由于把21日搞错成了22日，郭沫若想不起22日他们到底做了什么（其实他们是这天去太宰府的），没有办法写《少年韦尔特之烦恼》的小引和补充20日晚上的对话内容。

五 暂定的结论

从气象的角度探讨郭沫若所写的田汉来博多的 3 月 19～24 日的记述内容，可得出几点结论。笔者认为上述分析还有不少不足的地方，观点也需要修正。现在暂时提出"暂定的结论"，征询各位的意见。

第一，郭沫若的信中所写的气象记述与当时的福冈县立一等测候所观测记录的气象数据对照，错误很多，难以信赖。

第二，产生错误的原因，据分析，在于郭沫若把 3 月 21 日搞错成了 22 日。

第三，信中 22 日的气象、行动、事情应该是发生在 21 日的。

第四，郭沫若写 3 月 23 日去太宰府是错误的。应该改为 3 月 22 日。在这点上，田汉在 3 月 23 日给宗白华的信上的记述是对的。

第五，《梅花树下醉歌》的写作日期是 3 月 22 日。

第六，他们参观工业展览会是 3 月 23 日。田汉回东京的日期也是 3 月 23 日。

第七，田汉来博多找郭沫若的时间不是 3 月 19～24 日，而是 3 月 19～23 日。

郭沫若20年代《分类白话诗选》里的歌德译诗

〔法-瑞士〕宇乐文*

摘 要：《分类白话诗选》中的第一首，是被郭沫若翻译成中文的歌德的《暮色垂空》。郭沫若把歌德的外国诗转化到中文诗里，使之嵌入中国古典诗歌的互文性中。他在汉译诗里把异国的风格加以汉化。郭沫若对于新体诗也进行了一种尝试。这首歌德译诗的汉语的完善，语言的独特，以及韵律的变幻，使它在《分类白话诗选》里拥有了开篇的位置。这似乎也把这部现代白话诗选放置在外国的古典诗人歌德的权威统领之下，将现代新体诗的形式层面的实验合法化。

关键词：郭沫若 翻译 新诗 格律 歌德

1920年8月出版的《分类白话诗选》①，是中国新诗最早的诗选之一。它和其他诗选一起发表的时刻，正是中国新诗开始产生与发展的时代，也是中国读者对新诗越来越感兴趣的时期。这种诗选的编辑目的在于为读者提供新诗的模样和样本：《分类白话诗选》收集了在1917～1920年发表在其他期刊②的诗歌（大概230多首，60多位作者）和几篇作为序的文章。

---

* 宇乐文（Victor Vuilleumier），法国巴黎第七大学（Université Paris 7）东亚语言文化系（LCAO）汉学专业专任副教授，东亚文化研究所CRCAO研究员。瑞士日内瓦大学汉学系兼任教师。日内瓦大学汉学博士毕业，华东师范大学哲学系博士后。

① 许德邻编《分类白话诗选》，上海崇文书局，1920。有关《分类白话诗选》与其他早期新诗选，请参见方长安《对新诗建构与发展问题的思考——〈新诗年选（一九一九年）〉的现代诗学立场与诗歌史价值》，《文学评论》2015年第2期，第83～90页；姜涛《"新诗集"与中国新诗的发生》，北京大学出版社，2005；晏亮、陈炽《由〈新诗集〉和〈分类白话诗选〉看早期新诗翻译与创作》，《海南师范大学学报》（社会科学版）2015年第9期，第61～65页。

② 譬如《少年中国》《新青年》《时事新报·学灯》《曙光》《新潮》《星期评论》《解放与改造》等。

这些诗选对新诗的传播有很重要的作用，是新诗发展的一个阶段。随后，那些具有历史代表性的诗集（比如像郭沫若的《女神》）很快得以发表。不过，诗选本身也值得研究，它体现了一种建设新的经典与样貌的志向，如十多年后出版的《中国新文学大系》一样。其实《分类白话诗选》的别名是《新诗三百首》，这意味着编辑的计划是不带任何圣像破坏论的意思，反而是对选诗表示尊敬的古典措施。当然主要也是为了给予自身以正统性，以创立一种新的诗学范例。

《分类白话诗选》模仿《新诗集》（1920 年 1 月出版的），不是按照文体、评价（像"上、中、下"之类）或作家分类来组织的，而是以四种部分（"卷"）组成的（"写景类""写实类""写情类""写意类"）。然而，值得注意的是，《分类白话诗选》第一卷"写景类"的第一首诗，即整部诗选的第一首诗，是被郭沫若翻译成中文的歌德（Goethe）的《暮色垂空》（*Dämmrung senkte sich von oben*）（德文与中文版在以下附录）。① 在这里，可以引出一些思考：为什么要选一首译诗作为开头呢？这赋予它以何种地位呢？翻译本身又起到何种作用？歌德的诗歌传入中国文坛与汉语语境之后，它还是不是经典之作？中国读者与翻译家把歌德的诗是当作具有陌异性的东西，还是当成中国化的作品？这种位置是否为翻译家兼诗人郭沫若赋予重要性？在这首译诗里，诗律对语言起到了什么作用？

歌德的《暮色垂空》是他的一组十四首诗《中德季时咏诗》②（*Chine-*

---

① 许德邻编《分类白话诗选》，人民文学出版社，1988，第 3 页。德文原文版：Goethe, *Goethes Werk*, *Gedichte und Epen I*, München, Verlag C. H. Beck, 1996, p. 389.

② Goethe, *Goethes Werk*, *Gedichte und Epen I*, pp. 387 ~ 390。有关这一组诗以及歌德对当时翻译成欧文的中国文学的互文性关系，请参见 Wolfgang Bauer, "The role of intermediate languages in translations from Chinese into German," *De l'un au multiple*: *Traduction du chinois vers les langues européennes. Translation from Chinese into European Languages*, Paris, Éditions de la Maison des sciences de l'homme, 1999（http://books. openedition. org /editionsmsh/ 1474, 2016 ~ 4 ~ 27 下载）；Günther Debon, "Goethes *Chinesisch ~ Deutsche Jahres ~ und Tageszeiten* in sinologischer Sicht," *Euphorion*, *Zeitschrift für literaturgeschichte* 76, 1982, pp. 27 ~ 57；Albrecht Dihle, "Goethes *Chinesisch ~ Deutsche Jahres ~ und Tageszeiten*," Mark Griffith & Donald J. Mastronarde（eds）, *Cabinet of the Muses*: *Essays on Classical and Comparative Literature in Honor of Thomas G. Rosenmayer*, Atlanta, 1990, pp. 343 ~ 350；Hideo Fukuda, "Über Goethe's Letzten Gedichtzyklus *Chinesisch ~ Deutsche Jahres ~ und Tageszeiten*," *Die Deutsche Literatur* 22, 1959, pp. 52 ~ 62；Meredith Lee, "Goethes *Chinesisch ~ Deutsche Jahres ~ und Tageszeiten*," Günther Debon, Adrian Hsia（eds）, *Goethe und China—China und Goethe*, Peter Lang, 1985, pp. 37 ~ 50。

sisch - Deutsche Jahres - und Tageszeiten，1827 年撰写，1829 出版）里的第八首。它是这一组诗里最具有重要性的，也是歌德晚期最著名的诗作之一。这一首"山水诗"被普遍认为体现出"中国"味道。《中德季时咏诗》引用一系列来自中国文学的因素与形象：比如诗人介绍自己说是"当官"的，却对官方生活感到疲倦，如《说，我们做官能如何？》（*Sag'，was könnt'uns Mandarinen*）。① 在诗的开头，诗人先描述了在春日的水边的绿地上，和他的朋友们一起欢乐地饮酒、写诗。但除此之外，生活还剩下什么？之后，诗人就回忆他的一生，特别是生命的春天，青春的爱恋。然后，有几个访客责怪他怀念往事。但他在最后一首诗（第十四首）的末尾却劝告世人要多关注当下，在事物的改变之中看到绵延。② 在这里，诗人用盛开的玫瑰与百合花的形象象征这种道理的启示。

　　然而，这组诗里的第八首是一首山水诗，描写了一场以天色幽暗与未明为主的"夜景"。其实，诗的第二部分（月亮的出现）预示接下来的第九首诗，《现在［玫瑰已不在时］才知道，什么是玫瑰的花蕾》（*Nun weiß man erst，was Rosenknospe sei*）③，引入主要来自欧洲与波斯文学的玫瑰形象。许多诠释者都指出，这首诗里有一些来自中国文学的具体典故与参照。确实，歌德读过一系列有关中国的著述，以及翻译成欧洲语言的中国作品。④ 我们在这里暂不一一介绍《中德季时咏诗》里面的中国文学的典故。⑤ 第八首诗的部分内容具有中国色彩，如柳树、月亮、湖等意象，而且，主要涉及风景里面的一些具有活力的元素。这首风景诗没有明确的参照（不知道是哪里的风景），但对应"诗中有画，画中有诗"的主题。这是中国古代美学当中的一种核心思考。不过，在歌德的时代，不同文艺类型之间关系的问题，在欧洲也很普遍。这可以看作一种跨文化的思考（两

---

① Goethe，*Goethes Werk*，*Gedichte und Epen I*，p. 387.

② Goethe，*Goethes Werk*，*Gedichte und Epen I*，p. 390.

③ Goethe，*Goethes Werk*，*Gedichte und Epen I*，p. 389.

④ 譬如：《好逑传》（1761 年被翻译成英文，*Hau Kiu Choaan，The Pleasing History*）；弹词木鱼歌《花笺记》［1824 年被 Peter Perring Thoms 翻译成 *Chinese Court ~ ship，in verse*——歌德自己把其中的几首"The Songs of a Hundred Beautiful Women"翻译成四首诗的组诗，以 *Chinesisches*（《中国风》）为题］；《玉娇梨》［1826 年被 Abel Rémusat（雷暮沙）翻译成法文，*Iu ~ Kiao ~ Li，ou Les Deux Cousines*］；《今古奇观》（1827 年按照 1822 年的英文版被 Rémusat 翻译成 *Contes chinois*）。

⑤ 参见以上提到的 Hideo Fukuda（福田英男）、Günther Debon（德博）、Meredith Lee 的研究。

种不同的文化对同一个问题感兴趣）。同样，在这幅夜景里，出现在夜幕尽头的最后一颗星星即金星（郭沫若翻译成"明星初上时"），与弥尔顿（Milton）的《失乐园》（*Paradise Lost*）里的一段有直接的互文性。①

歌德从英国、德国、中国等的典故参照出发，创造出一种属于他自己想象与发明的文学的"东方"②［这并不限于中国，也包括波斯参见歌德《西东诗集》（*West – östlicher Divan*）］。需要看到，歌德所显示出的，当然是德国文学，不过也是一种跨文化的杂糅的美学，是一种跨文学的实践，翻译在其中（无论是中欧间或不同欧语之中的关系）起到重要的作用。因此，歌德的《暮色垂空》里虽然没有直接引用或者重写中国的典故，却显出某种中国的色彩（山水的写意化、情景交融以及暗示的美学）。不过，这首诗呈现出的欧洲文学内部的互文性也很浓（比如玫瑰、"明星"等意象，参见 Lee 的研究）。歌德这一组诗的题目（《中德季时咏诗》）也是为了给读者制造一种陌生的效果、惊奇的感觉。这种与翻译相关的跨文化的杂糅的维度，很值得研究，因为这也是中国现代新诗所体现出的特征。

应田汉的请求，郭沫若把《暮色垂空》和《感情之万能》③［第二首取自《浮士德》（*Faust*）"玛尔特之花园"（Marthens Garten）的一段节选，也包括在《分类白话诗选》里］，附在田汉在《少年中国》第 1 卷第 9 期（1920 年 3 月）刊登的文章《歌德诗中所表现的思想诗》的后面。④ 之后，郭沫若翻译的这首诗的中文版（改名《暮色》）又发表在《德国诗选》（1927）和《沫若译诗集》（1928）。值得注意的是，郭沫若在《德国诗选》里的版本里注明："此诗原为李白诗之翻译，原诗未明。足悟译诗之一途径"⑤，却不提供其他信息。对于郭沫若而言，或者是他假设的面对这首德文诗的中国读者，他认为这首诗是歌德对李白的一首古诗的翻译。

① Meredith Lee, "Goethes *Chinesisch ~ Deutsche Jahres ~ und Tageszeiten*," pp. 41 ~ 42.
② 参见 Meredith Lee, "Goethes *Chinesisch ~ Deutsche Jahres ~ und Tageszeiten*," p. 49。
③ 许善邻编《分类白话诗选》，第 207 页。另外，有关郭沫若翻译歌德《浮士德》以及对他的关系，请参见范劲《郭沫若与歌德》，《郭沫若学刊》1996 年第 2 期，第 14 ~ 21 页；Marián Gálik（高利克），"Reception and Survival of Goethe's *Faust* in Guo Moruo's Works and Translations (1919 ~ 1922)," *Asian and African Studies* 26, 1991, pp. 49 ~ 69。
④ 晏亮、陈炽：《由〈新诗集〉和〈分类白话诗选〉看早期新诗翻译与创作》，《海南师范大学学报》（社会科学版）2015 年第 9 期，第 64 页。
⑤ 郭沫若：《沫若译诗集》，新文艺出版社，1955，第 51 页；请看见 Wolfgang Bauer（鲍吾刚），"The role of intermediate languages in translations from Chinese into German"。

我们看到，实际情况并非如此。但重要的是，一个外国诗人的一首著名的诗作，被当作中文的一首经典诗的转译来看待。郭沫若或许是用这种方式将一首外文诗的现代汉语版双重合法化了。这是对一首欧洲经典诗作的翻译，对应一种中国古典的美学观，并不试图摈弃古典美学。因而，新意所在，正是郭沫若为这个中文（所谓"白话"）版所赋予的语言风格与形式。

歌德的这首诗所在的组诗里，包括十四首诗，它们都是各用一种不同的形式来撰写的。也许这种形式的多样性与独特性，让中国诗人郭沫若产生了兴趣。然而，如果把每首诗分开来看，每首诗在形式上各自呈现出某种内部的规律性。这组诗在形式的层面上是独特的。

组诗里的第八首，是由两段诗节或诗章组成，或者不如说是由排版留出的空格空间组成的诗节分段，每一段诗节里包括八行诗。实际上，按照这首诗的韵脚构成法（交叉韵：ABAB/CDCD/EFEF/GHGH）和句法的连贯秩序，这首诗的内部可以分为四个段落：每一段四行，又用分号分为每两行一组；一个语句的单元可以相当于一行（第1~2句或第5~6句，我们在其中可以识别出一种"中国式的"句法与主题的并列或对偶形式），或两行诗（第3~4、7~8句以及后面的最后八句；我们甚至留意到，最后一个诗节如同一个整体，组成唯一一个分句，由一种句法上的开头重复的并列方式来构成）。其实，在这首诗的德文原文里由排版的空间所规定的两个诗节，即使与句法秩序的逻辑有别，也有它的意义：在第1~8句里是幽暗的光泽，到了第9~16句里则出现月光与柔和的光泽。单数的诗句带有德文诗律规定的阴韵（重音不在最后的音节上，如"oben"），而偶数的诗句则带有阳韵（最后的音节是重读音节，如"fern"）；每个单数句有八音节，偶数句则有七音节，交替出现。然而，在这首德文诗的诗律里，像英文一样，步律（mètre，metrum，Versmaß）特别重要：它不仅取决于音节的数目，而且按照韵部或音步（pied，Versfuß）（闻一多译为"音尺"和"顿"）来决定。歌德这首诗的每一行有四顿（Vierhebung），每一顿用长短格律式（trochée，Trochäus）："Dämmrung/senkte/sich von/oben"。每个顿句诗由几个音组成，里面的几个音当中只有一个是"重"音（德语叫Hebung，指的是被"强调"的重音），其他音是"轻"音。这一组诗里的其他诗也采用这个步律，特别是其中的第一首：德国汉学家德博（Günther Debon）指出，中国古典诗的一些效果，在这组诗的第一首诗里是重要的

（并置与并列）。他还强调，德文里面的长短格律（Trochäus）不是很普遍，因为更难做到①；歌德有可能打算制造某种陌生的结果，或者是模仿中国古典四言诗的效果。

歌德所选择的诗的形式是独特的，也是很有约束性的。鉴于当时文学语言正处在现代变革的过程中，那么郭沫若究竟如何翻译这首诗②，尤其是他采用什么形式，怎样的韵律，又使用什么样的语言？他究竟试图在汉语里再造这首诗的陌异的效果，还是把它归化为让中国读者感到熟悉而不陌生的效果？他究竟又用什么方式达到他想要制造的效果呢？

郭沫若翻译的这首诗的中文版《暮色垂空》，在《分类白话诗选》（A版本）里表现为包括十五行诗的整体，不过在《沫若译诗集》（B版本）里，最后一句分为两个五言句，因此，整首诗与德文原文一样有十六行。同样，有以四行诗组成的四个诗节（参见 B 版本；在 A 版本里，原文的最后两行聚集为一行），用诗句的含义与标点法来确定，这也属于中国现代新诗所特有的元素特征。每一节也分为两行的次单元。但是，与原文不同，在郭沫若的译诗里，独立分句的句法单元大多数止于一行。第 7～8 句和第 9～10 句（以及在 B 版本里的第 15～16 句）则除外，它们符合原文的效果，也是两句构成一个意义单位。第 7～8 句位于第 2 诗节的结尾，而第 9～10 句则处在第 3 诗节的开头，这种分句的效果也使得上下两个诗节联系在一起（依据韵律、长短、句法的差别，构成互相并列的不同的规限）。在此处，在这首译诗的汉语版里，采用两句一分节的罕见用法，带来更多的表达性效果。因此，我们注意到，郭沫若的译诗相对更靠近中国古典诗，即偏重于用一句诗一分节的形式。

诗句的长度是不规则的，但构成一些群组，并不完全对应于从句法角度划分的诗节的限制。因而，第一个诗节是五音节的，这符合中国古诗中的最主要的一种形式即五言诗：这些诗句遵照古诗的音步顿挫（2/3 顿挫），也遵照音律（cadence，在音步之后，短长与长短句的格律ˇ—/ˇ—；③ 请注

---

① Günther Debon, "Goethes *Chinesisch ~ Deutsche Jahres ~ und Tageszeiten* in sinologischer Sicht," pp. 31～33.

② 参见邢莉君、彭建华《论郭沫若的歌德作品翻译》，《盐城师范学院学报》（人文社会科学版）2014 年第 3 期，第 116～117 页。

③ 参见 François Cheng（程抱一），*L'Ecriture poétique chinoise, suivi d'une anthologie des poèmes des Tang*（《中国诗语言》），Paris, Seuil, 1996，第 61 页。

意，这里并不是平仄的音调①），除了第 4 句（"上"字有可能没有按照古
诗的音律构成轻音）——这种音律层面的错落不平，引出一种不规则性，
制造出让人惊讶的效果。郭沫若在他的诗歌翻译中发展出一种韵律变幻的
美学形式，这也是在中国现代汉语诗里兴起的特有的现象。至于押韵方
面，依据"十三辙"的韵律法则②，韵律涉及第 2 段和第 4 段的双数句
（xAxA）（–er，–i，ü 是符合古代押韵的法则的；第 3 句诗，可以被当作
一个假韵，如果把 i 从 hu–i 中分离来看的话）。③ 在这里不如说它是句法
上的并列形式，而没有严格遵守古典的对偶形式，或者说是采用了相对松
散的形式。我们也可以看到，比起纯粹的"诗"，在这首译诗里有更多的
虚词（这是否受对应词或者散曲的影响呢）。然而，这首德文诗的汉语版
似乎比德文诗的原文要古典——原文"做出"有点近似中文的效果，但事
实上，比如原诗在第 3~4 句里具有表达性的效果，在汉语版里，这种效果
虽然削弱，却更加稳定。

　　在随后的一个诗节即第二个诗节里，包括三句七言（七个字），一句
六言（六个字）的诗句。的确，第三个诗节总共有三句六言，一句五言。
在由诗句的长短产生的形式与诗句的逻辑之间有一种差距——这是由郭沫
若在译诗里增加的效果，更多地探索了用一种自由形式（自由体）表达的
可能性。这也许是至少在形式的层面上让郭沫若感兴趣的特征。关键并不
仅仅是翻译歌德的诗歌，译者在中文里也实验了新的诗歌形式。在第二个
诗节中，押韵的现象开始变得复杂。第一个诗节里的押韵在第 6、第 8 双
数诗句里（"迷"和"语"）重新出现，还有一个新的押韵形式，在第 5、
第 7 诗句里出现（–en，–in，–un，–ün，属于十三辙法则里的同一个
韵部）。这个诗节是以交错的押韵（BABA）形式呈现的，正如在德文原文
里一样。押韵的形式本身是有意义的："无语"与"凄迷"相结合，而

---

① 汉语虽然不是"重音语言"（请参见劳陇《译诗像诗——读郭老遗作〈英诗译稿〉》
（1985），载杨胜宽、蔡震编《郭沫若研究文献汇要》（第 8 卷），上海书店出版社，
2012，第 460 页），不过还是大概能用"长短"来分一词、一句或一组句法单元的节奏
（譬如"白日依山尽"：*bairi /yi shan jin*）。请看以上的注解。另外，中国现代诗人，像徐
志摩或闻一多偶尔会有意尝试输入类似的手段，请参见 Cyril Birch（白芝），"English and
Chinese Metres in Hsü Chih ~ mo," *Asia Major*, New Series, 1960, n°8 (2), pp. 258 ~ 293。

② 参见荷兰汉学家 Lloyd Haft（汉乐逸）的相关论著：Lloyd Haft, *The Chinese Sonnet*: *Mean-
ings of a Form* (CNWS publications), Leiden：Research School of Asian, African, and Amer-
ican Studies, Universiteit Leiden, 2000, 特别是第 72 ~ 73 页。

③ 其实中国今体诗押韵一般会在偶数的诗句。

"浮沉"与"阴森"相对应，来强调诗句里的幽暗、沉寂的音调维度。此外，郭沫若把"schleichen"（钻进，滑入）这个德文里的动词翻译成"凄迷"（关于这个动词，歌德在诗里使用了两次，在德文里，这是一个更中性的词，相对来说没有那么多的意味），而汉语里的"凄迷"（"凄凉迷茫"[1] 的意思）要更富有戏剧化，在诗味的等级上也更高一级。通过这个词的诗意效果，郭沫若在中文的诗歌翻译及其互文性里为歌德的诗增加了一种诗意性（这个词对应一种特殊的场景，即夜幕里凄凉的迷蒙，水汽或者云雾的迷蒙[2]）。"凄迷"这个词也可以具有"悲凉怅惘，迷惘"[3] 的意义。事实上，郭沫若用了一个形容词来翻译德文中的动词，形容词"凄迷"所包含的氛围效果在某种程度上也可对应动词的潜入的动态"钻进，滑入"。而且在下一句里，他也是用同样的情况翻译德文里的"Ungewisse"（标示不明确，不分明，未知的含义）。同样，在上一句里，即第 5 行诗里，郭沫若则用"万象"[4] 来翻译德文里的一个中性的词"Alles"（"所有东西，什么都，一切"）。此外，诗里还有另一个例子强调晦暗：郭沫若在翻译里增加了一个短语"在暗里"这不完全符合原文"Ungewisse"的意义，但是，关于"schwankt"（避开，动摇，起伏）这个词，德文原文强调一种摇摆、浮动、摇晃的运动，在中文版里用"浮沉"这个词得到了完美的转化。七言、六言及五言诗，在汉语的古体诗里也是主要的形式，但在这个诗节的七言诗句的音步顿挫，并不是古典的。我们注意到，一些"韵脚"因此取代了古典的断句方式。在这首诗的七言诗句里，每行诗由三个韵脚构成，其中，有两个韵脚是由两个音节组成的，一个韵脚是由三个音节组成的；在六言诗句里，都是三个韵脚，由两个音节组成。在郭沫若的这首译诗里，七言诗句所使用的韵律（cadence）情况是很有意思的现象（在中国古典的七言诗里一般采用"短长短长顿挫长短长"的韵律形式

---

① 参见元代诗人善住的诗句，"江草晚凄迷"。

② 也可参见北宋诗人陆游的诗句，"烟雨凄迷晚不收"。

③ 郭沫若在他的一首 1919 年撰写的古体诗里，正是从这个意义上使用这个词，《春愁》："是我意凄迷？是天萧条耶?"（王继权、姚国华、徐培均编注《郭沫若旧体诗词系年注释》（上），黑龙江人民出版社，1982，第 129 页。）

④ 对照的古典典故，可参见谢灵运《从游京口北固应诏诗》："万象咸光昭"。"万象"这个词不仅在中文里有诗意的内涵，而且，如果说在这里可能与比如谢灵运的古诗产生互文性，这个词的调用可以产生一种独特的颠倒效果：在郭沫若的译诗中的景物并没有像在谢灵运的诗里那样返照出一种辉煌的皇家的光芒，却在一种晦暗的光泽里延展。

˘—˘—/—˘—①），它们从短长格律开始，但随后，节奏在每行诗句里都发生变化。我们注意到，这种颠倒的冲撞效果（在顿挫前后两个重音互相接连，这是在古典的韵律中一般会产生的现象）：第 5 句诗②（这种颠倒的冲撞效果出现一次），第 6 句诗③（出现一次——这值得注意，在此处的长短韵律对应古典的七音步，因此遵守古典的顿挫，不过句法是 2/3/2 形式而并不遵照 5/2 的形式，请见下文）；第 7 句诗④（在第三音节之后出现一次，这与古典诗句是颠倒的情况，在今体诗里都是如此）；第 8 句诗⑤（出现两次）。郭沫若创造出一种杂糅的诗歌节奏：他保留了顿挫韵律的交替，但这种韵律是由一些新的韵脚的切分来引入，而不是完全符合古典诗的韵律。在 20 年代，闻一多（请参看他的《诗的格律》与《死水》）或者徐志摩首先进行了相关的实验，即他们通过在翻译英文诗时采用这种韵脚的方式来把这种形式引入汉语诗。郭沫若似乎已经相当自由地进行了这种实验的转化⑥，乃至于会让人们认为，这是由歌德的德文诗所引起的效果，即如同英文诗立足在音步划分（scansion）格律的原则上。

在第三段诗节里（参见在上文里提到的诗句的长度），我们会再次注意到，有一些交叉的韵脚，但是，次序颠倒过来（ACAC）。韵脚 A 在整首诗里持续，这也许是一种古典的特征。⑦ 而无论如何，这在中国现代诗里也是常见的。三句六言诗句具有一种规则的结构：有三个韵脚里有两个音节，还有重复出现的短长格律（˘—）。最后一句诗，是十言诗，由两个五言句组成（"清和的情趣由眼到心窝"），它们遵循古典的音步顿挫与韵律格式。这种规则性的韵律在这里具有表达性，指涉柳树枝在水面上拂动的波影游戏。在德文里，这种维度则是由每个分句在两个诗句上延展的事实营造的，同样也是由声音的游戏达到的（比如"sch"的声音的重复出现，

---

① 请参见 François Cheng, *L'Écriture poétique chinoise*, p. 61。

② "万象/在暗里/浮沉"（˘—/˘—˘/˘—）。

③ "薄雾/在空际/凄迷"（˘—/˘——/˘—）。

④ "反映着/暗影/阴森"（˘—˘/˘—/—˘—）。

⑤ "湖水/静来/无语"（˘—/—˘/˘—）。

⑥ 有关郭沫若对"现代格律诗"最起发展的贡献参见黄泽佩《〈女神〉中的现代格律诗评议》，载杨胜宽、蔡震编《郭沫若研究文献汇要》（第 6 卷），上海书店出版社，2012，第 422～429 页。

⑦ 有可能郭沫若也不打算完全用外国诗歌的形式，参见黄泽佩《〈女神〉中的现代格律诗评议》，载杨胜宽、蔡震编《郭沫若研究文献汇要》（第 6 卷），上海书店出版社，2012，第 426 页。

包括第 11 句和第 12 句采用同音开头押韵的方式）。郭沫若在翻译中还引入了一些补充性的修辞效果，来加强和传达这种语音层面的游戏，包括使用在古典中文诗歌与汉语书写里所特有的一个元素——德文里的动词"ahnen"（"Ahn'ich"，我觉得，感觉到）在诗句的开头用语法连词"仿佛"来翻译，产生出一种更加非人格化的音调，可以让人听到与原文的词序相颠倒的两句诗的分句形式。这也在诗的内部产生了内押韵的效果，比如"如"与"湖"字的内押韵。我们也看到，还有其他的三个内押韵的网络，即"见"、"边"、"天"和"纤"，"俄"、"火"（在第 9 诗句的开头与第 10 诗句的结尾）和"波"，"细"、"丝"和"枝"的内押韵。这营造出一种非常密集的句内押韵的网络，根据"十三辙"韵律法则，产生出如镜像、融合与滑动的效果。郭沫若在这里翻译出了在德文里用"sch"音来押句内音韵的效果。而且，他还增加了句法上的并列（"如火"和"如丝"），营造出声音重复的效果，这种效果有助于把不同事物相互联结。在重复的修辞格的同样范畴里，我们也注意到单个字在上下句里重复出现的现象（比如在第 12 句里大致重复了第 11 句的末尾"如丝"和"丝枝"："纤柳细细如丝/丝枝弄湖波"）。但是，最值得注意的一点是，在这两句诗里，在书写层面上，还出现了用"丝"字旁的部首的叠合的游戏。准确地说，在视觉层面的效果是让人感受到柳树垂下来的纤细枝条的末端："丝"作为部首的形式出现，后来它又"跃出"，在诗句的末尾，作为单独的字出现，而不再是仅仅作为部首；"丝"所隐含的长度的效果延续下来（对应垂柳的形象），因为这个字在第 12 句诗的开头再次出现。① 此外，其中也有自然的、非人格化的维度。同样，这种字形的重复游戏在郭沫若译诗的第 11 句和第 12 句开头重复的诗句里也体现出来。在歌德的德文诗里，在诗句的开头使用"sch"音的重复，而在中文译诗里，则借用丝旁的部首的重复，在书写层面的这种游戏也在诗句里以其他形式延续，比如在一个短语的第二个字里，都采用以木字为部首的对应游戏（"柳"与"枝"）。我们也注意到，相对次要的一个问题是，第 12 句诗里的最后两个字，出现了水字旁的部首。郭沫若试图呈现风景的书写层面的视觉效果，即垂柳的柳丝拂动在水面上的效果。此外，在这段诗节里使用的韵律尤其

---

① 王维《辛夷坞》的诗句"木末芙蓉花"里，也具有同样的效果。参见 François Cheng, *L'Ecriture poétique chinoise*，p. 18。

是富有意义的（在这里是否翻转出西方化的效果），而且表现出对原文的忠实：德文字"glut"（火炭，炎热，火焰的意思）翻译成"火"，"Flut"（潮，波涛）翻译成"湖波"。这里的押韵表达出两种互相对立的自然力与实体的互相交融和互不可分。同样，"Bereiche"（区域，地带）翻译成"天际"；"Haargezweige"（以"头发"和"枝杈"组成的复合词）则翻译成"纤枝"，且被移动到下一行的开头；原文行末的词与韵部（"gezweige"包含着"枝杈"的意思），换成"丝"。这个词使人感觉到垂柳的纤细。郭沫若引用文言文与欧洲语言的资源，不仅仅是为了准确地翻译，而且为了产生一种具有诗性的现代自由形式。另外，它符合中国山水诗美学，可见郭沫若在歌德的这首诗里也能体会得到。

郭沫若翻译的最后一段诗节有两种版本：A 版本里有三行（两句七言，一句十言），B 版本里则有四行（两句七言，两句五言）。尽管从形式的方面没有多少区别：这句"十言诗"看似是由两个"五言"的半句诗组成，但它们实际上构成唯一一个分句。这表明，对郭沫若而言，起码在这一首诗里，排版的空格空间不是那么重要，因为结构的存在是依据于句法与押韵的。在 A 版本里，最后一行拉长到十个字，具有一种表现力与比拟的功能。它基本上同时表示一种具体的形象和一种抽象的意境：水的流动，"垂柳细细如丝"的分岔渗透，暗示出通过观看风景在诗人的内心所引起的感觉，把观者与风景联系在一起，构成一种情景交融的统一体，也传达出某种情感沟通的氛围（"涓涓的夜景清和/清和的情趣由眼到心窝"）。正如前面谈到的，此处的七言的诗句（即第 13、14 行："姮娥的灵光委佗/涓涓的夜景清和"）并不符合古典的顿挫规则。其实，里面还是有一种很明确的顿挫（5/2）。另外，诗句也可以分为三个韵脚（3/2/2）（请参见前面讨论的第 5～7 行）。不过，在 B 版本里，最后一段诗节分为四行，其中的四交叉韵更加凸出（ACAC）[①]：整首诗立足在三个韵部的基础上（A/B/C）。第 13～14 行诗的翻译显得稍微自由："Durch bewegter Schatten Spiele/Zittert Lunas Zauberschein, /Und durchs Auge schleicht die Kühle/Sänftigend ins Herz hinein"（"透过活动的阴影的游戏，月亮的灵光在发抖着；通过眼睛，凉意清和地钻进心里"）。"委佗"同时翻译德文里

---

① 也要指出，押韵清除了"委佗"这个词的含糊性，因为它有两种发音，wěi tuó 或者 wěi yí，即"曲折行貌"的意思，这里的用法更符合后一种意义。

的两个词，"bewegter"（被活动）和"Zittert"（发抖）：将月亮描写得更加和谐化与"女性化"；另外，也指涉水的流动，迂回婉转。与此相反，幽暗的主题（"Schatten"，阴影）即使间接地翻译成"夜景"，似乎比原文要弱一些，更加中性。同样，郭沫若选择"涓涓"这个词，强调水的透明性与流动感，很可能是为了翻译德语里的动词"schleichen"（钻进，滑入）的意思。另外，原文里的"Kühle"（凉意）这个字被理解为一种平静的感觉即"清和"。此外，像第 11～12 行诗一样，我们也注意到，诗中用水字旁和带"月"字的部首（作为纯粹的书写元素，即使不是独立的部首，却也出现在形声字里表示音部的部分，如"涓""清""情"），字旁的部首在书写层面产生叠合的游戏，这种手法也比拟月亮慢慢地在天空升起的现象。况且，从书写层面来看，"月"字似乎通过"由"（字形里似有一道线穿透目光）字化为一个"目"字，这意味着带月光的夜景通过眼睛而深入诗人的内心深处。也能发现单个字在上下句里重复出现的另一种情况（"清和"这个词重复出现在诗句的末尾与下一句的开端），和一个句内押韵的重叠（"清和"与"情趣"），强调诗人与风景、内与外的情景交融；两种句内押韵的网络配合着这种书写层面的游戏（"景"、"清"和"情"，以及"涓"和"眼"）。最后一行由两句符合古典顿挫的五言诗行组成。此外，B 版本里的第 16 行诗也遵照五言今体诗的韵律（˘—/—˘—）将原诗的意义传达出来。不过，句法方面的因素布置有所不同：中文版将最后一段诗节收缩，也更加强调"清和"的感觉与水的流动，最终引向"心窝"而结束。在词汇的层面上，我们还看到，一种诗意化与汉语化的现象："Luna"原本是古罗马的月亮女神的名字，在古罗马的神话中，月亮女神的形象也对应四季的轮回。这个名字出自拉丁语的阴性词"月亮"；它在词源上本来与光相关（参看光线 lumen 或日光 lux）。在歌德的原诗里，这个词的使用加强了与阴影（Schatten）的对照，产生出把月亮拟人化的效果，引起对月亮的亲切感（如同用月神的名字召唤月亮）。此外，也参照了这个神话里所具有的某种神秘感（德文里面的"月亮"是"der Mond"，阳性词，在第 10 行里也出现），"Luna"这个词也跟"durch"（透过）与"Schatten"（阴影）一同属于一个句内押韵的网络。郭沫若用"姮娥"的微妙说法来翻译月亮（"Luna"）。"姮娥"是中国古代神话中的月亮的形象，尽管更加"浪漫"和女性化（参见"委佗"的形态），也立即会让人想到一系列的参照与再现，但与古罗马神话中的月神的形象有所差异。"娥"这个字也与"和"以及"窝"属于同一个韵部。此外，值得注意的是，郭沫若没有选择"嫦娥"这个词，而是选择"姮娥"这样一个比较罕见的词，用这样的词，是否显得更加诗化呢？① 无论如何，"姮"字更适合句内押韵的网络——它与"灵"字属于一个韵部②，"姮"字与"灵"字是短语中的首字押韵，但也嵌入在第 14～15 行诗的押韵网络里（"景"、"清"和"情"）。最终，我们也可以提问，是否"日"字既作为字形书写层面的元素又作为书写的游戏来使用。

在歌德的原诗里，通过诗人对自然的观察，诗里面的幽暗色彩，为揭示诗人内心的情感做了准备，也预告了随后一首诗里写的玫瑰——在自然风景里的敞开。目光朝向内心的过渡，对应歌德作品里的内与外的问题意识。表达的问题在他的作品里亦得到肯定。此外，在一首著名的诗作 *Epirrhema*（《召唤》）里，诗人歌德召唤读者去看到事物与生者之间的统一性，而不在内与外之间做区分（"因此在内边的，就是外边的"③）。歌德的诗似乎肯定了从外到内的路径，既预告了诗人对过去的回忆的重现（请参见整首诗，尤其是第 9 行诗），也肯定了自然在内心里带来一种自然而然的启示——在内与外之间，的确有一种融合。对于郭沫若来说，在他 20 年代的诗歌创作里，自我表达的问题显然是重要的。④ 总体而言，他的诗作呈现出从内到外投射的倾向。但在这首歌德的译诗里，郭沫若找到了对风景的一种古典化的处理，他传达出一种既非写实性的也非表现主义性的而是一种写意性的自然风景。还要补充一点，这首诗并不是郭沫若本人选择翻译的，而是他的朋友田汉请他翻译的。在这个时段，歌德与惠特曼或泰戈尔一样，都是郭沫若的诗作里的主要参照。

在这首译诗里，最主要的是诗的形式的问题以及在中文译诗中的语言书写的问题。需要把这首译诗看作一首汉语诗。郭沫若在写新诗或译诗之

---

① 也要提到，在古代先有"姮娥"指月亮的说法，后来因为与汉文帝刘恒的名字相避讳（http://cathay.ce.cn/history/200812/15/t20081215_ 17674746. shtml），而改称为嫦娥。

② "灵"的繁体字"靈"与"姮"在字形书写的层面也具有更多的共同元素：云，口；此外，"巫"字是否会让人想到"巫山"？这个字显然带有神话与神秘的色彩。

③ "*Denn was innen, das ist außen*"：*Goethes Werk, Gedichte und Epen I*, p. 358.

④ 斯洛伐克的汉学家高利克论及郭沫若的作品里的"表现主义"，参见 Marián Gálik, "Kuo Mo～jo and his Development from Aesthetico～impressionist to Proletarian Criticism," *The Genesis of Modern Chinese Literary Criticism*（1917～1930），Curzon Press, 1980, pp. 28～62；亦可参见孙玉石《郭沫若：一个浪漫主义诗人的艺术沉思》,《中国现代诗歌艺术》，长江文艺出版社，2007，第 3～47 页。

前先实践了古体诗，包括古典的诗体（今体诗或古体诗）或词体。此外，也需要核对，郭沫若的这首译诗，或者他用白话文写成的一些诗，在平仄押韵或诗句的长短的层面上，是否也借鉴了古体诗的一些元素。① 我们看到，郭沫若如何把歌德的外国诗转化到中文诗里，使之嵌入中国古典诗歌的互文性之中。他在汉语译诗里也把异国的风格加以汉化，即使这种陌生性其实本身已经是跨文化的，或者说具有"中国式"风格的维度。

郭沫若也强调对歌德的这首诗的中国式阅读。如此一来，他对于新体诗②也进行了一种尝试，借用一种半古典、半现代的语言和诗歌形式——我们看到一些例子（视觉的和书写层面的一些面向，运用了中国汉字的一些特有的资源：文本与意象，诗如画，韵脚，押韵，内押韵，古典元素与典故的借鉴，韵律层面的变幻，等等）。郭沫若很可能也在古代乐府诗里找到一种灵感。③ 正如对歌德来说一样，这样的实验具有跨文化的特征。这意味着在翻译的内部做一种转化，但也是从现代的、异国的元素出发，来进行这种转化。

《分类白话诗选》里共选用了郭沫若的七首诗，其中还包括他翻译的另一首歌德的译诗《感情之万能》（与《暮色垂空》这首诗同期发表）。④ 其中，《新月与晴海》几乎可以看作一首古典诗（或者一首词），是用文言体写成；除此之外，包括第二首歌德的译诗《感情之万能》。其他诗都是用白话体写成的，在诗的形式方面，相对来说是自由体的。在这部诗选里发表的郭沫若的诗歌作品中，从诗歌形式的方面来看，《暮色垂空》这首译诗的形式是最精致的。

---

① 在这一点上，可参见胡适 1919 年出版的著作《谈新诗》，他在其中指出，包括他本人的一些现代白话新诗里有重新用词牌来"填"写的现象。

② 郭沫若用"新体诗"（新诗）这个字眼是从当时日本引进的。吕元明：《郭沫若的初期诗歌与日本和歌、俳谐及新体诗》（1990），载杨胜宽、蔡震编《郭沫若研究文献汇要》（第 8 卷），上海书店出版社，2012，第 524 页。

③ 比如在给宗白华 1920 年 1 月 18 日写的一封信里（这封信也收录在《三叶集》里），郭沫若重新借用了李白的乐府诗《日出入行》。参见《郭沫若全集·文学编》（第 15 卷），人民文学出版社，1990，第 25 页。

④ 其他六首诗分别是《日出》（《时事新报·学灯》1920 年 3 月 7 号），《登临》（《时事新报·学灯》1920 年 3 月 6 号），《缀了课的第一点钟里》（《时事新报·学灯》1919 年 1 月 24 号），《新月与晴海》（《时事新报·学灯》1920 年 2 月 24 号，《三叶集》1920 年 5 月），《电火光中》（《时事新报·学灯》1920 年 3 月 26 号），《光海》（《时事新报·学灯》1920 年 3 月 19 号），《巨炮之教训》（《时事新报·学灯》1920 年 3 月 27 号）。

我们也注意到，郭沫若在同一个时期翻译的、后来都收录在《三叶集》的一些译诗里，尤其是在郭沫若 1920 年 3 月 3 日写给宗白华的一封信里①，还包含了对其他德国诗人比如海涅（Heine）的两首诗的翻译《海滨悄静》［*Seraphine* Ⅱ，*Verschiedene*（《别诗》），*Neue Gedichte*（《新诗集》），1844］与《洋之水》［*Die Heimkehr*（《归乡集 XIV》），*Buch der Lieder*（《歌之书》），1827］②，也有美国现代画家与诗人麦克司·威伯（Max Weber）的一首立体派的译诗《瞬间》［*The Eye Moment*，《立体派诗篇》（*Cubist Poems*），1914］，还有英国诗人雪莱（Shelley）的一首长诗《百灵鸟曲》的翻译［*To a Skylark*，取自雪莱的一部戏剧作品《被解放的普罗米修斯》（*Prometheus Unbound*），1820］。郭沫若是用古体的诗体翻译雪莱的《百灵鸟曲》的，却用一种半古典半白话的语言翻译海涅的诗，相比之下，又比翻译歌德的《暮色垂空》的语言要更白话一些。这表明郭沫若既可以用一种很自由的形式写诗，也可以用古代汉语的形式写诗或者译诗。

而且，郭沫若或许只是试图找到一种古典汉语的更现代化的方式来翻译一些外国的古典诗作。这种把古典诗现代化的考虑似乎是主要的，而且，他也试图在诗歌的形式方面加以实验（他也用现代白话的形式翻译了一些中国古代的诗文本，比如《诗经》）。③ 需要指出的是，将语言进行"现代化"的这种谋划，也与郭沫若身处的时代的翻译事业的一些共通的倾向相关。

《暮色垂空》处在《分类白话诗选》的开篇处，这为一首译诗在汉语诗选中给予了重要的位置。郭沫若的目标在于创造一种新的诗歌形式来肯定以外国诗作为形式的典范，最终给予翻译首要的位置。但是，这首翻译成中文的诗，从表面上看，始终具有中国诗的风格。它并没有那么多的陌异化，通过郭沫若的翻译而被汉语化，或者说，在某种程度上被归化。

我们也可以推测，正是这首歌德译诗的汉语的完善，语言的独特，以及韵律的变幻，使它在《分类白话诗选》里拥有了开篇的位置。这似乎也

---

① 参见《郭沫若全集·文学编》（第 15 卷），人民文学出版社，1990，第 110 ~ 140 页。

② 在那封信里，郭沫若写着这首诗是"《归乡集》第中的第十六首"（《郭沫若全集·文学编》（第 15 卷），人民文学出版社，1990，第 117 页），这一点不准确。其实在原文里，写的是"XIV"（14）首，而不是 XVI（16），参见 Heinrich Heine, *Buch der Lieder*, Hamburg, bei Hoffmann und Campe, 1827, p. 193。

③ 参见《卷耳集》（1923 年 8 月出版的）（《郭沫若全集·文学编》（第 5 卷），人民文学出版社，1984）。

把这部现代白话诗选放置在外国的古典大诗人歌德的权威统领之下，将现代新体诗的形式层面的实验合法化，但并不是为了摈弃古典美学。归根结底，正如胡适在当时所召唤的，新诗不是要摈弃古典，而是要摈弃古代的陈词滥调。而《分类白话诗选》以郭沫若的这首译诗开篇，也为郭沫若在新文学的文坛上赋予了一个不容忽视的重要位置。这首诗的发表，也为他次年（即 1921 年）出版的个人的诗集《女神》的成功做了铺垫。

附录

暮色垂空

暮色自垂空，
近景已迢递；
隐约耀霞辉，
明星初上时！

万象在暗里浮沉，
薄雾在空际凄迷；
反映着暗影阴森，
湖水静来无语。

俄见东边天际，
仿佛月明如火；
纤柳细细如丝，
丝枝弄湖波。

姮娥的灵光委佗，
涓涓的夜景清和，
清和的情趣由眼到心窝。

Dämmrung senkte sich von oben

Dämmrung senkte sich von oben，
Schon ist alle Nähe fern；

Doch zuerst emporgehoben
Holden Lichts der Abendstern!

Alles schwankt ins Ungewisse,
Nebel schleichen in die Höh';
Schwarzvertiefte Finsternisse
Widerspiegelnd ruht der See.

Nun im östlichen Bereiche
Ahn'ich Mondenglanz und – glut,
Schlanker Weiden Haargezweige
Scherzen auf der nächsten Flut.

Durch bewegter Schatten Spiele
Zittert Lunas Zauberschein,
Und durchs Augeschleicht die Kühle
Sänftigend ins Herz hinein.

郭沫若的汉诗创作

〔日〕藤田梨那*

摘　要：本文梳理了郭沫若留学日本期间的旧体诗创作及《诗经》今译，从风景描写角度分析了它们的特点：摆脱古典诗歌的表现模式，以写实的手法表现实景，在逼真的风景画面中表达诗人的情感。这样的变化表示郭沫若对古典诗歌的再认识与他的口语新诗的探索不无关联。他的旧体诗与口语新诗创作反映着他所走过的古典与现代的精神路程。

关键词：郭沫若　留学时期　旧体诗　风景发现

序

郭沫若在他 86 年的人生中所作旧体诗超过 1500 首。少年时代以及留学日本十年的青年时代所作旧体诗约有 140 首。目前，我们可以从以下资料中看到他青少年时代所作的诗歌。

乐山市文管所编《郭沫若少年诗稿》（四川人民出版社，1979）

《郭沫若旧体诗词系年注释》（黑龙江人民出版社，1982）

郭平英编《敝帚集与游学家书》（中国社会科学出版社，2012）

唐明中在《郭沫若少年诗稿》中将郭沫若少年时代的诗歌写作分为三个时段：第一期，沙湾家塾"绥山馆"时代；第二期，乐山（嘉定）小学校时代；第三期，成都分设高等中学校时代。①

笔者据此再加上第四期：日本留学时代。以 1914 年郭沫若赴日本留学为分界，之前所作诗歌约有 93 首，留学十年所作诗歌约有 45 首。按诗体区分情况如下：

---

* 藤田梨那，日本国士馆大学教授，国际郭沫若学会会长。

① 参见乐山市文管所编《郭沫若少年诗稿·后记》，四川人民出版社，1979。

留学前：

　　七言律诗——35 首

　　五言律诗——17 首

　　七言绝句——8 首

　　五言绝句——6 首

　　古诗——4 首

　　对联——22 副

留学期：

　　七言律诗——0 首

　　五言律诗——0 首

　　七言绝句——20 首

　　五言绝句——7 首

　　古诗——13 首

　　词——1 首

　　谣——4 首

　　对比留学前后的诗歌，诗体上的变化值得注目。本文着重从风景表现角度，分析留学时期郭沫若的旧体诗创作中所体现的特点。

一　旧体诗中的风景

　　1914 年郭沫若从北京出发途经釜山到达东京，开始了他所说的"人生中最勤勉的"留学生活。① 在东京，他经过半年的努力，考上了第一高等学校，获得了大使馆支付的官费。当时日本各学校均是 9 月开学，他便利用开学之前的时间，到千叶县北条镜浦海岸去度假。在那里他第一次游泳。在《自然之追怀》中他回忆当时情景，说："北条的镜浦，在没有风的日子，真是像镜子一样的平静。本来生于四川的腹地的峨眉山麓的我，作为一种家规，是被禁止走进一尺以上的水里去的；这时候一跃入海，简

---

① 郭沫若：《我的学生时代》，《郭沫若全集·文学编》（第 12 卷），人民文学出版社，1992，第 14 页。

直有隔世之感。"① 北条镜浦的风景使他想起家乡的山水，诱引他一跃入海，此时他第一次破了家规。北条镜浦的风景还大大地刺激了他的诗情，在这里他写了三首诗歌。

镜浦　三首

（一）

镜浦平如镜，

波舟荡月明。

遥将一壶酒，

载到岛头倾。

（二）

飞来何处峰，

海上布艨艟。

地形同渤海，

心事系辽东。

（三）

白日照天地，

秋声入早潮。

披襟临海立，

相对富峰高。

这三首绝句均见于《自然之追怀》，初载于 1933 年日本改造社《文艺》月刊及 1934 年上海《时事新报》，《郭沫若全集》未曾收入。从《自然之追怀》中的说明我们可以了解到每首诗吟咏的场景。第一首写镜浦的安静，以及附近的鹰岛和冲岛的诱人，有如苏轼"载酒时作凌云游"的愉快。② 第二首写在海上看到日本的军舰，因为当时正值"一战"爆发，引起作者忧国之心。第三首写镜浦的秋色与富士山。这是他吟诵富士山的第一首诗。郭沫若在《自然之追怀》中回忆当时情景："阳光一般是变得淡而薄了，并且带着哀调；潮音也拖着一种若在夏天非深夜不能听到的寂寞

① 郭沫若：《自然之追怀》，《郭沫若杂文集》，永生书店，1936，第 83 页。
② 郭沫若：《自然之追怀》，《郭沫若杂文集》，永生书店，1936，第 84 页。

的余韵；空气变得异常清澄；对岸富士山的秀姿，时常打一清早起便远远地在彼方的云端露出来。这实在是一种怎么也不能形容的崇高。"① 这段回忆充分反映了郭沫若对日本大自然的精细的感受。第三首诗从朝阳、海潮到富士山，把眼前所见的大自然如实地吟诵出来，实景中渗透着诗人的感动。2013 年富士山被选入世界文化遗产时，日本静冈县政府出版了《富士山汉诗百选》②，其中就收入了郭沫若的这首诗。

　　这三首诗的特点是对风景的写实和第一次吟咏大海。这个特点是他留学前的旧体诗中未曾有的。在他的诗歌包括《女神》中"海"多次登场，这不仅是因为他到了日本才看到了海，而且是因为大海为他打开了眼界，使他发现了一个新的表现世界，一个以前未曾意识到的世界，既是现实的，又是精神的。

　　1915 年郭沫若转到冈山第六高等学校，在那里生活了三年。第六高等学校位于冈山后乐园附近，周围有两座山——操山和东山，还有一条河叫旭川河。郭沫若很喜欢这里的风景，每天跨过架在旭川河上的旭川桥去学校，傍晚就去登山，周末去练习游泳。他在《自然之追怀》中回忆道："在冈山的时期，我常泛舟旭川。夹在后乐园与冈山城的天主阁之间的河面，非常富于诗趣。在第六高等学校旁边的东山，虽也并不是什么杰出的境地，但是因为起头一两年，我是住在那附近，所以时常去散步……当月夜在东山的山阴独自漫步的时候，我担心自己的脚音破坏了周围的静寂，时常脱了木屐，不使作声地跣足而行。下抄《晚眺》《新月》二绝，便是那时候的作品。"③ 我们来看《新月》：

新月如镰刀，

斫上山头树。

倒地却无声，

游枝亦横路。

　　这首旧体诗以新月和树木的影子吟咏出一个幽静的月夜风景。诗人以镰刀比喻细而弯的月亮，月亮从东山升起，山巅的树木像是被月亮斫倒了

---

① 郭沫若：《自然之追怀》，《郭沫若杂文集》，永生书店，1936，第 85 页。
② 参见《富士山汉诗百选》，静冈县文化·观光部，2014。
③ 郭沫若：《自然之追怀》，《郭沫若杂文集》，永生书店，1936，第 86 页。

一样，一片树影静静地撒在地上。以"镰刀"比喻新月，这种手法早已见于中国的古典诗中，但郭沫若这首诗中的比喻并非来自中国的古典诗。他在《儿童文学之管见》一文中曾谈到《新月》的创作。"初学德文时'新月'一语作 Mondsichel——直译时是'月镰'，颇生新颖之趣。得此暗示我曾作五绝诗一首。"① 这首五绝指的就是《新月》。这段回忆告诉我们，对于郭沫若，"新月"这个词与德语有着密切的关联，《新月》中所用"镰刀"从新月的形状进一步暗示新月的锐利，引出下一句"斫上山头树"，表现出寂静中隐含着的"动"，一个大规模的"动"。

在日本留学时期，郭沫若曾多次在诗歌中吟咏"新月"，如口语新诗《新月与白云》："月儿呀！你好象把镀金的镰刀。/你把这海上的松树斫倒了，哦！我也被你斫倒了！"这是一首讴歌恋爱的诗，收《女神》"爱神之什"。这首诗与《新月》相比，虽然诗体即诗的形式完全不同，但新月、镰刀、斫倒松树，这些要素基本相同。《新月》表现月夜中"静"与"动"的情景；《新月与白云》则即景抒情，以"新月""镰刀""我被斫倒"来表现陷入热恋的心理状态。可以说，《新月》与《新月与白云》的新颖之处就在于它的精细的风景表述既是写实的又有象征之意。

《登操山》是郭沫若冈山第六高等学校时代的一首旧体诗，写他登操山的体验，如下：

怪石疑群虎，
深松竟奇古。
我来立其间，
日落山含斧。
血霞泛太空，
浩气荡肝腑。
放声歌我歌，
振衣而乱舞。
舞罢迫下山，
新月云中吐。

---

① 郭沫若：《儿童文学之管见》，《郭沫若全集·文学编》（第 15 卷），人民文学出版社，1990，第 281 页。

郭沫若在《自然之追怀》中回忆到登山的情景："时刻是近傍晚，一个人无心地从学校右手转弯，走上了上山的路，到山中腰，路进了松林，变得幽暗起来，像是已经变成了夜景了。在山顶上，大的石头是树干之间取着种种姿势散在着，简直仿佛走进了睡着的猛兽的王国。这时候太阳正在渐渐没于有缘的西方的山顶还留着半规血红的夕映弥漫于天空，简直像是迸着血潮似的。被这样的光景所打动，就像感到了什么 Inspiration 似地雀跃着，信口吟出的便是下面这首诗。"① 从这段回忆来看，《登操山》中的想象和抒情完全引发于实在的风景，贴近实况，迫近内心。

第4句和第5句描写夕阳，这里郭沫若大胆地用了两个新颖的词"山含斧"和"血霞"。这两个词反映的实景就是"西方的山顶还留着半规血红的夕映弥漫于天空，简直像是迸着血潮似的"。夕阳半落山巅，有如半圆的斧刃；火红的晚晖衬出血染的云霞。这两个词在中国古典诗中几乎未见使用，留学前郭沫若也未曾用过，但与《自然之追怀》中的回忆相对照又极符合他当时所见的情景，具有丰富的写实性。浪漫的想象突破了古典的束缚，在这个时期，表现上的独创性在他的旧体诗中已初露锋芒。

风景的发现是郭沫若日本留学时期最重要的体验之一。他热爱日本的山水，冈山、福冈、濑户内海等，每到一地他都要写诗吟诵那里的风景和自己的感动。在这方面，他学习了西方的诗歌，如歌德《春光明媚的地方》、海涅《静静的海边》、惠特曼《大道之歌》都是他最倾心的作品。同时，他也注意到了中国的古典诗歌，如韩退之《南山诗》、木玄虚《海赋》、郭景纯《江赋》，但他对这些作品总是不太满意，认为这些冗长的作品倾向于语言上的修饰和夸张，远离了真实的情景。他认为"新诗便是不假修饰，随情绪之纯真的表现而表现以文字。打个比喻如象照相。旧诗是随情绪之流露而加以雕琢，打个譬比如象画画"。② 事象的写实、情调的自然流露，正是郭沫若留学时期对诗歌本质的摸索。风景的发现大大地激发了他对文学的认识。

1924年，郭沫若为了写作，由上海再次东渡日本，在九州佐贺县近郊的熊川温泉逗留。其间，他翻译了河上肇的《社会组织与社会革命》，完

---

① 郭沫若：《自然之追怀》，《郭沫若杂文集》，永生书店，1936，第87页。
② 郭沫若1921年给父母的信，载唐明中、黄高斌编注《樱花书简》，四川人民出版社，1981，第165页。

成小说《三诗人之死》《阳春别》《喀尔美萝姑娘》《行路难》。熊川温泉是佐贺县内数一数二的温泉，四面环山，草木茂盛，绿荫成片。他住在一个名叫"新屋"的旅馆里，近处一条小河沿山麓流过，清澈的溪流顺着山麓弯弯曲曲地流淌着，河流转弯的地方自然形成一个小小的河湾，湾内是银白的砂浜，宛如海滨，周围还有不少岩石，这条河叫川上江。郭沫若很喜欢这里，经常带着孩子去散步，美丽的风景激发了他的诗情，《日之夕矣》和《川上江纪行二十韵》就在这里诞生。

《日之夕矣》和《川上江纪行二十韵》采用了古诗的形式，四字一句。《日之夕矣》共36句；《川上江纪行二十韵》共40句。与郭沫若青少年时代的旧体诗和家乡时代的旧体诗相比，留学后所作五言、七言古诗较多，但四言古诗却以这两首诗为最早。四言诗体主要见于中国最早的诗集《诗经》，郭沫若在1922年曾对《诗经》中的一部分诗歌做了口语翻译，《日之夕矣》和《川上江纪行二十韵》的创作应与这项工作有密切的关联。这里还隐含了一个有趣的问题，在留学时代，郭沫若所做的最大的工作就是口语新诗的创作，但与此同时又有相当数量的旧体诗特别是古体诗的写作，旧与新之间有着怎样的内在关系？这是我们需要注意的问题。这里着重分析一下《日之夕矣》。为了分析的方便起见，笔者在诗中每行之前加上字母，在有关词下加上底线。

a　日之夕矣，新月在天，抱我幼子，步至<u>溪边</u>。

b　<u>溪边</u>有石，临彼深潭，水中倒映，隔岸<u>高山</u>。

c　<u>高山</u>蓊郁，深潭碧青，静坐危石，隐听<u>湍鸣</u>。

d　<u>湍鸣</u>浩浩，天地森寥，瞑目凝想，<u>造化</u>盈消。

e　<u>造物</u>造余，每多忧悸，得兹静乐，不薄余锡。

f　俄而妻至，二子追随，子指乱石，定名<u>欧非</u>。

g　<u>欧非</u>不远，世界如拳，仰见荧惑，出自<u>山巅</u>。

h　<u>山巅</u>有树，影已零乱，妻曰遄归，子曰渐缓。

i　缓亦无从，遄亦无庸，如彼星月，羁旅太空。[①]

这首诗见于小说《行路难》中《新生活日记》里。10月3日日记写

---

① 郭沫若：《行路难》，《郭沫若全集·文学编》（第9卷），人民文学出版社，1985，第328页。

道："晚饭后抱佛儿至渡头，坐石听水。未几，晓芙偕和博二儿来，二儿在石上追逐，指石之大者为非洲，为美国，为中华，石碛在小儿心中变成一幅世界。夜入浴，吃烧栗数粒，草《日之夕矣》一诗。"① 这里记述了这首诗的写作背景。a 行第一句"日之夕矣"既是本诗的题目，这一句取于《诗经·国风·君子于役》。9 行 36 句中没有引用任何典故成语，均是实景描写和行动追述，句句易懂。特别是 f 行和 g 行，两个幼儿在岩石间追赶玩耍的情景活灵活现，以幼儿的眼光看岩石，竟有欧洲、非洲以及世界之比喻出来，诗的整个场景既迫近实际又富有想象。

此诗平易之处还在于作者用了"顶真格"的手法。a、b、c、d、e、f、g、h、i 各行都以前一句中二字或一字为开首，既 a、b 以"溪边"相承；b、c 以"高山"相承；c、d 以"湍鸣"相承；d、e 以"造化"相承；f、g 以"欧非"相承；g、h 以"山巅"相承；h、i 以"缓"相承。每行首尾相承，这种手法叫"顶真格"。

这首诗以川上江的风景——白沙滩、岩石、绿山、流水声、小儿们的玩耍等，展现出一个悠然自在的自然景象，再由这可视的场景引申出星辰太空的联想及对人生旅程的领悟。由外界的风景转向内心世界，而连接内外两个世界的正是"顶真格"的修辞法。郭沫若采用了《诗经》中的四言诗的形式，但诗中大胆地采用了"欧非"和"世界"等现代词语，为这首诗增添了新时代的味道，再以"顶真格"的手法将短短的四言诗一句串一句地承接下去，形成一串诗的锁链。川上江的风景和诗人的内心风景就在这串诗的锁链中活灵活现地展现出来。

"顶真格"是中国古代诗歌中最早使用的一种形式，在中国第一部诗集《诗经》中的《江有汜》和《既醉》就采用了这种手法。每一句都重复前一句结尾的一字或二字，承前启后，间隔不定，连接下去，形成一种诗歌的修辞手法。

"顶真"本来指缝纫用的顶针，"顶针"与"顶真"同音，它的意思是像做针线活时用顶针顶着针，一针一针地缝下去一样，一句接一句地吟出数句连串的一首诗，每一句都踏袭前一句末尾的字音，行成连句的形式。这种手法随时代的发展不断延续，到了唐宋时代"顶真格"被格律

---

① 郭沫若：《行路难》，《郭沫若全集·文学编》（第 9 卷），人民文学出版社，1985，第 328 页。

化，不仅用于格律诗，也被引入词的世界。进入元代，顶真格诗更变化为一种游戏性的文体，多用于酒令游戏中，多有口语夹杂在内。明清时代，顶真格诗更兴盛于民间，脍炙人口，大众色彩更加浓厚。《诗经》中的诗歌本来多采自各地的民谣，故而顶真格诗本来就具备了丰富的大众性质。由于这种性质，顶真格诗随着时代的变迁，在民间不断发展，形成一种大众诗歌的表现形式。

郭沫若自幼学习古典诗歌，六岁时就开始练习作对句、对诗，很有可能在少年时代就对顶真格诗有了一些了解。但目前，我们在他留学之前的旧体诗中还没有发现顶真格诗，或许留学时期所作的《日之夕矣》是他最早使用顶真格的手法创作的一首诗。

二　《诗经》今译

郭沫若在日本留学期间的 1922 年完成了《诗经》的现代口语翻译，命名为《卷耳集》，1923 年在上海出版。《卷耳集》所收诗歌主要选自《国风》，郭沫若选译了 40 首恋爱诗。在这个时期，他先后发表了几篇文章，如《波斯诗人莪默伽亚谟》（1922）、《我对于〈卷耳〉一诗的解释》（1923）、《文学的本质》（1925）等。在这些论文中，他论述了诗歌的本质、韵律的起源、口语诗的必然性，几次涉及《诗经》。为什么他在这个时期特别重视《诗经》？在《卷耳集》序言中他说："我们的民族，原来是极自由极优美的民族。可惜束缚在几千年来礼教的桎梏之下，简直成了一头死象的木乃伊了。可怜！可怜！可怜我们最古的优美的平民文学，也早变成了化石。我要向这化石中吹嘘些生命进去，我想把这木乃伊的死象苏活转来。这也是我译这几十首诗的最终目的，也可以说是我的一个小小的野心。"① 从这篇文章中我们可以看到，他认为《诗经》是平民文学，是极自由极优美的作品。

关于古典诗歌，郭沫若在日本留学期间就开始探索。他在《文学的本质》中，把原始诗歌的表现成分称为"文学的原始细胞"，指出："这种文学的原始细胞所包含的是纯粹的情绪的世界，而它的特征是在有一定的节

---

① 郭沫若：《卷耳集》，《郭沫若全集·文学编》（第 5 卷），人民文学出版社，1984，第 158 页。

奏。节奏之于诗是与生俱来的，是先天的……我们在这种节奏之中被自己的情绪催眠，会不知不觉地发出有节奏的声音，发出有节奏的语言，发出有节奏的表情运动，这便是音乐、诗歌、舞蹈的诞生了。"① 他所根据的便是《诗经》。他所强调的"文学的原始细胞"所含情绪的表现是先文字的。正像《毛诗正义序》所说："诗者志之所之也。在心为志，发言为诗。情动于中而形于言。"郭沫若对这几句话非常重视，要点就在一个"言"字上。他说："其中所不可忽视者最为'言'之一字。因为诗歌之发生在于未有文字以前，未有文字以前的诗歌，其所倚以为表现的工具是言语，所以说'诗言志，歌永言'。"② 他从《诗经》中读出了诗的本质——音乐、诗歌、舞蹈三位一体的理论。他所强调的"言"正是他摸索口语新诗时最重视的"声音"，发自内心的、自由的人的"声音"。在探索创作口语新诗的过程中，他在《诗经》中发现了他所追求的诗的本质，在古代的旧纸堆中寻得资料，使他那"刹那刹那的生命得以充实了"。③

郭沫若的口语体翻译则是不拘泥古典的解释，直接导入自己的直观，将自己的理解大胆地反映到《诗经》的口语翻译中。他的《诗经》口语翻译可以说是现代中国诗歌史上第一次挑战和尝试。他的这一挑战直接关系到这个时期他一直探讨的诗歌的起源、诗歌的本质等问题。这告诉我们，他的新诗创作并不是盲从时代潮流，随意做来的，而是根据对古典诗歌的审视，批判性的继承，发自内心的反思的扎实的文学实践。郭沫若留学日本时期所作的 13 首古诗就是这一实践的成果。

三　结论

郭沫若自幼学习古诗，热爱家乡的风景，热爱善于描写风景的诗人杜甫、苏轼、李白、张继等。他少年时代的诗作多以律诗、绝句为主，又多见故事典型的表现形式。留学日本后，郭沫若开始尝试口语新诗，同时也

---

① 郭沫若：《文学的本质》，《郭沫若全集·文学编》（第 15 卷），人民文学出版社，1990，第 348 ~ 349 页。

② 郭沫若：《论诗三扎》，《郭沫若全集·文学编》（第 15 卷），人民文学出版社，1990，第 336 页。

③ 郭沫若：《卷耳集》，《郭沫若全集·文学编》（第 5 卷），人民文学出版社，1984，第 157 页。

从未遗忘过旧体诗的创作。留学时期的旧体诗在用语上、形式上要比少年时代来得更自由。《镜浦》《新月》《登操山》等旧体诗很少援用典故，呈现出大胆的创新：风景描写已摆脱古典诗歌的表现模式，以写实的手法写出它真实的面貌。在逼真的风景画面中，诗人的情感也以直叙的手法直接表现出来。这样的变化表示他对古典诗歌的再认识与他的口语新诗的探索不无关联。

郭沫若用口语翻译《诗经》的态度如实地反映了他对古典诗歌的理解。在《卷耳集·序》中他说："我对于各诗的解释，是很大胆的。所有一切古代的传统的解释，除略供参考之外，我是纯依我一人的直观，直接在各诗中去追求它的生命。"① 又在《卷耳集·自跋》中写道："《诗经》一书为旧解所淹没，这是既明的事实……我们当今的急务，是在从古诗中直接去感受它的真美，不在与迂腐的古儒作无聊的讼辩。"② 从这里我们可以知道，他对古典诗并不是全面否定的，而是力图将古典诗从既成的解释的桎梏里解放出来，还原它原有的真美。他在思考古典诗歌时多与旧的解释、旧的概念拉开距离，力求以现代人的感性去感受古诗。留学时期，他受到了西方文学的影响，这一影响又为他审视和再认识中国古典诗歌提供了新的视角，这与泰戈尔曾敦促他重新认识《庄子》、王阳明是同样的过程。郭沫若一生所作旧体诗与他的口语新诗基本上数量相同。他的旧体诗与口语新诗反映着他所走过的古典与现代的精神路程。

---

① 郭沫若：《卷耳集·序》，《郭沫若全集·文学编》（第 5 卷），人民文学出版社，1984，第 157 页。
② 郭沫若：《卷耳集·自跋》，《郭沫若全集·文学编》（第 5 卷），人民文学出版社，1984，第 208 页。

郭沫若与河上肇：在相遇与分歧的路上

〔美〕 周海林*

摘　要： 郭沫若与河上肇有着相似的人生经历。郭沫若在阅读并翻译河上肇的著作时，改变了自己的人生观，改变了艺术观，成为一个马克思主义信奉者。但是郭沫若不满意于河上肇偏于学究式的研究，忽视马克思主义的辩证唯物论，回避马克思主义改造世界的实践，他与其他的中国知识分子一样从苏联的果断决策中看到了真正国际主义之梦。他们坚信苏联的道路与古代中国人所说的大同世界是相通的，渴望社会主义革命在中国获得成功。因此，郭沫若对河上肇的 "社会主义革命时机尚早" 的结论提出异议。

关键词： 郭沫若　河上肇　马克思主义　社会主义革命　艺术观转变

河上肇（1879～1946）出生于日本山口县玖珂郡锦见村的一个下级武士的家庭。他的祖父及伯父都喜好文学，对汉诗与和歌更是情有独钟。浓厚的文学氛围对河上肇的成长有着不容忽视的影响。即使以后成了著名的社会科学家，河上肇的诗人气质和文学素养依然是他学问的底蕴。河上肇曾在《自叙传》中对自己的成长史做过这样的描述：" 实际上我是在大约五十岁时，才开始涉足经济学领域。从最初的出发点——纯粹的资产阶级经济学开始，完成了向其对立面的马克思主义经济学的转变，在哲学领域，从笼罩着宗教的神秘云雾的最初的出发点——唯心论开始，完成了向彻底的唯物论的转变。"[①] 河上肇经历了从一个文人——尤其是爱好汉诗的诗人——到一个经济学家的过程，最终他成为一个共产主义者。在这个过

---

　* 周海林，美国维拉诺瓦大学亚洲研究学助教。

　① 〔日〕河上肇：《自叙传》全 4 卷，世界评论社，1946～1948。1967 年由岩波文库新版，共 5 册。引用从第 1 卷第 205 页开始。

程中，他一度埋头于宗教，甚至痴迷到了辞去教职的程度。郭沫若也有着相似的变化过程。他开创中国浪漫诗的先河。他先是专心于唯心的艺术理论，成为一个文学家、剧作家，最后遇到了马克思主义。在投入马克思主义研究的同时，他还自学了社会学、考古学、历史学等专业，在这些学术领域中取得了辉煌的成就。比较一下两者的经历，我们不难发现，虽然他们曾多年浸淫于唯心论的思想和自由主义的艺术意识形态，但最后都倾倒于马克思主义的理论思想，成为一名马克思主义信奉者。虽然他们的经历很相似，可是河上肇不仅年长郭沫若一辈，而且在郭沫若还在为自己的纯艺术理论与观点和他有龃龉的同时代作家苦恼时，河上肇已经是日本学术界独树一帜的著名马克思主义学者。郭沫若因什么开始阅读河上肇的，我们并不清楚，因为与郁达夫不同，郭沫若对日本人写的著作并不痴迷。可是，当时的河上肇的名字如日中天，郭沫若不可能对此漠然惘视吧。

郭沫若认真阅读河上肇的著作，并真正开始敬仰河上肇，始于1924年的春天，在前期创造社解散后不久。在难以忍受上海艰难的生活，带着一家人到日本谋生时，郭沫若遇上了河上肇的《社会组织和社会革命》。① 这本书就像将郭沫若从半醒半睡的状态中唤醒的警钟一样。正如郭沫若在文章中写道：

> 我现在对于文艺的见解也全盘变了。我觉得一切伎俩上的主义都不能成为问题。所可成为问题的只是昨日的文艺，今日的文艺，和明日的文艺。昨日的文艺是不自觉的得占生活的优先权的贵族们的消闲圣品。……今日的文艺，是我们现在走在革命途上的文艺，是我们被压迫者的呼号，是生命穷促的喊叫，是斗士的咒文，是革命予期的欢喜。……明日的文艺……要在社会主义实现后，才能实现呢。在社会主义实现后的那时，文艺上的伟大的天才们得逐其自由完全的发展，那时的社会一切的阶级都没有，一切的生活的烦苦除去自然的、生理的之外都没有了，那时人才能还其本来，文艺才能以纯真的人性为其对象，这才有真正的纯文艺出现。②

《社会组织和社会革命》是一本重要的马克思主义入门书籍，是河上

---

① 原名为《关于社会组织和社会革命的若干考察》，日本弘文堂，1922。
② 郭沫若：《孤鸿》，《创造月刊》1926年第1卷第2期。

肇在自己个人发行的《社会问题研究》（1919 年 1 月发刊）上发表的一系列马克思主义研究论文的集大成。全名是《关于社会组织和社会革命的若干考察》。当时日本年青一代的知识分子，受到这本杂志的启蒙，开展了如火如荼的学生和社会运动，把马克思主义的社会活动扩展到全国各地。①当时的中国留学生中也有几位是河上肇的学生。李闪亭、漆树芬、王学文②等都是直接受河上肇指导的学生。郭沫若与这三人都有接触。有时他也从李闪亭和漆树芬那里听到河上肇的授业内容，还经常阅读《社会问题研究》，但对以学术性为主，缺乏社会实践的河上肇的理论敬而远之。河上肇在接受马克思主义时，已经是著名的社会科学者，是京都大学的教授。他始终把马克思主义作为一种学问，以学者的严谨态度予以对待。但是，那时的郭沫若被艺术的缪斯吸引，着迷于泛神论的世界，还没有做好接受唯物论的准备。数年后，当困苦的生活使他从因不合理的制度而造成的不平等的现实中醒悟过来，对艺术的神化产生了怀疑，渴望着能推翻世界上所有不合理的社会制度的真理时，他第一次系统性地阅读了《社会组织和社会革命》，为获得"理性的光环"③而感激不已。

　　郭沫若对河上肇有着与生俱来亲密感的原因之一，如前所述，或许是俩人有着相似的经历使然。不管怎么说，始终持续不断地探索拯救人类真理的精神是他们两人共有的。河上肇曾深深地沉溺于佛教、基督教、托尔斯泰信仰中，希冀能寻找到拯救灵魂的真理，最终却成了一位马克思主义

---

① 学生运动团体的全国组织·学生联合会（学联）于 1922 年 11 月 7 日成立。后来在 1924 年 9 月改称学生社会科学联合会，把马克思主义的社会科学研究活动作为运动的中心课程。

② 李闪亭是郭沫若在冈山第六高中时的朋友，在京都大学学习经济，是河上肇的学生。他在京都大学时，被称为"中国的马克思"，属于孤军派的中国青年党的干将，曾经当过长沙法政学校的校长，1927 年客死上海。1921 年夏，当郭沫若访问郑伯奇时，住在李闪亭的宿舍里。从他那里，郭沫若听到了"唯物史观的公式"，"资本主义的必然崩溃"，"无产阶级专政"，等等。李闪亭向郭沫若推荐河上肇的个人杂志《社会问题研究》，但郭沫若觉得没有这样的必要，因此没有马上接受他的推荐。漆树芬是帝国大学经济学部的毕业生，是河上肇的学生。他是郭沫若在四川成都府中学的同窗，比郭沫若小一岁。他比郭沫若晚一年留学日本。他在校三年写了一本《经济侵略下的中国》，据说他委托郭沫若为这本书写了序，后来经郭沫若介绍成为创造社后期的成员。王学文也是河上肇的学生。在那之后，所谓的"孤军派"的人大都是京都大学经济科的毕业生，其中也有许多是河上肇的学生。他们信奉河上肇早期的学说，认为资本主义的扬弃如果不经过个人资本主义阶段，就绝对不能实现（根据郭沫若《创造十年》）。

③ 郭沫若：《孤鸿》，《创造月刊》1926 年第 1 卷第 2 期。

的信仰者。然而，信奉唯物主义的他在后来谈到自己的宗教观时却这样说："我在这儿所说的科学，是指作为社会科学的马克思主义，其内容是非常清楚的。但是我在此说到的宗教，与无论是基督教，佛教，真宗或者禅宗都不同，是无需起名字的纯粹的自我流的东西。一般来说马克思主义是否定宗教的。但我既信奉马克思主义，又相信宗教真理的存在，在这一点上有我个人的特殊性。……我是主张宗教真理存在的唯物论者，我把自己定义为：主张宗教真理存在的唯物论者，主张一定的真理存在于既成宗教的核心中的马克思主义者。"①

对于有着这样宗教观的河上肇，《河上肇》的作者盐田庄兵卫称其为"不是宗教者，但具有非常宗教性的人格"。② 他指出这种宗教性的人格最显著的地方就是所谓的"无我"。在成为马克思主义之前，他是青年僧侣，即《无我的爱》的作者伊藤证信的门生，然而，这无我的精神是他改造社会的原动力，也是他与社会主义的接点。近代以来，有不少日本知识分子一边宣扬科学精神，一边又信仰宗教。无论什么时代，在从事文艺和艺术的人群中，这种人并不少见。然而，这些人执着地要弄清人类存在的意义，但他们信仰的诸神不可能给予他们一个明确的答案，为此他们产生了极大的苦恼。这种苦恼经常会出现在他们的作品中。举例说，有岛武郎、正宗白鸟等作家就常常在他们的创作中表达了这种烦恼和痛苦。与之相比，中国现代文学中几乎看不到这样题材的文本。众所周知，中国的新文化运动提出了两个响亮的口号：反封建主义和反帝国主义。这里的反封建主义包括对佛教的批判，而反帝国主义也连带了反基督教的内容。说到基督教，我们知道尽管基督教在把民主主义思想传播到中国的过程中起到了重要作用，但与帝国主义的侵略政策也有着难以切割的关系，因此在中国的知识阶层中鲜有像日本知识分子中那样的虔诚却又苦恼着的基督教徒。然而，中国的知识分子中却不乏像河上肇那样具有"宗教的人格"的人。郭沫若也算是其中的一位吧。

抗日战争爆发后，当秘密回到中国的郭沫若看到了被日本炸弹炸伤的市民时，写下了这样的一段日记："我自己本来是不信宗教的。但是不知

---

① 《大死一番》完稿于 1942 年 10 月 28 日夜。转引自〔日〕盐田庄兵卫《河上肇》，新日本出版，1991。

② 〔日〕盐田庄兵卫：《河上肇》，新日本出版，1991。

怎么的，突然想到了'天'来。……有几位女教士在那儿调制药品，她们的衣冠愈见激起我的宗教的情趣，我在离开收容所的时候，否，就在我目前运着笔追记这回视察的时候，在我的心里时时反复着这样的一个祈祷：——老天爷，希望你不要下雨。"① 即使他不信宗教，然而这"宗教般的感情"实际上在郭沫若的文学中随处可见。

在郭沫若早期的诗中经常出现的"大我"与河上肇的"无我"在本质上是相通的。河上肇以"无我"为主要目标，从一个宗教信仰者转变为马克思主义者。而郭沫若不忘"大我"的观念，从一个泛神论者转变为马克思主义者。这两个人的转变并不是偶然的现象，是出生在那个时代有良知的知识分子在认真地寻求拯救人类的过程中，经过各种各样思索的必然结果。换句话说，郭沫若与《社会组织和社会革命》的相遇也是他的贫困的生活方式使然。

可是，郭沫若一方面感谢这本书，另一方面又觉得有些不满足。他在翻译了这本书之后，在《社会组织和社会革命·序文》中说出了自己的不满。"全书偏就于学究式的论争，对于马克思主义的骨干——辩证唯物主义，根本没有接触到；对于马克思主义的实践——怎样来改造世界，更差不多采取回避的态度。"② 他的这种想法好像从开始翻译《社会组织和社会革命》时就已经形成了。③ 众所周知，郭沫若是个感性很强的诗人。他无论接受什么样的理论，其背后通常都有心情的问题，因此他不喜欢研究与分析事物，总是与学究理论保持一定的距离。毋庸置疑，对在绝望中与马克思主义相遇的他来说，马克思主义是拯救这个世界的唯一希望，马克思主义以其合理性和实践性压倒迄今为止的所有的理论，成为他心中唯一的权威。因此，他对河上肇具有学究作风的著作感到有些急不可耐，最不认可河上肇的"不赞成早期革命之企图"④ 的意见。

河上肇预言资本主义必将停滞不前，人们应该作为社会组织的一员，通过社会革命，参加创造未来的理想社会即社会主义，预言社会主义社会必将到来。但是，他在《时机尚早的社会革命计划》中，断言从日本的现

---

① 郭沫若：《希望不要下雨》，《沫若文集》（第 13 卷），人民文学出版社，1992，第 457 页。
② 〔日〕河上肇：《社会组织与社会革命》，郭沫若译，商务印书馆，1950，第 2 页。
③ 郭沫若完成翻译后不久，在给成仿吾的信中这样说："我对于这书的内容并不十分满意，如果他不赞成早期革命之企图，我觉得不是马克思的本旨。"
④ 郭沫若：《孤鸿》，《创造月刊》1926 年第 1 卷第 2 期。

状来看，还没有具备进行社会革命的条件。作为他这断言的根据，引用了下面的马克思的论说（《经济学批判·1858》），"一社会组织，只要总生产力在其组织内还有余地，其发展还没有完成，就绝不是要去推翻的东西，或者新的、更高的生产关系，其物质的存在条件还没有在旧社会的胎内孕育完成之前，绝不是可以被发现的东西"。① 为了佐证这一说法，他列举了在英国殖民地内因奴隶解放而造成殖民地生产力衰退的事实，警告说过早的社会革命反而会妨碍真正的社会主义的到来。他还在《时机尚早的社会革命以失败告终》② 中转引了恩格斯为马克思的《关于法兰西的阶级斗争》写的序文中的一段来旁证自己的观点，如：

> 历史已经证明了我们以及与我们有同样想法（即在一八四八年认为无产者的政治革命在不久的将来会到来的想法·原注）的所有的人都错了。历史是明白无误的，一大陆经济发展的状况，要废除资本家的生产，在当时还远远没有成熟。历史通过那次经济革命（意思是异常的经济上的发展）做出了证明。那次经济革命，在一八四八年之后波及全（欧洲）大陆包括法国、奥地利、匈牙利、波兰以及最近的俄国，最初确实是普及了大工业，还使得德国成为第一流的工业国，但这所有的都是在资本主义的基础上进行的，因此不得不认为资本主义的组织在一八四八年还有着极大的发展余地。

河上肇依据恩格斯的说法，解释"在废除奴隶制度的物质诸条件还没有具备的情况下，即使具备了其他的任何条件的奴隶起义，大都归于失败，即便成功了奴隶制本身也绝不会被废止，发生的变化只是原来的奴隶成了新的奴隶主，原来的奴隶主成了新的奴隶"。③ 因此，河上肇推测当时的无产阶级革命运动将以失败告终。他指出，在资本主义还没有得到充分的发展之前，即使社会主义革命成功了，这样的新社会也只不过是由以前的无产者获取政权，统治其他的人而已，不是用真正的为了大家的社会主

---

① 转引自〔日〕河上肇《时机尚早的社会革命计划》，《关于社会组织和社会革命的若干考察》，日本弘文堂，1922。

② 〔日〕河上肇：《时机尚早的社会革命以失败告终》，《关于社会组织和社会革命的若干考察》，日本弘文堂，1922。

③ 〔日〕河上肇：《时机尚早的社会革命以失败告终》，《关于社会组织和社会革命的若干考察》，日本弘文堂，1922。

义制度来取代资本主义制度。

《社会组织和社会革命》于 1922 年出版，是俄国革命已经获得成功的数年之后的事情。但是，苏联到底是否贯彻了社会主义制度呢？此外，这个新政权可以维持多长时间呢？河上肇对此非常感兴趣，同时也抱着惴惴不安的心情注视着它。由于与河上肇著作的相遇而改变了自己人生观的郭沫若，把河上肇当作自己人生的老师予以尊重，不过对他的观点也不是毫无批判地接受的。对于河上肇以上的意见，尤其是"社会主义革命尚早"的说法，郭沫若持有不同意见。郭沫若不同意理论性的，即他讨厌的"学究的"社会主义革命的时机早迟之推断。他依据事实坚信社会主义革命的胜利。支持他信念的当然就是推翻了长期的封建王朝沙皇俄国，诞生了有史以来第一个无产阶级专政政权——苏维埃联邦社会主义共和国的事实。苏联的成功不仅鼓舞了他，也鼓舞了全世界的左派人士，使人们对人类光明的未来抱有希望。

关于社会主义革命的早迟到来的两方的不同看法在某种程度上反映了两国的左翼知识分子对马克思主义的认识差异。河上肇认为在准确地理解马克思主义理论的基础上，应该贯彻执行根据马克思主义的阶级理论，即人类的发展必然要经过奴隶制社会—封建主义社会—资本主义社会—社会主义社会—共产主义社会的过程，断言如果不经过前阶段低次元社会的成熟期，就不能进入下一阶段的高次元的社会。他分析了当时的形势，断言"今天的资本主义组织无论带来什么样的弊害，社会生产力在其组织下仍然还有发展的余地——那是这个组织对社会依然有用的证据——想要推翻资本主义的企图，当然会以失败告终"。①

在甲午日俄两次战争之间确立了生产资本的日本资本主义，从大正时代开始走向了垄断阶段。第一次世界大战爆发后，日本因来自联合国的大量军需品的订单而使国内生产状况良好发展。机械、造船、化学工业等重工业的发展十分显著。日本的资本主义实现了飞跃式的发展。但是，因资本的集中和垄断，以及物价的飞涨使工人的实际薪水下降。在这样贫富差距不断扩大的背景下，许多有志知识分子不断地寻找着一条连接着平等、自由、和平的道路，不过在文坛上出现的是以个人主义为中心的人道主义、理想主义、唯美主义等资产阶级的艺术思潮。在政治方面被认为是

---

① 〔日〕河上肇：《关于社会组织和社会革命的若干考察》，日本弘文堂，1922，第 507 页。

"大正民主主义"论坛领袖的吉田造作，提倡言论自由及普选等民主主义思想。随后，民主运动在全国范围内轰轰烈烈地展开了。处于这样的局势，在继俄国革命胜利以后，1918 年，在日本国内发生了大米骚乱。大米骚乱的发生显然是日本民众对社会和政权产生强烈不满的斗争。但是，河上肇却做出了日本的工人运动依然处在尚未成熟状态的判断，断定要推翻日本资本主义的时机尚早。《社会组织和社会革命》是河上肇从 1919 年到 1922 年间的学术论文的集成，其论据当然是建立在 1922 年以前的日本的社会形势的分析上。而推翻了封建社会，进入资本主义社会的中国社会，依然挣扎于贫困和不平等的深渊。由于一系列的不平等条约，陷入了半殖民地的中国产生了大量贫穷的工人。而外国大企业对这些廉价劳动力更是无情压榨，残酷剥削，不用说衣、食、住的问题，就连他们的生命都是漠不关心的。为了拯救日渐衰败的祖国，中国的知识分子如饥似渴地学习进步的资产阶级思想，力图创建一个平等合理的新社会。在文学家之间发生的所谓的"人生派"和"艺术派"的争论看似是一个文艺上的问题，而实际上关系到中国未来发展方向的意识形态问题。郭沫若在日本接触到的歌德、尼采、雪莱、托尔斯泰等西洋精神史上的巨匠们极大地影响了他，对他的世界观和思想的形成起了重要的作用。但是，他对这些巨匠们没有发自内心的信任。也就是说，他与这些巨匠之间存在着巨大的隔阂，就像他屡次提及的：他们是贵族，有钱人，而横亘在他们之间的就是这些难以跨越的障碍。他自知自己不过是挣扎在社会底层的一介穷书生，因此对这些巨匠们怀有强烈的被疏远的孤独感。回国之后郭沫若忍受着民族的苦难、社会的黑暗和家庭生活的困苦，一心想通过艺术来探求人类的真理。可是，两年后，他开始对不可能实现自己理想的现实感到焦躁不安。在这时遇到的马克思主义的学说对他来说，就像久旱逢甘霖一样。他认为，马克思主义的理论不应该由学究来断定它的可行性；马克思主义的理论应该是可立即投入实践的唯一的指导性理论。他相信社会主义社会不是自由世界的乌托邦，而是能尽快地把中国从黑暗的地狱解放出来的唯一手段。俄国十月革命用社会制度的激变证明了社会主义的思想和学说的现实力量。1919 年 7 月，苏俄政府发表了第一次对华宣言，宣布废除沙皇俄国强加给中国的不平等条约。鸦片战争以来，中国被迫与外国签订的都是不平等条约，中国濒临着主权及领土危机。而此时此刻，苏俄似乎是第一个平等、公平地对待中国的国家。因此，包括郭沫若在内的激进的中国知识分子从苏联的果断决策中看到了真正的国际主义之梦。他们坚信苏联的道路与古代中国人所说的大同世界是相通的，渴望社会主义革命在中国获得成功。因此，郭沫若必须对河上肇的"社会主义革命时机尚早"的结论提出异议。此阶段的郭沫若并没有通过对马克思主义的研究来检验马克思主义是否具有真理性的实践，而是通过苏联社会主义的胜利确定了马克思主义的绝对性，从而把苏联社会主义作为人类大同世界的榜样来崇敬。加藤周一在谈到日本接受马克思主义时，表示了以下的看法：在日本"不少的马克思主义者，没有将苏维埃联邦的东西绝对化，没有把它作为超越马克思主义的原理而接受"。① 当然，对他的意见也有人持有异议，但他的说法至少适合河上肇的情况。

1924 年秋天，郭沫若带着《社会组织和社会革命》的译稿，领着一家五口回到了上海。从这时起直至 1926 年春天，郭沫若出版了为数不少的小说、诗作、翻译、剧作、评论等，迎来了他创作的高峰。通过《社会组织和社会革命》的翻译，郭沫若誓言要成为一个马克思主义者。不过，他除了翻译了屠格涅夫的《新时代》、J. M. 辛格的《戏曲选》、雪莱的《诗选》、紊普特里的《来自索阿纳的异教徒》、高尔斯华绥的《争斗》等之外，还写作了唯美主义小说《喀尔美萝姑娘》和《落叶》以及诗集《瓶》等作品。这种现象表明了正处于转变期的郭沫若的矛盾心理。

关于《瓶》的发表，郁达夫所写的《附记》很是意味深长。根据郁达夫的说法，"思想发生了激烈变化"的郭沫若对发表这些唯美主义的作品确实有些犹豫不决，最后好像是经过了郁达夫劝说之后才发表的。② 郁达夫说"我想诗人的社会化也不要紧，不一定要诗里有手枪炸弹，连写几百个革命革命的字样，才能配得上称真正的革命诗"。这些说法打消了郭沫若的顾虑。郁达夫进一步鼓励郭沫若说，"你可以不必自羞你思想的矛盾"，"诗人本来是具有两重人格的"，这些作品不过是"过去感情的痕迹"，即便"把它们再现出来，也未始不可以做一个纪念"，也应该坦然地

---

① 〔日〕加藤周一：《杂种文化——日本小小的希望》，日本讲谈社，1989，第 95 页。
② 郁达夫：《瓶·附记》，《创造月刊》1926 年第 1 卷第 2 期。郁达夫说："沫若的思想近来发生了激烈的变化。这四十二首抒情诗是去年的作品。开始他不愿意发表，我强迫他发表了。"

公布于众。① 到底不愧为亲密的好友，只有郁达夫才能这样透彻地理解郭沫若的复杂心情。

感性的郭沫若的文学注重个性、自由和唯美主义的感觉。如果从他的文学中剔除这些因素，他的文学就难以形成个性。为了成为真正的马克思主义者，郭沫若决心抛弃个性及自由的小资产阶级的意识。因此，他曾经一个劲儿追求的自由及个性等文艺思想，如今却成了他精神上的负担，成了他前进道路上的障碍。使他从自由主义和个性至上的文艺思想中幡然醒悟的关键不用说是河上肇的《社会组织和社会革命》。

河上肇如是说："人如果对自由不加限制，就不能和多数人共存。一些资产阶级自由主义者，就是对人类共存所必要的东西——限制自由——进行反抗的人，他们都是人类的反叛者。"② 经济学家的河上肇对自由主义弊害的批判，当然是从经济学的角度阐发的。当时在资本主义的自由经济政策下，日本的少数财阀占有大多数的社会财富，而工人及农民们被每天的生活所迫，陷于极端贫困之中。面对这样的现状，河上肇试图在社会主义经济学的理论中寻找合理性，相信只有社会主义的经济政策才是能够挽回人类无秩序、无计划的经济现状的唯一希望。他认为要实现多数人的共存，就必须打倒资产阶级自由主义者。他从一个经济学者的立场，得出了自由是人类共存的大敌，应该予以清除的结论。这"人类共存的大敌"的一喝，对郭沫若来说犹如晴天霹雳。他以前虽然"对漠然和个人资本主义抱有憎恨"③，可万万没有想到宣扬个人主义和自由主义的自己也成了批判的对象。对此他肯定感到吃惊得很。他指出"所说的个性呀，自由的人呀，即便说只是为第三阶级代言也不过分"④，从而对自己进行了严肃的批判。1924 年夏天，随着《洪水》⑤ 的出版，创造社也进入了它的第二阶段。此后，郭沫若为"在第四阶级的立场发言的文艺……形式上是写实主

---

① 郁达夫：《瓶·附记》，《创造月刊》1926 年第 1 卷第 2 期。《喀尔美萝姑娘》于 1923 年 8 月 28 日完稿。《落叶》于 1926 年 4 月出版，构想是很久之前的事情。《瓶》据说是 1923 年写的。

② 〔日〕河上肇：《关于社会组织和社会革命的若干考察》，日本弘文堂，1922，第 5 页。

③ 郭沫若：《孤鸿》，《创造月刊》1926 年第 1 卷第 2 期。

④ 郭沫若：《文艺家的觉悟》，《洪水》（半月刊）1926 年第 2 卷第 16 期。

⑤ 《洪水》周刊创刊于 1924 年，仅发行了一期。《洪水》（半月刊）从 1925 年 1 月至 1927 年 12 月 15 日共计发行了 3 卷 36 期。在那期间，1926 年 12 月 1 日发行了《洪水周年增刊》。成仿吾和郭沫若是《洪水》时代的创造社的领导者，但主要的编辑、投稿和事物等工作都是由被叫作"小伙计"的周全平、叶灵凤、潘汉年、周毓英、柯仲平等完成。

义，内容上是社会主义"① 的文艺理论建设竭尽了全力。但是，对第四阶级的文艺到底是什么，恐怕连郭沫若自己也不十分清楚。他只断定凡具有与自由主义、个人主义、非功利主义、浪漫主义相反性格的文艺，即集团主义、功利主义、写实主义的文艺才是社会需要的文艺。作为浪漫主义诗人而登上文学舞台的郭沫若，这时对写实主义的方法依然茫然不知所措。在所谓的创造社的第二阶段，他出版了《行路难》《月蚀》《阳春别》等许多根据自己的亲身体验而写的小说。这些小说虽说没有表现出"幻之美""异乡的情趣""怀古的思念"② 的浪漫主义时代的感情，但也不是用写实主义表现的第四阶级的东西。这一系列的小说与《漂流三部曲》等同样被称为身边小说，不过应该注意到一个变化，即出场的"我"及"他"不是漠然地憎恨资本主义，而是有意识地批判了资本主义制度中固有的问题及殖民地问题，对苏联革命和社会主义未来充满着的希望。但是，即便说这些小说似乎把目光转向了社会问题，但作者也只是从自己身边的事情开始展开，注重的还是自己的主观感情，因此很难说这些是写实主义的小说。比如说像《行路难》那样反复细腻地描写了以家庭及孩子为中心的日常生活情景的小说，更容易让人联想起日本的私小说。

因此，虽然在理论上郭沫若与主观的个人主义诀了别，并大力提倡第四阶级的文艺，但在文艺创作上他还没有用"写实主义的方法"去写"社会主义的内容"。对于这个现象，茅盾的意见十分尖锐，完成"从个人主义、英雄主义、唯心主义，转变到集团主义、唯物主义，原来不是一翻身之易"。③ 确确实实，郭沫若为完成这个转变，经历了漫长的历程。黄侯兴说郭沫若完成这个转变花了三四年的时间，经过了参加三个阶段的革命实践的过程。这三个阶段的革命实践即 1924 年 11 月对江（苏）浙（江）军阀齐（燮元）卢（永祥）之间发生的内战进行的社会调查，亲历 1925 年 5 月 30 日的"五卅惨案"，参加 1926 ~ 1927 年的北伐战争。通过这三次的革命实践活动，郭沫若进一步坚定了马克思主义的信仰。尤其是在北伐战争中，他与中国共产党接触，他说此时自己"第一次懂得了马克思主义及

---

① 郭沫若：《文艺家的觉悟》，《洪水》（半月刊）1926 年第 2 卷第 16 期。
② 参见郭沫若《塔·序》，《塔》，商务印书馆，1926。
③ 茅盾：《读〈倪焕之〉》，《文学周报》1929 年第 8 卷第 20 期。

其政党在民主革命运动中的地位、作用和影响，第一次懂得了马克思主义同中国革命实际相结合的重要性"。① 郭沫若还在 1927 年 3 月写了《请看今日之蒋介石》一文，揭露了蒋介石的反革命意图和对民众的屠杀。因此，在 5 月 21 日，郭沫若被蒋介石指名通缉。因此，从 1928 年 2 月到 1937 年 7 月郭沫若度过了为期十年的流亡生活。

几乎在郭沫若流亡日本的同时，创造社又迎来了一个更新的阶段。由后期成员的李初梨、冯乃超、彭康、朱镜我等京都大学的留学生形成的创造社第三期人员成功地实现了创造社的"方向转变"。李初梨等人在受到日本无产阶级运动的巨大影响回国后，面对中国文坛，发起了声势浩大的"革命文学论争"。论争基本上分为两大阵营，形成了创造社成员对整个中国文坛的局势，虽然有时创造社内部也有激烈的对立。主将的李初梨虽说只发表了六七篇论文，但其论点新颖，笔锋犀利，更为重要的是其攻击力强大，所向披靡。据说这个特征是继承了日本的福本主义。

福本和夫曾经是河上肇的《社会问题研究》的热心读者，在 1921 年旅欧时接触了马克思主义。他深感河上肇对马克思主义的认识仅仅停留在经济学表面上，并没有实践意义，所以回国后，他应用马克思主义哲学理论对河上肇进行了猛烈的批判。自此，日本的马克思主义运动开始在哲学范畴里蓬勃展开。不久，马克思主义理论就渗透到了思想及文化的所有领域。1925 年，当福本主义成了日本共产党的建设理论时，福本和夫推行的"分裂结合"等理论造成了无产阶级运动的分裂。但是，当时不要说是李初梨，就连郭沫若都不能认清这其实就是福本主义的过激左倾思想。本来就对河上肇的"社会主义时机尚早"的说法不满的郭沫若，受到了后期创造社"革命文学"运动的刺激，更加向激进的思想倾斜了。他做出了"小资产阶级的根性太浓重了，所以一般的文学家大多数是反革命派。……所谓'为全人类的文艺'，就是不革命甚至反革命的文艺"② 的过于极端的结论。

一年前，郭沫若在预感到这"革命运动"即将到来时，曾呼吁道"我希望你们成为一个革命的文学家，不希望你们成为一个时代的落伍者"。③

---

① 黄侯兴：《郭沫若——"青春型"的诗人》，山东人民出版社，1996，第 151～159 页。
② 郭沫若：《桌子的跳舞》，《创造月刊》1928 年第 1 卷第 11 期。
③ 郭沫若：《革命与文学》，《创造月刊》1926 年第 1 卷第 3 期。

他认为时代的落伍者可耻的想法不过是基于进化论的观点。但对他来说，落后于时代就等于保守反动。

李初梨对于郭沫若说自己过去一个劲儿地吹资产阶级意识的"喇叭"，而现在心甘情愿地"当一个留声机器"① 的发言进行了批判。② 对此，他回答说"我晓得的两三年前的初梨不是一个颇带颓废色彩的诗人吗？我自己在几年前更几乎是一个纯粹的冬烘头脑。我们同样的从小有产者意识的茧壳中蜕化了出来，在反动派的无耻的中伤者或许会说我们是投机，但这是我们光荣的奋斗过程，我们光荣的发展。"③ 他否定了过去的自己，要对过去自己的艺术思想进行彻底的清算。

从开始执笔起，几乎从没看到郭沫若对批判者抱有如此谦卑的态度。始终奔走在文艺前列的郭沫若肯定为自己是否会落伍于李初梨等青年人的激进的言行而感到焦虑。但是，他对用自己不习惯的写实主义方法进行文学创作犹豫不决。自"革命文学"运动以来，尽管他一个劲儿地宣扬无产阶级文学理论，然而即使说他在值得称作无产阶级文学的创作方面毫无建树也没有什么问题。他唯一的尝试就是在《创造月刊》连载的童话《一只手——献给新时代的小朋友》（以下简称《一只手》）。④

《一只手》是一册揭露资本主义的罪恶，描写工人们的悲惨生活和梦见他们翻身解放的未来小说。设定的场所是一个被称为尼尔更达的孤岛，又是像上海一样高度繁荣的大城市。出场人物是老盲人孛罗和半身不遂的老太，十五岁的儿子小孛罗，地下共产党员的克培以及若干工人和工厂的工头。孛罗老人在香烟工厂干了一辈子，然而到老被当作无用之物赶了出来。老太在铅制造工厂工作，结果落得个半身不遂而被解雇。儿子在某日本钢铁厂工作，手被机器切断，因流血过多而昏死过去。一些工人前来救援，但工头残暴地殴打前来救援的工人，工厂陷入了混乱状态。共产党员克培带领工人们发起暴动，然而因军队的镇压而失败。老太因受到儿子遭逮捕的打击身亡；绝望的孛罗老人放火烧了自己的家。然而，克培率领工

---

① 郭沫若：《英雄树》，《创造月刊》1928 年第 1 卷第 8 期。

② 李初梨在《怎样地建设革命文学》（《文化批判》（月刊）1928 年第 2 号）一文中谈到郭沫若的《革命与文学》，批判郭沫若的革命意识是自然成长的革命意识，还批判了郭沫若在《英雄树》中的"当一个留声机器——这是文艺青年们的最好的信条"的建议。

③ 郭沫若：《留声机器的回音——文艺青年应取的态度的考察》，《文化批判》（月刊）1928 年第 3 号。

④ 郭沫若：《一只手——献给新时代的小朋友》，《创造月刊》1928 第 1 卷第 9～11 期。

人们正在积极地准备更大规模的斗争。

这篇用写实主义的方法创作的无产阶级文学文本没有一点现实性。连真正的钢铁厂都没有进去过的郭沫若仅凭想象描写工人的生活。无论是环境还是人物都模糊不清，剩下的只是情节过程。因手被切断、流血过多而失去意识的孩子怎么还能挥动自己被切断的手与工头战斗呢？当然因为是童话才能有如此夸张的描写，但这并不属于写实主义文学。在资本家的残酷压迫下挣扎着的工人们，在感觉到连生存都受到威胁的时刻，共产党员挺身而出带领工人们进行斗争。在那个时代的无产阶级文学作品中，可以看到许多这种公式化的雷同的内容。当然，从艺术角度来说，《一只手》应该是一部失败的作品。

《一只手》创造了以马克思主义理念为中心的理想化人物，因此文学的主体性从开始就因思想而被抹杀了。这样的被理想化的人物在实际中被空洞化、脸谱化，结果反而弱化了马克思主义的理念。不可以写表现小资产阶级感情的作品，又写不出无产阶级文学的作品，处于进退两难境地的郭沫若，那时用大量的翻译取代了创作。他唯一的一本《日本短篇小说集》就是在这样的背景下诞生的。

郭沫若对除了有岛武郎、厨川白村和河上肇等几位文学家和思想家以外的日本文学家从未产生什么兴趣。如果翻阅他1928年初离沪之前写下的一些日记，我们可以发现他对日本文学持严厉的看法。

> 正月十六日，星期一，晴
>
> 安娜买回高畠的《资本论》二册，读《商品与价值》一章终。——内山对她说"很难懂，文学家何必搞这个"。我仍然是被人认为文学家的。
>
> 正月二十二日，星期日（旧除夕），雨
>
> 上午读独步的《号外》、《春之鸟》、《穷死》三篇，确有诗才。《号外》与《穷死》尤有社会主义的倾向。可惜此人早死，在日本文学界的确是一个损失。
>
> 读芥川（龙之介）的《沼》与《秋》（在一本旧的《改造》杂志上），故意要制造出一种神秘的世界，令人不快。
>
> 二月四日，星期六，晴
>
> 拿了一本《文艺战线》回来，空空如也，没有东西。

二月十五日，星期三，晴

读日本杂志《新潮》二月号，无所得。

回读正月号，有藤森成吉的《铃之感谢》，是写一位奸商办交易所的自白，颇能尽暴露的能事。但这小说用的自白体，殊觉不很妥当，应该用第三人称来客观地描写而加以批判。

这是从郭沫若《离沪之前》中摘出的几则日记片段，他对同时代日本文坛的不满一目了然。

1927 年 7 月 24 日，芥川龙之介自杀了。他的死在日本文学界引起了很大的震动。创造社的成员对此却没有做过任何评论，或许郭沫若宣告与蒋介石决裂，毅然参加了南昌武装起义的消息比芥川龙之介的死讯更加震撼。在芥川龙之介死去两个月后，《小说月刊》出版了《芥川纪念号》①，集大全地登载了他的作品、照片、遗墨、履历等，分别由郑南心、谢六逸、夏丏尊、黎烈文等有名的文学家执笔。这些《文学研究会》的文学家们或许担心郭沫若们给芥川龙之介做出恶评而出版了这么一期专号。这未必是一个臆造。

然而，尽管郭沫若对芥川龙之介不感兴趣，但是对国木田独步，他却表现出深切的同情。国木田独步的《穷与死》里散发出的由于一连串的挫折造成的绝望心情和忧郁，与被指名通缉不得不流亡日本的郭沫若的心是相通的。他不仅把国木田独步看作有诗才的文学家，还对这本小说表现出来的社会主义倾向予以高度的评价。另外一个有趣的现象是，他对藤森成吉文学的批评视角。藤森成吉的《铃之感谢》确实平平。可是，郭沫若对此作品难以认同的不是因其内容、动机或者主题的平庸，而是文本的第一人称表白的形式。众所周知，郭沫若早期作品的特征之一其实就是这种以第一人称进行表白的形式。他的《漂流三部曲》《行路难》《少年时代》等，无一不采用了这种方法。尽管如此，在这篇日记中，郭沫若却反对使用以第一人称表白的手法。这是因为，自"发生了思想上的激烈变化"以来，郭沫若坚信只有写实主义才是表现无产阶级文学的唯一方法。

郭沫若虽然对同时代的日本文学不感兴趣，甚至有些冷漠，但是同时翻译了不少日本文学作品，并在 1935 年由上海商务印书馆出版了一本

---

① 《芥川纪念号》，《小说月报》1927 年第 18 卷第 9 号。

《日本短篇小说集》。这本短篇小说集共收集了 15 位作家的 19 篇小说。当时的郭沫若流亡日本，列于被追缉的黑名单，所以他使用了"高汝鸿"这个笔名。经历了七年被迫流亡的生活，在此期间，郭沫若对马克思主义的研究不断深入，在翻译辛格莱著作的同时，对中国古代社会的形态、《易经》、甲骨文的研究也达到了一个新的高度。与此同时，郭沫若对无产阶级文学的认识也日趋成熟，他已经没有了在创造社后期的焦虑，能够冷静地考虑文学和革命的关系了。他选择的 15 位作家代表同时代的日本文坛的各种文艺思潮和各种流派的人物。此时，他的兴趣所在并不囿于无产阶级文学作品。有趣的是，曾经不为郭沫若所喜的芥川龙之介和藤森成吉的小说亦各有两篇入榜。

与河上肇的相遇使郭沫若对马克思主义产生了极大的兴趣，他毫不犹豫地接受了马克思主义的理论，也是他所处的时代使然。通过马克思主义，他发现了平凡与大众，并认识到只有无产阶级才是改变社会的主体力量。在艺术理念上，他承认文学的功利主义，认为写实主义的技法是唯一具有合理性、现实性的方法。他在总结评价自己的文学时说，"我始终是站在现实的立场的。我是利用我的一点科学知识对于历史的故事作了新的解释或翻案。我应该说是写实主义者"。[1] 但是，我们不能就此认为这就是郭沫若的真心话。1945 年夏，郭沫若在出席苏联科学院（现为俄罗斯科学院）220 周年纪念会时，苏联著名作家爱伦堡称郭沫若为浪漫主义作家。当听到爱伦堡赞美浪漫派是永远的青年，并为郭沫若的青春和中国的青春讴歌时，郭沫若感慨万千。"在国内听见人说自己是'浪漫派'的时候，感觉着是在挨骂，但今天却隐隐地感觉着光荣了。"这席话充分表达了郭沫若对浪漫主义依然眷恋不舍的苦涩心情。

作为时代旗手的郭沫若不仅受到文坛的注目，而且更多的是来自大众社会的注目。写实主义是那个时代进步与合理的标志。对写实主义的崇尚压缩了允许其他任何一切文艺手法存在的空间，在今天的读者们难以想象的压力下，郭沫若确实已经失去了自称为浪漫主义者的勇气。

---

① 郭沫若：《序言——从典型说起》，《豕蹄》，上海不二书店，1936，第 3 页。

史料辨证

论可能考的必要性、
可能性和必须遵守的基本原则[*]

——以郭沫若归国问题考证为例

廖久明[**]

摘　要： 结合郭沫若抗战归国问题可以知道，可能考既是必要的，也是可能的，为了使考证结论尽可能接近事实，同时为了使人们重视可能考的过程和结论，有必要确立几项必须遵守的基本原则。其必要性在于：在遇到值得怀疑或者有争议的问题时，如果找不到直接材料证明其真伪，仍有必要利用间接材料进行考证，以便提出一种观点供人们参考或者引起人们重视。其可能性在于：常识可以告诉我们某种结果是否可能发生，毕竟有间接材料可以运用。必须遵守的基本原则为：目的必须纯正；材料必须真实、详细；必须随时准备改正自己的错误；用语尽可能慎重，少用肯定性词语，多用可能性词语；应将时间和精力更多地花在查找、分析材料上，而不是逻辑推理上。

关键词： 可能考　必要性　可能性　基本原则　郭沫若抗战归国

　　著名历史学家陈垣总结校勘方法有对校法、本校法、他校法、理校法四种，而以理校法"最高妙""最危险"："段玉裁曰：'校书之难，非照本改字不伪不漏之难，定其是非之难。'所谓理校法也。遇无古本可据，或数本互异，而无所适从之时，则须用此法。此法须通识为之，否则卤莽灭裂，以不误为误，而纠纷愈甚矣。故最高妙者此法，最危险者亦此法。"[①] 在笔者看来，考证方法有确定考和可能考两种，而以可能考"最高妙""最危险"。

---

　* 本文为国家社会科学基金 2015 年度重点项目"回忆郭沫若作品收集整理与研究"（15AZW011）的阶段性成果。

　** 廖久明，文学博士，四川郭沫若研究中心主任，乐山师范学院文学与新闻学院教授。

　① 陈垣撰《校勘学释例》，中华书局，1959，第 148 页。

运用直接材料考证得出的结论基本上是确定无疑的，这种考证方法可以称为确定考；运用间接材料考证得出的结论基本上只具有可能性，这种考证方法可以称为可能考。所谓直接材料，是指与考证对象直接相关的日记、书信、文件等原始材料；所谓间接材料，是指与考证对象间接相关的材料，包括当时的报道文字、当事人的回忆、与考证对象间接相关的直接材料等。尽管可能考的结论只具有可能性，在学术研究上却是必要的，并且是可能的。为了使可能考的结论尽可能符合事实，我们有必要为其确定几项基本原则。现在结合郭沫若抗战归国问题谈谈笔者的一些粗浅看法，希望能起到抛砖引玉的作用。

一　必要性

根据直接材料考证出确定不移的结论当然是考证的最佳境界，遗憾的是，并不是所有发生过的事情都有直接材料可以利用，我们可以利用的材料更多的是间接的。面对这些间接材料，目前常见的做法有两种：一些人（以严谨的学者为主）因为没有直接材料可以利用而尽力回避，一些人却根据需要选取间接材料并任意发挥，如此一来学界便充斥着三人成虎的谎言。

1936 年底，时任福建省政府参议兼公报室主任的郁达夫前往日本；1937 年 7 月 27 日，郭沫若从日本回到上海的当天，郁达夫专程从福州赶来迎接。1936 年底与郁达夫、郭沫若有过交往的日本作家佐藤春夫、古谷纲武、小田岳夫分别在《亚细亚之子》（1938 年 3 月号《日本评论》）、《郭沫若与郁达夫的印象》（1938 年 11 月日本《中国文学月报》第 44 号）、《郁达夫传》（1974 年日本《海》9、10 月号）等作品中怀疑郁达夫此次日本之行的目的是敦请郭沫若归国。1941 年 10 月 24 日，郁达夫在庆祝郭沫若五十诞辰时如此写道："在抗战前一年，我到日本去劝他回国，以及我回国后，替他在中央作解除通缉令之运动，更托人向委员长进言，密电去请他回国的种种事实，只有我和他及当时在东京的许俊人（按：许世英，字俊人）大使三个人知道。"① 新时期以来，郁达夫的亲人郁飞、郁

---

① 郁达夫：《为郭沫若氏祝五十诞辰》，《郁达夫文集》（第 4 卷），花城出版社，1982，第 386 页。

云、郁风、王映霞分别在《杂忆父亲郁达夫在星洲的三年》（1979 年 11 月《新文学史料》第 5 辑）、《郁达夫传》（福建人民出版社，1984，第 137 页）、《三叔达夫——一个真正的"文人"》（陈子善、王自立编《回忆郁达夫》，湖南文艺出版社，1986，第 204 页）、《我与郁达夫》（王映霞，华岳文艺出版社，1988，第 70 页）中都说郁达夫此次赴日的目的是"奉蒋介石（或南京政府、当局）之命"敦请郭沫若归国。

尽管有这么多关系密切的人说郁达夫 1936 年底日本之行的目的是敦请郭沫若归国，仍然有十余位研究者在自己的作品中对此避而不谈，如《郭沫若年谱》（龚济民、方仁念编，天津人民出版社，1982）、《郁达夫别传》（温梓川，宁夏人民出版社，2006）。在笔者看来，这些人在从事研究时不可能不知道上述说法中的一种或者几种，避而不谈的原因是怀疑其真实性。如果这些人能够对这一说法进行考证而不是采取回避态度，尽管根据间接材料考证得出的结论仅具有可能性，却可以提出一种观点供人们参考，至少会引起人们对该问题的重视。有了这样的考证文章，人们在写到郁达夫 1936 年底日本之行的目的时便会有所顾虑，便不会有约 20 人将"郁达夫 1936 年底专程前往日本敦请郭沫若归国"这一说法写进自己的作品中，如：《郭沫若传奇》（刘茂林编著，社会科学文献出版社，1994）、《千秋饮恨——郁达夫年谱长编》（郭文友，四川人民出版社，1996）。正因为如此，在遇到值得怀疑或者有争议的问题时，如果找不到直接材料证明其真伪，我们也有必要利用间接材料对其进行考证，以便提出一种观点供人们参考或者引起人们对该问题的重视。

二　可能性

尽管可能考运用的材料是间接的，我们仍有可能对相关问题进行考证。

首先，常识可以告诉我们某种结果是否可能发生。我们知道，常识与事实之间存在如下关系：符合常识不一定符合事实，不符合常识则基本不符合事实。鉴于此，在遇到不符合常识的情况时一定要引起高度重视。笔者最初怀疑郁达夫亲人的说法便是因为它不合常识。郁达夫回国后便为郭沫若归国事尽力奔走，并且与行政院政务处处长何廉（此时的行政院院长为蒋介石）、福建省主席兼驻闽绥靖主任陈仪、军事委员会委员长侍从室第一处主任兼侍卫长钱大钧、国民党中央政治委员会秘书长兼外交专门委员会主任委员张群等人进言斡旋，但直到卢沟桥事变爆发，国民政府仍然没有给郭沫若汇去旅费，如果郁达夫赴日目的是"奉蒋介石（或南京政府、当局）之命"敦请郭沫若回国，那么这所有的一切都不可能发生，也没有必要发生。在对这一说法产生怀疑之后，笔者便结合相关间接材料进行考证。考证结果令人惊讶，不但对郁达夫 1936 年底的日本之行不甚了了的四位亲人的说法存在错误，就是当时与郁达夫有过交往的四位日本友人的说法也与事实不符，甚至郁达夫本人在《为郭沫若氏祝五十诞辰》中的说法因不完全知道事情经过而有误。

其次，毕竟有间接材料可以运用。尽管间接材料不能直接证明相关问题，却蕴含着证明该问题的成分，只要认真挖掘这些成分，是可以一点一点地发现事实真相的。笔者在写作《郁达夫 1936 年底的日本之行与郭沫若归国关系考》时，根本不知道日本外务省外交资料馆藏有能够直接证明郁达夫赴日目的的日本战前官方档案《满支人本邦视察旅行关系杂件／补助实施关系》，只好根据小田岳夫的《郁达夫传》、增田涉的《郭沫若素描》、郭沫若的《达夫的来访》、蔡圣焜的《忆郁达夫先生在福州》等回忆文字进行考证。笔者根据这些间接材料考证得出的结论是："（1936 年）11 月中旬、11 月 24 日、11 月 29 日与郭沫若的三次接触一定使郁达夫产生了这样的印象：心怀祖国的郭沫若在日本受到宪警监视，精神郁闷，生活困窘，对现状非常不满。12 月 5 日自己的讲演被禁止，一定会加深这样的印象。在这种情况下，郁达夫产生请郭沫若回国的想法便是顺理成章的事情了。"在此基础上，笔者结合郭沫若的《达夫的来访》、佐藤春夫的《呼唤旧友》对郁达夫 12 月 6 日拜访郭沫若一事做出了这样的推断："一、郁达夫此次前来，一定是找郭沫若谈论非常重要并且极其秘密的事情，否则没必要'断然拒绝'自己'最崇拜'的佐藤春夫的好意，同样没必要'要求到外边去散步'，结合郁达夫的'在抗战前一年，我到日本去劝他回国'的说法可以知道，此次谈话一定与郭沫若归国问题有关；二、郁达夫劝郭沫若归国不是奉命而来，而是出于友情，并且是到日本后才决定这样做的，否则郁达夫不会说自己'打算到欧美去游历'——一个奉命敦请别人回国的人是不可能说自己打算出国的；三、郁达夫和郭沫若的谈话纯粹是朋友式的、漫谈式的，不但郁达夫劝郭沫若归国，郭沫若也劝郁达夫'与其为俗吏式的事物所纠缠，宁应该随时随地去丰富自己的作家的生命'。"① 后来看见旅日学者武继平根据《满支人本邦视察旅行关系杂件/补助实施关系》写作的《1936 年郁达夫访日史实新考》后发现，笔者考证的结论是正确的："通过对新发现的史料进行详细考证，我们对郁达夫 1936 年底访日活动的始末有了比较清楚、准确的把握。郁达夫为时一个月的访日，从提案、申请经费、安排日程到最后的外务大臣亲自批复，皆由日本外务省一手策划，属于日本国 1936 年度'对支文化事业'项目之一。"② 旅日学者李丽君后来对这些官方档案进行了详细考证，在介绍其史料背景"东方文化事业"时如此写道："郁达夫 1936 年访日，是利用日本政府'东方文化事业'基金项目资助才得以成行的。"③ 由此可知，笔者的考证确实是正确的。

三　必须遵守的基本原则

由于可能考依据的材料是间接的，得出的结论仅具有可能性，为了使考证结论尽可能接近事实，同时为了使人们重视可能考的过程和结论，我们有必要为其确立必须遵守的基本原则。

第一，目的必须纯正。在笔者看来，可能考只能有以下两个目的而不能有第三个：其一，探求事实真相；其二，引起人们对该问题的重视，以便有朝一日能够找到直接材料从而探求出事实真相。第一个目的与确定考完全一样，第二个目的实际上也是为达到第一个目的提供方便和可能。抗战爆发后，郭沫若抛妻别子回到祖国参加抗战是郭沫若人生的重大问题。人们对该问题的研究已经太多太多并且几乎已经达成一致意见。在这种情况下，笔者还要对其进行考证的最重要原因在于：面对互相矛盾的材料，笔者想知道事实真相并希望将真相告诉人们。正因为笔者的目的纯正，所以在考证过程中能够客观、公正地使用材料，因而得出了不同于他人并且符合事实的结论。

第二，材料必须真实、详细。由于可能考使用的材料是间接的，如果研究者使用的材料还存在不符合事实的情况，那么考证出来的结果一定离

---

① 廖久明：《郁达夫 1936 年底的日本之行与郭沫若归国关系考》，《中国现代文学研究丛刊》2010 年第 2 期。
② 武继平：《1936 年郁达夫访日史实新考》，《中国文化研究》2010 年第 1 期。
③ 李丽君：《郁达夫 1936 年访日新史料——近年日本外务省解密官方档案考》，《现代中文学刊》2011 年第 5 期。

事实很远。当读者发现材料存在不符合事实的情况时，他们有理由怀疑整个考证过程。尽管沈鹏年在《共产党功不可没——再论郭沫若的归国问题》中否定了郁达夫 1936 年底日本之行的目的是奉蒋介石之命敦请郭沫若归国的说法，但由于他在考证郭沫若归国问题时使用了不少虚构的材料，致使其"共产党功不可没"的结论与事实不符。笔者在阅读这篇文章时，尽管无法判断那些查无出处的话的真伪，却根据文中出现的两处错误①判断它们可能出自杜撰。为了促使研究者认真分析相关材料以便得出尽可能符合事实的结论，为了减少读者对考证过程和结论的疑虑，为了给后人进一步考证提供方便，在要求材料必须真实的同时，还应该要求尽可能详细地罗列相关材料，对那些互相矛盾的材料尤其应该如此。只有在尽可能详细地罗列了相关材料的基础上，研究者才不会贸然地得出结论，读者才不会因为发现了新材料而怀疑考证的过程和结论，后人在对该问题进行进一步考证时才会有坚实的基础可以利用。

第三，必须随时准备改正自己的错误。根据间接材料考证得出的结论难免会出现错误，在自己或者他人发现错误时，一定要以对历史负责的态度加以改正。根据现有资料可以知道，王芃生在郭沫若归国问题上确实起过作用，到底起过多大作用却不清楚。笔者在考证这一问题时，首先得搞清楚王芃生 1936 年底回国时是否见过蒋介石。笔者原来在写作《郭沫若归国与王芃生所起作用考》时，由于只看见《中央社西安八日电》②、《华

---

① 第一处："原来在郁达夫发信四天后的 5 月 23 日，周恩来到庐山同蒋介石继续会谈"（沈鹏年：《共产党功不可没——再论郭沫若的归国问题》，《行云流水记往》（上），上海三联书店，2009，第 183 页），《周恩来年谱（1898～1949）（修订本）》告诉我们，周恩来从 3 月 30 日至 5 月下旬这段时间都在延安或者西安，他上庐山的时间是 6 月 4 日，与蒋介石谈判的时间是 6 月 8～15 日，并非文中所说的"5 月 23 日"。第二处："7 月 20 日，陈布雷的直属下级、侍从室第二处第六组秘书王芃生，指派赴日本搞情报的钱瘦铁，由金祖同陪同拜访郭沫若，商定郭归国的具体事项"（第 184 页），据王信霞、王怡《蒋介石侍从室的组建、发展及演变》（《人民政协报》2010 年 3 月 10 日）可以知道，1937 年 7 月郭沫若归国前后侍从室第二处第六组尚未成立，"1938 年，蒋介石决定将侍一处和侍二处中搞情报的业务合并起来，单独成立一个第六组，亦即情报组，掌握国民党政府和军事人员的人事情况。从中央到地方的政府官员的任免，必须经过这个部门事先考察研究，并提出人事资料，交由蒋介石亲自过目再作定夺。侍六组在建制上虽属侍二处，但同时也受侍一处主任的双重领导，在内部也是一个保密单位，除了侍一、侍二两个主任可能知道有关的一部分情况外，其业务对侍从室内部也是严密封锁的，该组组长由唐纵担任"。

② 电文为："我驻日大使馆参事王芃生七日夜由洛阳抵西安，即晋谒蒋委员长有所报告。"（任学亮辑《从九一八到七七事变》，广西师范大学出版社，2009，第 226 页。）

清池王芃生来电》（1936 年 12 月 9 日）①，于是得出了这样的结论："根据以下两则电报可以知道，王芃生应该见到了蒋介石。"② 后来看见《蒋中正总统档案：事略稿本》中的相关记载③后将结论改正为："既然蒋介石接连两天电召王芃生，王芃生到西安后没有不召见的道理。" 在笔者看来，知错就改是历史研究者必须具有的一种品德，如果不具有这种品格是不配研究历史的。正因为如此，笔者才在《郭沫若归国抗战陈布雷"起了关键作用"考》④ 中对王泰栋的做法提出了相当严厉的批评：在看了《陈布雷日记》后，王泰栋不但不根据他人难得一见的直接材料主动改正自己的错误，还拒绝别人批评，甚至说出"幸亏十一届三中全会之后，出版界比较自由和开放，不会无限上纲，扣上我什么帽子"⑤ 这样的话来。可以说，王泰栋的做法不但对不起历史，并且对不起自己：在事实面前狡辩，不但得不到人们的认可，反而会被认为是强词夺理。

第四，用语尽可能慎重：少用肯定性词语，多用可能性词语。既然可能考的结论仅具可能性，那么行文时便应该多用"可能""应该""大概"等表示可能性的词语，既为将来改正留下余地，也提醒读者慎重对待该结论，真正做到有一分材料，说一分话。相对于潘世宪和汪日章的回忆文字而言，1936 年 12 月 8～9 日的两封电报属于直接材料，由于这两封电报中有"晋谒蒋委员长有所报告"和"俟谒呈院座"这样的文字，所以笔者敢于断定"王芃生应该见到了蒋介石"。由于笔者没有看见能够证明王芃生

---

① 电文为："南京外交部并请转许大使。两电敬悉：密。俟谒呈院座，彼议会开幕在即，内阁对交涉无法答辩，加以增税及安定生活与改院改革等难题，即政变预测所由起，因此对华不免恼羞成怒，似回到交涉初期空气恶劣时。馆电所预测，将藉故以海陆军进据要地，为现地保护或保障占领，一面在华北急煽浪人杂军作既成事实，相度内外情势，或将以最后通牒迫我承认而惹起正面冲突。现有此征兆否，倘我方此时除开华北防共及其他难题而故将轻易者作一小段落，使彼有词拖过，议会必所乐从。故答复川越备忘录之希望及其程度，已成目前我方决和战之一关键，拟即评呈请示，此时日情演变必速，请随时查察密示。芃。齐。"（中华民国外交问题研究会：《卢沟桥事变前后的中日外交关系》，台北中国国民党中央委员会党史委员会，1995，第 85～86 页。）

② 廖久明：《郭沫若归国与王芃生所起作用考》，《新文学史料》2011 年第 3 期。

③ 1936 年 12 月 1 日，"电召王芃生来洛"；12 月 2 日，"电南京陈主任布雷、张部长群，告以请芃生兄即来洛陕一叙"。（高素兰编注《蒋中正总统档案：事略稿本》（第 39 卷），国史馆，2009，第 350～358 页。）

④ 廖久明：《郭沫若归国抗战陈布雷 "起了关键作用" 考》，《励耘学刊》（文学卷）2015 年第 2 期。

⑤ 王泰栋编著《陈布雷大传》，团结出版社，2006，第 176 页。

见到了蒋介石的直接材料，所以只说"王芃生应该见到了蒋介石"而不说"王芃生确实见到了蒋介石"，因为存在如下可能：王芃生希望"晋谒蒋委员长"，蒋介石因为太忙却没有接见他。在看见蒋介石 1936 年 12 月 1～2 日接连两天电召王芃生的直接材料后，笔者才得出了这样的结论："既然蒋介石接连两天电召王芃生，王芃生到西安后没有不召见的道理。"

第五，应将时间和精力更多地花在查找、分析材料上，而不是逻辑推理上。著名历史学家傅斯年曾在《历史语言研究所工作之旨趣》中如此写道："总而言之，我们不是读书的人，我们只是上穷碧落下黄泉，动手动脚找东西！"① 对于论史的人而言，傅斯年这种过分强调史料的观点也许并不恰当；对于考史的人而言，傅斯年的观点却绝对正确。笔者原来在写作《郭沫若归国与郁达夫所起作用考》时，由于没有看见《何廉回忆录》中的相关文字，认为郁达夫 1937 年 5 月 18 日早晨得到的"南京来电"与张群有关："由于 3 月份何廉曾将郭沫若列入讨论国事问题会议的名单，蒋介石看见后只是说'啊，好得很，我对此人总是十分清楚的'，后来拿着陈仪的'信稿'去找蒋介石，得到的结果只是：'经蒋介石许可，惟不得有"越轨行动"，在福州居住由陈仪监视'，并且连这样的结果后来也不了了之。为了增加分量，受郁达夫所托的陈仪（应该是通过何廉）、何廉、钱大钧只好找到同为政学系的张群（张群不但是郭沫若的四川同乡，还是蒋介石的结拜兄弟），委托张群向蒋介石进言，张群在蒋介石'健康恢复'于 5 月 17 日回到南京时提出了这件事情，'也得到了允许'，于是何廉在 5 月 18 日'电请陈仪就近征询达夫意见'。"② 郭沫若在《在轰炸中来去》中却明确写道，张群和钱大钧等人谈到郭沫若的地点是庐山而不是南京："今年五月，在庐山，和慕尹，公洽，淬廉诸位谈起了你，大家都想把你请回来。但关于取消通缉的事情，不免踌躇了一下：因为如果早取消了，恐怕你不能离开日本吧。"③ 为了自圆其说，笔者曾如此分析："郭沫若的第一段文字出自《在轰炸中来去》，写于 1937 年 9 月下旬，出版于 1937 年 11 月 1 日。该文从 9 月 20 日离开上海写起，写到 9 月 27 日回上海止，也就是说，该文即使是郭沫若回上海后所写，所写事情也发生在几天前，所

---

① 傅斯年：《历史语言研究所工作之旨趣》，《史学方法导论》，江苏文艺出版社，2008，第 62 页。
② 廖久明：《郭沫若归国与郁达夫所起作用考》，《新文学史料》2010 年第 3 期
③ 郭沫若：《在轰炸中来去》，抗战出版部，1937，第 25 页。

以不应该存在记忆错误问题。而且当时相关人物对几天前的谈话一定还记忆犹新；就具体内容而言，郭沫若也没必要故意将南京说成庐山。现在出现如此明显的错误应该与郭沫若的听力有关：郭沫若17岁时患肠伤寒并发中耳炎导致两耳重听，28岁时由于两耳重听甚至想改入文科，37岁时患斑疹伤寒并发中耳炎导致两耳更加重听。此次南京之行，蒋介石9月24日召见郭沫若时叫他到桌对面正首就座，他说自己听觉不灵敏，希望能够坐得近一点，于是'便在左侧的一个梭发椅上坐下了'。郭沫若在文中没有说自己是如何与张群谈话的，但可以肯定的是，与自己老乡闲聊一定放松多了。在这种情况下，听力不好的郭沫若没听清楚便很正常。闲聊时，张群一定会说到'庐山'、'慕尹'、'公洽'、'淬廉'这些人名地名，郭沫若将这些关键词联系起来便形成了《在轰炸中来去》中的那样一段文字。这些文字所包含的内容在郭沫若头脑中形成了深刻印象，以致十年后在写作《再谈郁达夫》还那样认为。此事告诉我们，我们在涉及到谈话内容时，一定要注意到郭沫若的听力问题。"[1] 后来看见《何廉回忆录》中的以下文字后才发现，笔者之前的推断是错误的："5月底前后，委员长回南京复任行政院长时，我去看他并做汇报，除其他事外，主要谈我所了解到的资源委员会的有关情况。……委员长上牯岭之前，在南京只呆了几天。夏季最热的几个月，委员长和政府，特则是行政院，就上牯岭这块避暑胜地办公。还在南京的时候，委员长要我去见他，只要离得开，就让我赶紧上牯岭去，和他及其他人为牯岭国事会议作准备。翁文灏和我曾草拟过一份这次会议参与者的名单。"[2] 结合《何廉回忆录》和《蒋中正总统档案：事略稿本》，笔者在《郭沫若归国与何廉所起作用考》中得出了这样的结论："蒋介石5月16日回到南京以后，何廉去看望并汇报了情况。在蒋介石对何廉谈到'牯岭国事会议'时，何廉再次说起了郭沫若，并得到了蒋介石的许可。根据'南京来电'的时间是5月18日晨可以推知，何廉向蒋介石说起郭沫若归国事并得到许可的时间是蒋介石回南京后的第二天，即5月17日。"至于张群、何廉等人谈起郭沫若的地点，确实是在庐山，也就是说，郭沫若在《在轰炸中来去》中所写的相关文字没有错——不过

① 廖久明：《郭沫若归国与郁达夫所起作用考》，《新文学史料》2010年第3期。
② 《何廉回忆录》，朱佑慈、杨大宁、胡隆昶译，中国文史出版社，1988，第125～126页。

张群所说的"五月"当为农历而非公历而已。① 如此一来，《郭沫若归国与郁达夫所起作用考》中的相关文字只得删去。这一错误告诉笔者，在从事可能考时，一定要把时间和精力更多地花在查找、分析材料上，而不是逻辑推理上。要进行逻辑推理还不容易吗？在浩如烟海的史料库中，难道还找不到能够证明自己观点的一两条间接材料？

唐代杰出史学理论家刘知几在分析世上少有"史才"的原因时如此写道："史才须有三长，世无其人，故史才少也。三长：谓才也，学也，识也。夫有学而无才，亦犹有良田百顷，黄金满籝，而使愚者营生，终不能致于货殖者矣。如有才而无学，亦犹思兼匠石，巧若公输，而家无楩枏斧斤，终不果成其宫室者矣。犹须好是正直，善恶必书，使骄主贼臣，所以知惧，此则为虎傅翼，善无可加，所向无敌者矣。"② 清朝杰出史学理论家章学诚认为，刘知几"所谓才学识，犹未足以尽其理"，故提出了"史德"说："能具史识者，必知史德。德者何？谓著书者之心术也"，"盖欲为良史者，当慎辨于天人之际，尽其天而不益以人也。尽其天而不益以人，虽不能至，苟允知之，亦足以称著书者之心术矣"。③ 对章学诚的"史德"论，自近代以来学者们都推崇备至。梁启超将"史德"和刘知己的"才""学""识"三长视为史家应当具备的四种素质，并以"史德"为四者之首。④ 在笔者看来，要想真正成为"良史"，还需具有"犹须好是正直，善恶必书，使骄主贼臣所以知惧"的"史胆"。与确定考一样，从事可能考的人必须兼具"德""识""胆""才""学"才有可能成为"良史"。相对于确定考而言，由于需要在更大范围内去查找间接材料，并且需要更敏锐的眼光去发现该间接材料与相关问题之间的关系，所以从事可能考的人比从事确定考的人需要更多的"学"、更高的"才"。正因为如此，笔者一方面期望从事可能考的人慎用此法，以免出现"卤莽灭裂"的错误，另一方面期望其他人能够区别对待从事可能考的人：在严厉批评那些借可能考名义随意发挥的人的同时，原谅那些认真从事可能考却出现错误的人——正因为有了这样一群敢于吃螃蟹的人，才增加了发现那些难以发现的事实真相的可能性。

---

① 廖久明：《郭沫若归国与何廉所起作用考》，《新文学史料》2015 年第 3 期。
② （后晋）刘昫等撰《刘子玄传》，《旧唐书》（第 10 册），中华书局，1975，第 3173 页。
③ （清）章学诚：《文史通义新编新注》，浙江古籍出版社，2005，第 265 页。
④ 梁启超：《中国历史研究法补编·总论》，夏晓虹编《梁启超文选》（上卷），中国广播电视出版社，1992，第 570 页。

文献辑佚

消灭呀！口号战*

郭沫若

年来因中国的危亡日迫，应着政治上的"国防"要求而起的，是文艺工友们间的以"国防文学"为旗帜的统一战线运动。这运动是以迫切的社会要求为根据，以正确的高级战术为指针；自从它的一发动，除掉少数标新立异，太无政治眼光的人们而外，已经获得了全国的响应，就在日本留学界中，据我所知道的，更几于是全面赞成的了。

战略的目标是在联合，其中心意识是在把已经发动了的人民的爱国的情热，怎样转化为反帝的力量。这爱国的情热在目前是应该作高度的评价的，把它转化而为行动，正是反帝反封建的最良的武器。目前我们的革命指针之所以强调"国防"者，其用意即在此。然而有好些素来号为"前进"的文艺家，没想出竟担心"国防文学"的提倡会堕入"爱国主义的污池"，和目前的政治意识，作着正相反的理论。有的又在"国防文学"之外提出了一个冗长的口号"民族革命战争的大众文学"来相对立，这更是在不知不觉之间堕入了分派主义的污池了。他们所争的不是统一意识之强调，反而是口号提出的名誉，不是实战生活的努力，反而是个人意识的豪强。像这种舍本逐末的人，不问其有无成心，事实上是走上了破坏联合战线的路。

本来如像"民族革命战争的大众文学"这样的一个口号，如经内部的评议，在只由三个人合成的小组上都是会落第的。提出这个口号的人大约取的是列举主义，因为既有"民族"，又有"革命"，又有"战争"，又有"大众"，又有"文学"，要想面面圆到，故而堆叠得这样冗长。然而口号一落到列举，那是列举不干净的。我们的"革命"岂止是限于"民族"？"民族革命"的表现岂止是"战争"，岂止是"战争文学"？而这"战争"

---

* 本文根据郭沫若纪念馆藏作者手稿整理，未曾发表过。——编者注

的动力和这"文学"的对象，岂止是限于"大众"？只消稍加思索，便可以知道这个冗长的口号挂一漏万。像这样的口号，实在没有把它提起来加以评论的价值。

然而这个口号公然在战线上卷起了波澜，无形有形地竟形成了口号战的对垒的，说句明白的话，只是因为它受着了鲁迅先生的支持。大家在爱戴着鲁迅先生，有的为着情面在跟着他走；有的本投鼠忌器之训，对于这个口号也拾检起来加以批判，意思是希望鲁迅先生解消了他的支持，则口号战的对垒便可以无形消灭。鲁迅先生近来是居于领导地位的人，这次要看轻多数派的动向而支持一二人的独断，实在是出于我们大多数人的意外。

鲁迅先生在六月十日"病中答访问者"的《论现在我们的文学运动》一文（见《文学界》第二号），大约是可以认为代表着他的具体的意见的吧。在那儿他仍然在支持着"民族革命战争的大众文学"这个口号，认为"是无产阶级革命文学的一发展"。这个理论是有点奇怪的。我们知道由"民族革命"向"无产革命"是"发展"，而反之则只是堕落。"无产革命"是掩闭人类前史的最后的革命，一切都在向这儿"发展"，并不是由这儿再向什么"发展"。我们的工作目标，事实上，正是要把一切形式的革命促进而为这最后的革命。这种的促进我们是随时随刻都没有放手的，随时有新的口号提出者，其意义即在减少客观的障碍，增强主体的力量，而促进这种促进。假如真正是由无产阶级革命文学"发展"而成"民族革命战争的大众文学"，那岂不正如鲁迅先生所愁的"革命文学要放弃它的阶级的领导的责任"，岂不是退回到了三民主义的第一步吗？让我说句不客气的话吧，鲁迅先生对于 Principle 与 Stratagem 之分，实在还没有认得清楚。"民族革命战争的大众文学"的这个"浪生事"的口号是应该坦白地即早放弃的！

"君子之遇如日月之蚀"，如果真是毫无意气，毫无成见的人，应该坦白地把自己的错误清算，不要舍本逐末，不要虚张声势，不要徒事勾沟，不要两面取好。请顾全大局，迅速地把口号战的对垒消灭了吧！

（一九三六年七月二十四日）

春再集·序[*]

郭沫若

今年算写了一些东西，除掉四个史剧，几篇短篇小说和诗之外，也写了好些论文和杂文。自己是有意的在加紧写，就好像受着迫促的一样。这恐怕也就是"衰老"的象征罢？然而也有朋友说：这是我的"第二青春"来了。好得很，我真希望它是这样。

自己虽然已经满了五十岁了，认真说一切都还感觉着年青。朋友们看见我的外貌，有的也说顶多只能够看四十岁。而在我自己，却感觉着好像还只是三二十岁呢。三二十岁时的心境和现在的仿佛并没有怎么的两样。一样的容易兴奋，一样的容易消沉，兴奋时可似发狂，消沉时能想自杀。一样的好胜，一样的自负，而有时也一样的感到自己的空虚，觉得无地自容。

因此有的朋友说我很骄傲，甚至于说我走路的样子就骄傲透顶。时时背着两只手，就像不可一世的拿破仑；时时昂起一个头，就像目空四海的贝多汶①。这可有点冤枉。我走路时的姿态，爱背手，爱抬头，是事实，但还没有幼稚到要存心摹仿哪一位伟大的人物。不过骄傲呢，有时也实在不免。因为看见当代的好些人物，爱拿起一个指导者的架子，假乎其神，自己觉得似乎又要充实得一点——至少要比较得知道自己一点。

因此也有人说我还谦虚。特别是青年的朋友们写信给我爱这样说，说我能够接近青年，了解青年。这或许不尽是客套话罢。事实上我不仅感觉着我自己是年青，而且我也知道青年人比老年人更有前途，至少有望的青年比假乎其神的导师们要来得更可尊敬。但也有人说我的谦虚是世故。甚至于世故到，连耳朵聋都是装的假。这又未免太把我看伟大了。因为大凡

＊　本文根据作者手稿整理。手稿现藏郭沫若纪念馆。《春再集》未见出版。——编者注

①　贝多汶：现通译为贝多芬。

装聋作哑，是要伟大的人才办得到的。

耳朵聋，在我倒是一件大憾事。这把输入外界知识的两道大门闭塞了。从前在学生时代为此不知道苦闷了多少，现在虽然冷静了些，但遗憾依然还是遗憾。要说像贝多汶，或许就只有这一点像罢。而且可恨的聋又聋得不彻底。率性连小儿的哀哭，雷霆的怒号，大炮的轰隆，空袭的爆炸，一概都和我绝了缘，那是多么清净的世界呀。而那始终（没）① 有苍蝇蚊子们的嗡嗡营营，更是一件大高兴的事。

总之今年算写了一些东西，四个史剧让它们各自去成单行本，短篇小说和诗等到多积蓄一些时再说，在这儿我把一部分的论文和杂文汇集了起来。有几篇是讲演录，但都是经过我的校阅的。论周易与天道观二篇，虽写在抗战以前，并已有专书，但读者每苦不易到手，因此我一并把它收录了。

青春哟，我希望你真正的是已经再来！

（卅一年十一月二十二日）

---

① 手稿原文如此，疑少一"没"字。

历史
记忆

汉文先生的风格[*]

陶晶孙 著　赵艺真[**] 译　陈婷婷[***]、潘世圣[****] 校译

　　算来这是大正五六年间的事情，已是很久之前的事情了。我之所以写这件事，是因为我想记录下一位我极其尊敬的日本女性。可一写起来，却发现由于时代久远，我的文章也很陈腐，再加上写成了几篇并不连贯的短篇，所以还没等展现出最关键的女主人公的性格，有关汉文先生一家的记叙已经占据了文章的主要篇幅。故而最后，我将题目定为《汉文先生的风格》。

　　汉文先生住在一个六张榻榻米大小的房间，屋里有一个桌子，他对着桌子盘腿而坐，旁边铺着台湾凉席，桌子旁放着客人用的坐垫，前面则是个火盆。火盆旁是一个涂了漆的饭桌，客人来访时，那饭桌就成了摆放茶点的地方。先生的家里还有一个三张榻榻米大的房间，即所谓的玄关，也是女儿的房间。

　　客厅外是大门和庭院。在六张榻榻米大小的房间的南边，先生特意让人建造了五尺长的外廊，那里放着先生引以为豪的书架，里面放着汉书。除了三十五坪的庭院，先生的家就只有这些地方了。

　　当然还有一坪半的厨房，那里是夫人的领地。

　　夫人在六张榻榻米大小的角落做针线活，女儿已经从四年制的女子学校毕业，因为她羡慕五年制的女子学校，所以现在又在什么专修学校学

---

　　*　陶晶孙的这篇文章虽然是以文学笔法所作，但是他所写的人、事，均为纪实。作者想要"记录下"的那位他"极其尊敬的日本女性"，就是他夫人的姐姐佐藤富子。文中的"K君"即郭沫若。郭沫若在他的"自叙传"小说中也写到过这段史事。本文译自陶晶孙《致日本的遗书》，东京创元社，1953。
　*　赵艺真，华东师范大学日语系硕士研究生。
　**　陈婷婷，华东师范大学日语系博士研究生。
****　潘世圣，文学博士，华东师范大学外国语学院教授。

习。她曾经想进高等师范学校，但先生反对："在家里一样可以自学，进学校学习国语汉文倒没什么问题。但没有必要为了助学金，加入人身买卖①一样的预借制度。你又不需要挣月薪孝顺我们。"

夫人也觉得如果这样的话将来嫁不出去，所以不同意。女儿也觉得自己不擅长国文，还不如不去，所以读了专修学校。

每到傍晚，夫人和女儿就期待着不好喝酒的父亲倚着桌子讲《三国志》里的故事。草船借箭、火牛阵的故事，都不知听了多少遍了。

先生每天早上到中学去，由于每天都去，时间把握得分毫不差。冈山城市不大，先生不需要乘坐交通工具，走在街道中间，人力车往左或往右避开他，中学生遇到他便恭敬地摘下帽子敬礼。

在学校，他高声朗诵，学生偷偷摸摸地在底下做事或者东张西望他也不批评。听他说，像年轻老师那样为讨学生欢心与学生商量着教书是很愚蠢的。只要保持一定的状态努力讲课，学生就会像被施了催眠术一般好好听讲。教材是固定的，内容是赖山阳写的为天皇尽忠义的思想，汉文简单易懂，用不着费什么心思。

先生在学校上课时中间不休息，为的是一到下午 3 点就赶紧回家。先生不赞成让学生打扫卫生，他认为读书人不是武士。武士舞刀弄枪、举止粗暴，跑到山里头和天狗打架，不值得效仿；散步时盘腿坐在草地上也只是跟西方人学的。先生走路时，也很注意不让土沾上衣服。

先生是为了教书才去中学的，不像教务人员那样按时上下班，却无所事事。先生下午 3 点回家后，夫人便端上茶。他抽起烟来，从早上开始在学校便不抽烟。

有以诗文相交的朋友拜访，先生就在自己的桌子旁招待他们；有学生来的话，就与他们在玄关对坐。因此，这个时候先生的女儿就得回避。她的桌子总是用袱纱巾盖着。

有一天，在先生回来之前，一位最近才搬过来的邻居——一位中国留学生来了。他是和先生约好在 3 点时来还书的。夫人为在哪儿招待他合适为难起来。在桌旁招待他的话，由于桌子旁边堆得乱七八糟的，有些失礼。如果在玄关的话，那是接待中学生的地方，不适合用来接待正在读大

---

① 日本的旧学制师范学校入学后可以免学费，并会给学生发放助学金。作为代偿条件，学生要在毕业后在该学校所属机构供职一定年限。——译者注

学预科的高中生，正在左右为难时，先生回来了。

"好，到外廊去吧！"

先生这么一说，夫人反倒更为难了。然而先生却亲自动手，把放在廊子下的两个箱子挪到中间，两人面对面坐下了。主客之间放上了之前那张饭桌。

先生说："贵国之人都是按时准点前来，而我没考虑到从学校走回来的时间，这实在是……"

留学生只是微笑着，把一本书放到桌子上。

茶和烟端上来了，先生用烟斗吸着烟。

先生反复地问着日常琐事：远离故乡留学，恐怕不习惯吧；饮食适应吗；盘腿坐在席上大概不自由吧；等等。夫人在一旁笑着说："坐在这样的箱子上……"

先生却一副博学的样子说："我没去过贵国，但大体上是可以想象出来的。'寒舍'这个词贵国也有吧。我在读一些贵国的稗史，不过我想了解些当前贵国的新著及社会情况，然而总不能如愿以偿。"

留学生答应给先生看本国的报纸后就回去了。

送走留学生后，先生说："你在招待外国人时，稍微讲究一些是可以的，但也不用过分拘礼，鞠躬鞠个没完，K君临走前又转过身鞠了一躬吧。他不习惯盘腿坐，就坐在廊子下即可。廊就是中国人说的轩，例如静养轩之类的。用装书的箱子代替椅子没什么不妥。"

"哎呀，他要是看到里面装的东西，就会觉得不合适了。"

说罢，夫人捧腹大笑。箱子里装的是先生特别珍视的情色汉书。

面对夫人的嘲笑，先生只说了句："以后最好留点儿心。K君以后将在许多方面成为我的老师，他虽年少，但对古籍的了解可不同一般。"

K君刚走，先生的女儿就回来了。她皮肤白净，眼神里充满着梦想，身材多少有点矮，裙子下面露出两条粗胖的小腿。母亲出来迎她，说道："照子，今天回来得有点晚啊。"

母亲不经意地抬眼一看，发现照子的脸有些红，细心的母亲猜想女儿一定是在门口碰到了K君。

"我回来了。"照子看着父亲，眼神分明在说："刚刚来客人了吧！"父亲和照子感情融洽。母亲也是研究汉学家庭出身的女子，娘家属于那种老式家庭，但并不富裕。在这种家庭里接受的礼仪教育是很严格的。

即使嫁到别人家里也还是规规矩矩的。尤其是在女子的贞操方面，从礼仪到贞淑无不受到严格的教诲。但是她并非那种"大门不出，二门不迈"的闺秀，性事方面也受到过教导。先生却有点不同，既有汉学者的风度，又很体贴人情，也有放荡的地方，不过这些地方他都能分得很巧妙。夫人时常因此情趣盎然，有时又回到之前的乏味，而这种种不足，皆有先生的幽默来填补了。夫人之前便一直盘算给照子找个好夫婿，但先生并没考虑此事。

照子换上了日常便装来到父亲的身边。

"你不去厨房帮忙吗？"父亲问道。

"太累了。"照子从包袱里拿出了刚刚借来的莫泊桑的《一生》。

"读这种书你妈妈要骂你的。"

"爸爸也知道这本小说吗？"

"知道。"

"那么您是何时看的？"

"日文译本一出来我就看了，你妈妈没看过，还没等她看，这书就成禁书了。如果像书中写的那样去生活，即使有了丈夫，日子也过不安生。"

照子的脸唰地红了，她很想知道刚从自己家里出去的那个学生的情况，但又不好意思问，于是便找了个话头："爸爸，要不我收拾一下外廊？"

父亲赶紧站了起来："啊，好啊好啊。""书箱很重。"他边说边笑着。照子借机坐到书箱上。她大致知道那些书的内容，尽管看不懂书中的汉字，但通过书上的插图也能猜出来。

看着桌上父亲写的东西，照子不禁说道："父亲的名号真怪，这个像虫又像蛇的字，我真不喜欢。"

"虬即龙之子。逸虬绕云所形容的是从群龙间飞起的龙，绕云而飞的形状。"

"由此才引起风云变幻吧。"

"是的。"

"就像彗星那样？"

"对。"

"可是要让中学生看，就会以为是像虫或像蛇一样的字。"

"没学问可真是难办，若是这样，就叫逸龙吧。"

夫人催促这对相互逗乐的父女来吃晚饭。先生便在饭桌上一本正经地说道："今天 K 君来了，他年纪不大但精通古文，颇具天赋，能背很多唐诗，也很有见识。他进了高等学校①三部，将来要当医生的，这种程度的汉学知识在中国是常识吧，我很是羡慕。"

先生没再说下去。他很清楚夫人在想什么："想找个女婿，家里太挤了。"

此时，母亲说话了："对了，照子，刚刚那个学生，是个好青年吧。"

"他一直盯着我，叫人怪不好意思的。"

"据说他在东京有个妹妹，这次要和她一起住，所以才从学校前面的宿舍搬出来，借了隔壁的房子。"

先生说："成了邻居就会经常来往了，还得多多照顾他们。"

"那我也要做一套中国服装，跟着他妹妹学。"

夫人总说要点亮小纸灯，其实就是拉下电灯开关。每天都是如此。

每到这时，照子就会出来和父母道晚安。而夫人出嫁以前，到了这个时间，她的母亲都会谆谆地教导她，给她讲女人的德行，比如所谓妇道，就是忍耐、服从、收起性子，就是善于揣摩婆婆的心，既孝敬婆婆，又能暗暗实现自己的想法和计划，让婆婆自然而然地形成你想要的习惯；所谓贞淑，就是面对丈夫的兄弟或他人时要洁身自好，避免误会，不要因一时好奇而做糊涂事耽误自己，需要的时候一定要忍耐；等等。在夫人看来，自己的母亲很开明，她教导自己人际交往、人情世故、礼尚往来等道理和个中情由。所以夫人也想尽量和照子交流，每晚都跟她聊一会，但家里很窄，没有说这些话的地方。逸龙先生晚上又有些奇怪的趣味，虽说夫人很想把娘家这个习惯继承下来，但没能做到。所以近来小纸灯一点起来，照子就自己铺床睡觉而不劳母亲动手帮忙。

这时，夫人关上电灯，在纸灯微弱的光亮下宽衣解带，钻进被窝。逸龙先生在被窝里吞云吐雾，在照子将睡未睡的时候，就开始不停地说起来。

比如"阿米，你记不记得你第一次来的那天晚上，坐在床铺前鞠躬行礼，说'我是个粗人，请多关照'"，比如"听说有这么个事儿，有人来借钱，没办法只好借了，结果对方立马脱去衣服躺下，怎么怎么的"。

夫人抚摸着先生的胡子，压低了声音说："别说了，照子还没睡呢。"

---

① 高等学校指日本的旧学制高中。——译者注

"你是不是想说，让那个青年当女婿挺好的？"

"是挺好的。"

"你还想说我们房子小吧。"

夫人的父亲是个汉学家，但家境并不富裕。逸龙先生是位中学教师，自然也不宽裕。夫人心里多少感觉空落落的，但她喜欢先生博学并对物质的淡泊性格，一家三口生活得很愉快。可现在被先生这样一说，她觉得多少有些不甘心。

"你凡事都那么着急，真让人头疼。现在和过去不一样，青年男女都读过几本小说，他们的生活环境造就了他们的性格，他们都有自己的理想，你不需要那么担心，重要的是静观其变。"

"他说他妹妹要来，不知会是个什么样的人？要是照子能和她处得来就好了。有他妹妹在，照子和他相处也容易些。"

"这种事以后再考虑，K 君最近要是来的话，一起吃顿晚饭，便饭就行，像家庭聚餐那样。"

女儿听着父母的对话，在睡意袭来时，父亲开始发挥"造诣"了。夫人在夜里的床笫之事上，也是位贤夫人。

不久，K 君应汉文先生的邀请，有些羞涩地登门拜访来了。

K 君将手中的两三张报纸呈给先生，说是之前答应先生的。先生翻开报纸，他见机指着某处说："这是我的名字。"

"噢，这名字是什么意思？"

"是我故乡一条河的名字。"

"原来如此啊，"先生便读了起来，又说，"这就是所谓的新诗啊，我不太懂，毕竟年代不同了，和我年轻时的汉诗读法略有不同。"

K 君在旁边给先生解释着。照子在三个榻榻米大小的房间里装作不知，收拾完房间就去厨房了。夫人在厨房准备着饭菜。

"很遗憾，我不太能理解诗的旨趣，但诗是很美的。像你这样真是难得，其他留学生也喜欢写点文章吧？"先生看完后对 K 君说道。

夫人在布置饭桌。

"似乎不太喜欢。"

"那么……"

"我是属于被逼着学习的人，我比他们大三四岁，用的也是老一套的学习方法。"

"的确，早些年还有科举制呢！"

这时夫人张罗着让大家就座，先生兴致勃勃地安排席位，K君谦让着背靠外廊坐了下来。K君不知道壁龛那里是主位。先生忙说坐在那儿可不行，让K君到壁龛那边。于是，K君背靠壁龛坐下，然而他并没有意识到自己坐的是主位。

这时，夫人把照子介绍给K君，先生斟了酒。但K君并没有马上举起酒杯，在那儿等了一会儿，明白夫人不会同席后，才举起酒杯。

夫人很会应酬客人，在先生与K君说话间上菜，或提起各种话题。先生觉得有点碍事。K君必须应对双方，所以有些吃不消。

不知何时先生喝得脸红了，K君很机灵地斟酒，夫人便帮先生谢绝说："人老了，喝不了太多。"

"不，先生是很有酒量的。"K君说。

汉文先生很兴奋，谈论起孔子看颜回做饭就感到饿了，还有孟子的妻子大概是个美女之类的。

听到这些，夫人在厨房说："看你说些什么呀。"照子有点想退下去的样子，母亲看到便端来饭，母女俩慢慢地吃了起来。

不知何时话题又转到聊斋上，两人兴致勃勃地谈论着，忘了喝酒。

"贵国的狐狸挺多吧？"先生说。

"贵国也有吧？"

"有，有，在冈山——"

夫人说："看你说的，那又不是狐狸。"

"不，是一样的。"先生说着便大笑起来。

夫人很认真地给K君讲解何谓茶泡饭，多次对他在异国遇到的很多困难表示很同情，之后K君便回去了。夫人不知何时了解到K君既没有单睡衣，也没有棉睡衣，只有身上穿的那一套衣服。

照子趁机说："妈妈，给K君做一个棉坐垫，再做件睡衣吧。"

母亲回答道："可这些东西是母亲给女儿，妻子给丈夫做的。人家求我就另当别论了。"

夫人觉得女儿究竟还是不太了解人情世故的。照子却感到这个社会不太自由，在学校的朋友那里，不论什么东西都可以马上送人的。

第二天，K君来了，对前日招待晚餐表示感谢。K君告诉他们，自己的妹妹近日要从东京来这里，他一语带过，先生也是随便一听，甚至不知是否听到。夫人却听得很认真，但还没来得及仔细问，K 君就回去了。

　　K 君觉得若不将阿民要来这件事告诉先生一家，等她来后事情就会变得有些不好解释。虽然打过招呼，但来了一看，却是位日本姑娘，而且很快就将成为自己的妻子并在一起生活，那么对他一直很好的先生一家会怎么想呢？但是处于热恋中的人，往往顾不上考虑太多。

　　听说 K 君已经找好房子，在那里等待着自己，阿民不得不考虑尽快搬过去了。

　　阿民在宿舍睡了整整一天，醒来感到很轻松。

　　她没想太多，她不是那种思前虑后的人。父亲很善良，刚被武士收为养子就成了维新派。他进了仙台城防部队成为军官，又因军队缩减编制而进了神学校，一生在传道中度过。母亲出身世家，天然地具有权威，如今只想将她早点儿嫁出去，如果抗命就会惹得母亲嫌弃，她想到这些，但没有意识到作为世家之女，自己身上也处处渗透了母亲的那种性格。哎，真讨厌，我与 K 君偶然相识，虽没见过几次，但第一次见面就对他产生好感，从房州①寄来的信也让自己很开心。

　　阿民不是那种感情纤细动辄伤心落泪的人，三四代之前，她的祖辈还是仙台侯爵的剑术教官，她的体内还留有武士的根性，不时表现出要强的侠义之气。

　　但她毕竟是位十九岁的姑娘，因伊达藩一带信仰天主教的关系，父亲学了神学，她自己也进了美国人的学校。她虽然没有完全美国化，但年轻的活力是他人所不能及的。虽然没有那种不着边际的空想，但在她的内心深处也自然回响着《飞向远方》之歌。

　　阿民躺在床上，回味着 K 君的话：他的奖学金足能支撑两人的生活，房子也已经找到——虽然并不宽敞，并且已经搬了进去。隔壁住着汉文先生一家，他的女儿正在等着自己，等等。K 君日语水平不高，却用日文给她写信，这有些奇怪。若是读他寄来的英文信，会不由地被他在诗歌上的才华深深吸引。她觉得自己对病人是热心的，但并不喜欢那琐细的工作，当然也没有想过要永远把这份工作做下去。想到即将成为医生的 K 君，她像做梦般想象着自己的新生活。

　　阿民就是这样，一旦做了决定就不再犹豫，而没有"我该怎么办呀"

---

　　①　今日本千叶县。——译者注

那些天真温顺和羞怯，也没有想过只靠男人生活。她只是觉得自己的新天地在冈山。那天早上，她匆忙地准备了一下，也没有和家人打招呼，便乘上了傍晚那班火车。

把先生和女儿送出门后，夫人独自在家慢条斯理地做事，快到中午时，她觉得隔壁有客人进出的声音，侧耳细听，听到K君的屋子里有女人的声音。她想可能是他妹妹来了，想过去帮忙。但自己主动从房里迎出去，显然是平民区里那些老板娘的做法，出身高级住宅区的夫人是不会这样做的。她想，过一阵儿他们会来打招呼的。但是她很好奇，凭着女人的直觉，不免心生怀疑。

两点左右，照子回来了，夫人拿出点心给照子，说道："隔壁他妹妹好像来了。"

"妈妈看到了吗？"

"因为人家还没过来，我也不好过去看。"

"去看看多好。"

"照子，我可不像你们那样随便就过去了。他们迟早会过来的。"

"不过，留学生的习惯如何，我们还不知道。爸爸不是说了吗，各国有各国的习惯。"

"虽说如此……"

"妈妈不打算去了吧，我去看看。"

"你不要那么着急，再说——"

"再说什么？"

"世上的事不是那么简单的。你爸爸虽不拘小节，但我还没嫁人时，外祖母就教给我许多做人的规矩。慢慢你会明白的，就按妈妈说的做。"

先生晚回来一步，关于邻居的事他什么也没说。

那天晚上和平时一样，纸灯点着又熄掉，然后变成了先生和夫人的二人世界。夫人抚摸着先生的胡子，说：

"今天K君的妹妹好像来了，什么时候去打个招呼——"

"你去帮忙了吧？"

"我考虑了一下没有过去。"

"真是个怪人，为何不早点过去？"

"反正他们迟早会过来打招呼的。"

"这不是打不打招呼的问题，国家不同，风俗也不一样，这种时候应该抛开自己的风俗习惯，改变一下想法，只要诚心诚意按常识来考虑处理，无论怎样做都不会错。您还是觉得他们应该先过来，是吧！"

"不过我还是觉得有些不对劲儿。"

"这倒是，我也有些感觉。"

"倒也不是说有什么特别的情况。"

"是啊。"

"……"

"我觉得，说不定那不是他妹妹。"

"这么说虽然很怪，但我也觉得最近 K 君特别高兴。"

"到明天一切就会清楚了。总之他是个很有才气的人，虽只交往过两三次，但我就是有这种感觉。他如果不回遥远的四川省，我倒也想把女儿嫁给他。你考虑事情不周，对自己中意的年轻人，一会儿认为什么都好，一会儿又考虑家世地位，有时又考虑钱，当然是矛盾了。"

"如果不是他妹妹的话呢？"

"那应该是一对好夫妻了。我也放不下这件事。"

第二天 K 君去学校，阿民自己留在家里。

她已经不再想昨天的事，只是环顾着小小的爱巢。今天要用一天时间把厨房全都整理出来。这倒不难办，只要有炭炉、锅、米就可以了。去附近走走，把它们买齐就行。日本人过分讲究礼节，不如就以兄妹相称算了，这样中国留学生也说不出什么闲话。听说隔壁住着个汉文先生，要是按日本人的习惯前去寒暄，事情就暴露了。先按不懂日本礼节的外国人的做法来吧。这样就不必登门问候，找个机会在门口打个招呼就可以了。到了中午，阿民提着菜回来了，在小巷的入口与阿米夫人相遇，她寒暄说"还请您多多关照"，还特别留意别露出仙台口音。

这反而给夫人留下了她日语并不很好的印象。

傍晚，照子还没有回来，汉文先生对夫人说："从现在开始，K 君也要过上愉快的夫妻生活了。我们也得效仿他们，用心跟着学才是啊。"

夫人还是没明白，于是问道："那么，她究竟是中国人还是日本人？"

"日本人，她的口音让我想到……像是宫城县人。况且昨晚我……"说到这里，先生赶紧闭上嘴。接着他换了种口气，说："K 君是个才子，不光是中国古典，对于我不太懂的最近的文学也颇有心得。另外，还很有些罗曼蒂克。你不要拘束于自己习惯的那些'礼教'，放心和他们来往才是。"

"……"

"我不知道他妹妹的性格怎样，只是觉得她不像一般的日本人。当然这都是我的想象。"

"说得就像你看见了一样。"

"只扫了一眼，孔子、孟子都不以貌取人，就好比你嫁过来之前，我就已经能看到你刚出浴时系内裙的模样啦。"

"别总不害羞地说这样的话，让别人听到不好。"

"孟子的老婆因为日夜诱惑孟子而被休。其实只要全都按照礼节行事就行。所谓礼节，就是大方地说谎，该说实话的时候说实话。"

阿米夫人是个贤惠的女人，他果然照汉文先生所说的那样，合乎礼仪地付诸行动。比如这个时候，她就不会说家庭收支等让先生不高兴的事情。先生虽然说她会装憨，不过她一整天都按照计划做事。早上起来打扮得干净利落，毫不因昨晚的事情而面露羞色；晚上却极其妖艳，简直像是换了一个人。

一个秋高气爽、非常美丽的星期日早晨，汉文先生拿着阿米夫人做的饭团，和照子去公园。冈山的公园古色古香，那天游人很少。他们待在一个茶店里头。那里铺着布边薄草席，上面放着很多薄坐垫。照子随意地靠着窗边，她本想去石头上面看看放养的仙鹤，先生却说坐着的话就要坐到垫子上，公园是用来散步的地方。照子也不使性子，只是要么胡乱坐着，要么躺下来，先生什么也没说，饶有兴味地看着。

"大概你母亲正在一个人收起榻榻米打扫卫生吧！真是傻啊！明明可以让我们一起帮忙，却用饭团打发我们出来，一个人在家大扫除。"

"母亲有点固执孤僻。"

"没办法，改不了。"

这样说着，便聊起 K 君来了。

"孔子曰，男女七岁不同席，但是诗经有云，少女怀春，吉士诱之。"逸龙先生非常擅长这种读法，"像他那样来到外国，如果没有家庭牵绊就可以自由恋爱。恋爱这个词真肉麻，最近那些外国小说翻译里总用这词儿，真受不了"。

"父亲也用这个词呀。"

"没办法才用的，但是如果恋爱涉及家庭、父母、地位、经济方面，往往不能按自己所愿发展，如果犹豫不决就会出现很多麻烦。如果是自己造成的，也就算了，可要是把责任转嫁给别人，那就容易破坏关系。还有社会的羁绊。比如你母亲在女校时，有一位非常尊敬的先生，你母亲很受他宠爱。我没见过那位先生。即便是老师，关系亲近了，有时也难免为情所扰，做事过头。你外祖母那人你也知道，那是你两岁的时候，有一次我在她家洗完澡，穿着短衬裤一骨碌躺下，看到桌子上有封没写完的信，看后知道是你外祖母写给那位老师的，上面写着："阿米已经不是以前的阿米了，她已经有了丈夫和孩子，即便您是她的老师，也不好一直和她通信，况且您不光往这里寄信，还往她夫家那边寄信。"我很为难，如果那位老师收到这封信，一定会很难堪，但是我又没法阻止这事儿。而且信上写着寄到娘家让母亲看到也就罢了，更担心的是寄到我这里。可见，结婚后两家的关系着实复杂，所以你明白你外祖母为什么会说为此哪怕勒死女儿也在所不惜这样的话了吧。而且，在母亲看来，女儿怎么都是可爱的，她做什么都能原谅，不过丈夫那边可不行。

"之后呢？"

"因为我没穿衣服，所以你外婆不好进来，她好像意识到了桌上的信，不过不知道我看没看到，我回去时她对我说，'请严格看管我的女儿'。"

"只是这样吗？那封信寄出去了吧。"

"我没见过那个老师，不过他寄来的信你妈妈也不大注意，所以偶尔我也能看到信。那位老师应该是位挺风趣的人，不过信写得很差，并不像你外祖母担心的那么严重。你母亲很有礼数，绝对不见那位老师，这样就行了。所以那天晚上我跟你母亲说了这件事，让她提前告诉那位老师一声，请他不要在意。"

"母亲呢？"

"她同意写信，不过我也没看着她写，也不是我去寄信，所以后面的事我也不知道。"

不过逸龙先生说了谎话。事实上，夫人停止了与那位老师的通信，而改为偶尔见面。逸龙先生觉得如果如实告诉正在读小说的照子，照子难免会觉得母亲有点跟对方幽会的意思，这样不好，所以撒了个谎。

照子第一次听到母亲的罗曼史，调皮地瞪大了眼睛。

"人活着，会遇到很多感情和理性的纠缠，如果一味感情用事，就会做出不体面的事情，如果一味理智行事，就会变得死板，让自己不好过，这便是孔孟之礼。有时候忍耐是很重要的，这就是人的品格。人应该只在该吃饭的时候吃饭，总是吃东西流口水就和狗一样了，即使肚子饿了也要等到开饭时间，这也是礼节，所以孔子才会说非礼勿食。"

"这样啊，我们可以开吃饭团了吗？"

父亲大笑起来。他以为用这种方式可以委婉教导女儿如何进行男女交往。女儿其实还处在尚未体验过恋爱而小说又读得太多这一矛盾中。

在父亲抽着烟的当口，太阳渐渐西落，父女俩几乎是手拉着手在公园散步。

父女二人买了阿米夫人喜欢吃的甜纳豆回到家。进屋一看，夫人沮丧地坐在饭桌前，见他们回来就说："隔壁的妹妹主动来咱家帮忙了一天，早知道这样就让你们帮忙了。"

先生又大笑起来。

"太好了！太好了！所谓缘分就是这样。与人交往是好事，不过得注意礼节和分寸才行。"

——未完，绝笔——

（五一年十月千叶大学医院）

郭沫若今昔物语[*]

——箱根之夜

〔日〕村松梢风^{**}著　陈婷婷^{***}译　潘世圣^{****}译校

在箱根的酒店再会

　　我与前来东京的中国学术团团长郭沫若先生是多年老友，故甚为想念他。但和过去不同，如今他已是中共要人。尤其是这次的访问又是官方性质，想必他没有片刻余暇。我便往他下榻的帝国酒店寄了一封明信片，祝贺他平安到达。于是在 3 日午饭之前收到了一封电报："今晚请光临富士屋酒店郭沫若"。我再次确认报纸上登载的访日团行程，果然是 3 日晚往箱根，4 日全团休息。他是利用这个机会邀请我去的。我在 11 月中旬感冒了一个月，没出过门，现在烧已经退了，想来应该无恙，就打电话跟富士屋预约了房间。我在大船站坐上 4 点 10 分的湘南电车时发现已经人满为患，没有座位，这才意识到今天是周六。早知如此，我还不如坐出租车去箱根，然而这已是事后诸葛亮了。到达小田原站，我一共站了 50 分钟。出站后我坐上出租车时才发现自己忘了带温度计，就在小田原的大药房买了温度计。

　　6 点抵达富士屋时，中国访日团一行尚未到来。我到了房间安顿下来，就赶紧把刚买的温度计衔在嘴里，5 分钟以后一看，37.2 度。体温虽然稍微高了点儿，但没什么大碍。为了消磨时间，我就先去酒吧柜台喝威士

* 本文译自村松梢风的《我的履历书》（《私の履歴書》），日本金文堂，1957，第 170～179 页。本篇为国家社会科学基金 2015 年度重点项目"回忆郭沫若作品收集整理与研究"（15AZW011）的阶段性成果。
** 村松梢风，日本作家。
*** 陈婷婷，华东师范大学日语系博士研究生。
**** 潘世圣，文学博士，华东师范大学外国语学院日语系教授。

忌。酒店里全是外国客人。我是第一次来这家酒店。当我喝到第二杯的时候，服务生过来告诉我："中国客人到了。"

戴助听器的郭先生

我来到楼上一层的大堂里，刚刚到达的中国访日团和日本方面的接待人员在一起，有二十多人。有站着的，也有坐着的。郭先生坐在靠墙那边的安乐椅上，正和一位年长的日本女性说话。我向对面一看，发现了身着裙裤般的下装、披着短外套一样的上衣、留着圆形短发的内山完造和藤森成吉。我过去跟他们站着聊了一会，正聊着，有人从后面拍了下我的肩膀："呀，村松先生！"正是郭先生。

我也说了声"哎呀"，和郭先生脸贴着脸拥抱在一起，之后聊了些什么没印象了。郭先生说："村松先生一点都没变啊。"内山也跟着说是这样。我哪里是没变化，应该说是大变样了。郭先生也比过去胖了许多。戴着眼镜的他，眼里始终带着笑意，表情很温和。因为听力不好，他戴着助听器，就是把两个白色小球塞在耳孔里，球下面垂着线。有了这玩意儿帮忙，旁人不必大声说话他也能听得见了。郭先生似乎是搞错了，说我比他年轻。我说哪有这回事。我可不喜欢谈岁数，说实话，反而是我比他大三岁。

郭先生说："这次来的人里，我是岁数最大的。"

虽然他还用不上长寿之类的词儿，但能够活到现在，已是很幸运，同时对郭先生来说也是非常重大的事情。他的创造社同伴，与我关系也很亲近的郁文（达夫）就是在战争中被日本军部逮捕并杀害了。尽管我不愿相信这是真的，但事实无法撼动。

田汉与欧阳的近况

我向他询问与我走得最近的田汉和欧阳予倩的近况。得知予倩生了场重病，眼下已经康复。如果明年梅兰芳先生来日本的话，田汉或是欧阳予倩大概会担任访日团团长。

我说我今年去国外看了看，郭先生问我："去了哪里？"我说去了法国、英国、西班牙、美国。郭先生听了哈哈大笑："那可净是我不了解的国家啊。"因为郭先生他们只能去"红色国家"。我们彼此自由的范围可真是太狭窄了。这次邀请访日学术团来日本真可谓一大成功，今后政府还应该进一步接待他们才是。因为不存在什么政治危险性。不过，过分流于形式的欢迎仪式也让人很为难，或许眼下这样才是最合适的。

总之，正因为郭先生熬过了这些岁月，才能够如此隆重地前来访问日本，也因此，作为老友的我也才得以沉浸在意想不到的重逢之喜中。这个人二十八年前逃亡到日本，又在十八年前瞒着家人离开日本回到上海。对于知晓他这一切的人而言，对他人生中这一系列重大转折唯有惊叹而已。我们已经在孙文身上看到了这种跌宕人生。郭先生的立场虽不同于孙文，但他们都在中国革命历史的洪流中一路战斗，在这一点上他们是一样的。

被盯上的"十大罪恶"

大约是昭和二年的一天，郭先生飘然出现在我面前。当时我正在神田材木町主持出版《骚人》杂志，就住在发行所里。郭先生原本肤色白皙，可那会儿却消瘦憔悴，人变黑了，头发也稀少了许多。比这些更麻烦的是，他的听力大幅度下降，如果不跟他大声喊话的话他就听不到。郭先生在武汉革命工作失败之后就潜入地下，在从事农村革命工作的时候染上了伤寒，虽然好歹捡回了一条命，但因为发高烧，导致耳朵从此不灵便了。在武汉工作的时候，"蒋介石的十大罪恶"这一口号就是郭先生起草的。蒋介石憎恨郭沫若，为此悬赏五万美金要取他首级。郭先生无处容身，冒着九死一生的危险逃到日本。他的妻小也坐着另一艘船与他在东京会合。他由于没有落脚之地，当时在东京也没有其他熟人，因此便来向我求助。

市川的亡命生活

尽管情况如此，可力量微小的我也是爱莫能助。幸而我有一位住在市川的知己，他毕业于京都大学法律系。他患有肺病，却颇有资产，所以没有工作。他是个极有侠义之心的人。我发电报请他过来，告诉他郭先生的事并请他帮忙，他爽快地答应了。当时出租房屋的多不胜数，友人即日就在自家附近租了间合适的屋子安置了郭先生一家。后来，这位做事周到的友人找到在千叶县担任检事正①的大学同学，向他说明郭先生的情况，让他心中有数。他又向市川的警察署长和小学校长打了招呼。之后，郭先生便使用妻子的佐藤姓氏。孩子们则因为接受过日语教育，所以很顺利地入了学。这些事情都得到这位市川友人的帮助。因为内山书店的帮忙牵线，郭先生得到了中国方面的很多汇款，所以在金钱方面并没有让这位友人担待。不仅如此，一两年之后，郭先生便不再租房，而是开始考虑建造自己的房子了。我原本暗暗担心他们的住处问题，如此一来也就大大放心了。

"信件"之故延长逮捕

郭先生安定下来之后，便开始进行对古代金石文字的研究。我觉得这样很好，也就差不多把郭先生这边给忘了。大约过了半年多，在夏季的某天晚上 12 点左右，我从外面一回到家，就被一堆警察包围，将我带到了万世桥警察局拘留。次日，检事②出公差来这里审讯我，果真是为了郭先生的事。此时我方知郭先生被另外带到了堀留警察局。结果郭先生和我都被拘留了四天。我比他早两个小时释放，我没回家，直接去警视厅找了外事课长，讲了整件事情的来龙去脉，告诉他我们唯独忘了要跟警视厅打招呼一事，以及郭先生一家并无任何举动的情况。外事课长听了之后说："啊，原来如此，其实是上海领事馆的警察给我们发了通报，我们才通缉他的。"接着马上用桌上的电话打给堀留警察局，让那边释放郭先生。

这件事在郭先生的《亡命十年》一书里有详细记录，算得上是郭先生人生中的一道坎儿。他对日本警方毫无理由地逮捕、拘留他十分愤慨，并且觉得我们也冷淡了他。我因此被推到了一个很不光彩的位置上。尽管我给他留下难以拂拭的不太讲义气的印象，但郭先生被无缘无故拘留四天，还是因为我事先对有关情况的了解不够所致。警察在逮捕郭先生的时候，对他家进行了搜查，结果发现了数封我的来信。其中有一两封涉及批判国体的内容，现在看来虽没什么问题，在当时却被视为十分危险的思想。仅凭这一点就足以判我重罪。和郭先生的交往，我倒是解释清楚了，但当审讯官把这些信件拿出来放到我面前审问的时候，我只能哑口无言。原本我

① 检事正：日本检察官职务名之一。地方检察厅的长官。
② 检事：日本检察官职务名之一。检事长之下、副检事之上。有时也用作检察官的通称。

也不会那么轻易就被释放，最后很幸运，我想起警视厅检阅课的大谷警部是我的同乡，对人很理解也很好。最终大谷警部说："我承担保证责任。"多亏了他，我才获得赦免。

因为我的这个情况，审讯官跟我说："在你的嫌疑尚未解除之前，郭先生也不能释放。"这倒是合乎情理，所以从官方角度来看，拘留郭先生也绝不是毫无道理的。从那之后我也见到过郭先生几次，但从未说起过这件事。不过，一切都已在过去被讲过了。世界的历史都是被改写的结果。

喜好围棋的中共干部

如今，郭先生忘却了从前的一切，他很怀念自己前后居住了二十年的第二故乡——日本，他真心的沉浸在喜悦中，接受着人们的欢迎。他也没有责怪我曾经的不周，而是把我作为老朋友邀请过来，作为今晚他个人的客人。他还把中国的各位学者介绍给我，我度过了愉快的一夜。闲谈之中，我没忘称赞吴清源。巧的是，郭先生虽不懂围棋，却知道吴清源。

我提议道："人们说吴清源在日本棋坛位列第一，其实他的实力远远超出其他人。他是中国诞生的最强大的头脑之一。若能把他邀请回北京去提高中国棋坛的水平就好了。"

内山先生说："最近中国人不怎么下围棋吧。"他本人似乎也不下围棋。

很快中国那边就有人提出异议，说起初是由于大家特别忙碌，没空下棋，一两年前围棋开始复兴，下围棋、象棋的人又多了起来。毛泽东和周恩来也都下。围棋毕竟是从中国传到日本来的。所以喜好围棋的我觉得，即便是共产主义的中国，倘若只有戏剧、舞蹈和魔术这些是不够的，连围棋都不下简直找不到人生的意义。

次日我睡到上午 11 点才起床，在房间里用了早餐。中午过后，我在下楼时听到不知哪个房间里传来吴清源先生的声音，顿觉不可思议，到了楼下大厅一看，确是吴先生来了。我后来知道，这是住在箱根的吴先生今天上午来拜访郭先生呢。吴先生因为还有事情，很快就回去了。我也和郭先生一行道别，踏上归途。

编后记

一辑文稿编就，已近岁末。2016 年的郭沫若研究仍然延续着不断发展壮大的势头，可谓硕果累累。

刘奎《抗战时期郭沫若笔下屈原形象的变与不变》选自他的博士学位论文，该文将郭沫若的屈原研究放在屈原研究的学术史中进行考察，得出一些值得注意的结论。黄益飞、刘春强《唯物史观指导下的甲骨学研究——以郭沫若早年甲骨文研究为例》从理论指导与研究方法的角度，探讨了郭沫若在甲骨文字研究方面的突出贡献。朱春龙《述论新中国初期史坛中的郭沫若（1949～1957）》对作为 1949 年后史学界的重要组织者和领导者的郭沫若的相关活动进行了论述。这几位作者都是近年来涌现出的年轻的郭沫若研究者，他们对郭沫若学术研究和相关活动的关注，体现了这一领域的蓬勃生机。

2014 年，国际郭沫若研究会在维也纳召开了"郭沫若·医学·身体"的年会。近年来，出现了好些探讨郭沫若与医学的成果，如陈俐《郭沫若：在文学与政治背后的医学眼光》探究了一个比较重要的问题，是这些文章中较为独特的一篇。

在"文献辑佚"中刊载的郭沫若的两篇佚作系未刊稿，由郭沫若纪念馆馆藏手稿整理出来。我们通常说到郭沫若的佚文，其实包括两种，一种是集（全集）外佚文，一种是未刊文。前者曾经刊出，只是不易读到，后者不曾为作者披露过，可以为研究者提供有关郭沫若创作、生活，乃至文学史方面更多的历史信息。"历史记忆"中陶晶孙的《汉文先生的风格》尽管是以文学笔法写成，但真实记述了郭沫若留学时期的生活场景，弥足珍贵。我们今后将通过"史料辨证""文献辑佚""历史记忆"几个栏目，不断发掘、整理、刊登有关郭沫若生平活动的各种文献史料。

近几年来，中国郭沫若研究会以及国际郭沫若研究会等相关机构多次组织郭沫若学术研讨会，吸引了国际国内的一些优秀学者，取得了丰硕的成果。本辑的文章，大都来自中国郭沫若研究会首届青年论坛（2015，北京）、第五届国际郭沫若学会年会暨"百年来越境的现代中国文学——纪念郭沫若、田汉留学日本一百周年国际学术研讨会"（2016，东京）及"郭沫若与中国马克思主义史学"（2016 年，武汉）等三次学术研讨会。在这里，我们对这些学术会议的组织者表示敬意。

2016 年岁末

征稿启事

自 1985 年以来,《郭沫若研究》曾在文化艺术出版社连续出版 12 辑,刊发大量珍稀史料和专题论文,对推动郭沫若研究的发展做出了贡献。后因经费困难,曾一度停刊。

为了推动郭沫若研究的繁荣发展,我们决定复刊《郭沫若研究》,刊出相关史料和专题论文,诚向海内外学界长期征求稿件。

1. 约稿对象:海内外知名学者、专业研究人员等。

2. 稿件主题:围绕郭沫若及同时代人进行研究,尤其欢迎新史料和文学、史学、考古学等方面的研究文章。要求选题新颖、论证严密。

3. 稿件篇幅:本刊鼓励就某一主题进行专门、细致的研究,对稿件篇幅不做要求。

4. 注释格式:请参照《郭沫若研究》总第 13 辑。

文章一经刊发,将送上样刊和稿酬,静候您的大作。

投稿信箱:gmryjnk@163.com

《郭沫若研究》编辑部

2017 年 1 月 5 日

图书在版编目（CIP）数据

郭沫若研究 . 2017 年 . 第 1 辑：总第 13 辑／赵笑洁，
蔡震主编 . -- 北京：社会科学文献出版社，2017.3
　ISBN 978 - 7 - 5201 - 0390 - 9

　Ⅰ . ①郭…　Ⅱ . ①赵…②蔡…　Ⅲ . ①郭沫若（
1892 - 1978）-人物研究-文集　Ⅳ . ①K825.6 - 53

　中国版本图书馆 CIP 数据核字（2017）第 036236 号

郭沫若研究（2017 年第 1 辑　总第 13 辑）

主　　编／赵笑洁　蔡　震
副 主 编／李　斌
编 辑 部／赵欣悦　徐　萌　陈　瑜

出 版 人／谢寿光
项目统筹／周　丽　高　雁
责任编辑／高　雁　樊学梅

出　　版／社会科学文献出版社　（010）59367226
　　　　　地址：北京市北三环中路甲 29 号院华龙大厦　邮编：100029
　　　　　网址：www. ssap. com. cn
发　　行／市场营销中心（010）59367081　59367018
印　　装／三河市东方印刷有限公司

规　　格／开本：787mm × 1092mm　1/16
　　　　　印张：17.5　字数：277 千字
版　　次／2017 年 3 月第 1 版　2017 年 3 月第 1 次印刷
书　　号／ISBN 978 - 7 - 5201 - 0390 - 9
定　　价／79.00 元

本书如有印装质量问题，请与读者服务中心（010 - 59367028）联系